JN035040

野山広・福島育子・
帆足哲哉・山田泉・
横山文夫 編

地域での
日本語活動を
考える

多文化社会 葛飾からの発信

ココ出版

まえがき

本書を読んでほしい人、伝えたいこと

　本書は、文化庁が「地域日本語教育」と言っている、地域社会で主に住民ボランティアによって取り組まれている外国人等の日本語学習を支援する活動について述べています。東京都葛飾区での日本人と外国人住民等が「共生社会」づくりを目指して取り組んできた軌跡を中心としていくつかの事例をお伝えし、草の根の住民活動が共生社会づくりに果たす意義を提起することを目的としています。

　本書でも紹介しているように、全国各地域で同様の取り組みがあり、これら幾多の草の根の住民活動をつうじて挙げられた声によって地方公共団体や国に共生社会を目指すことの必要性を訴え続けてきました。それによって、遅れ馳せながらかつ十分とはいえないまでも共生社会に向けて変化の兆しが見えてきたと考えます。

　本書は、何らかの活動をしている、していないにかかわらず、「（多文化）共生社会」に関心のある人に読んでいただき、自らができることを考えるきっかけにしていただければと思います。本書の編集委員たちはシンポジウムなどで、日本社会にとっての「（多文化）共生」の重要性を指摘すると、「重要性は分かるが、自分たちに何ができますか」と質問されます。そんなとき、テレビや新聞で得た情報について友達や家族と話してみるのでも、コンビニなどの外国人アルバイト店員に一言話しかけるのでも、できることからはじめてみてはどうでしょうかと伝えることがあります。本書の編集委員、執筆者もみな入り口は些細なきっか

けがもとでした。この本で取り上げたテーマを何人かで話し合ってもらえたら、それこそが共生社会づくりに向けた活動への第一歩となるでしょう。

なお、本書の企画から各章の執筆は、3年前に遡ります。その後のコロナ禍で複数の編集担当者がその影響を被ったこともあり、出版が大幅に遅れました。この間に執筆内容が変化したものもありますが、大幅な書き換えによるさらなる遅延を避けるため、内容は執筆当時のものとしているものがあります。ご容赦ください。

残念なことですが、第11章の執筆者である春原憲一郎氏には、出版を見届けることなく2021年に故人となられました。ここに、ご執筆に感謝し、ご冥福をお祈りいたします。

社会の多文化化の伸展と市民による「共生社会」づくり活動の蓄積

2019年6月21日、参議院本会議において、「日本語教育推進法」が全会一致で可決・成立しました。これは関係者の積年の悲願であり、地域の住民活動の結実といえるでしょう。

本書を形にする試みは、日本社会が移民の増加に伴って多文化化している中、市民活動としての多文化社会への対応、とりわけこれまでの多文化共生を目指す教育に関する諸活動の蓄積を消失させることなく、次世代に引き継ぐことを課題として始動しました。

2019年5月30日、46の職種に限定して実質的な就労ビザである「特定技能」の在留資格が設けられたこともあり、「外国人材」受け入れ問題がクローズアップされています。しかし、地域社会では1980年代初頭から、外国人等住民受け入れの試行錯誤がなされてきました。その間、国は外国人がいないかのごとく意図的に「ネグレクト」を決め込んできました。そこで、これまでの地域の取り組み

事例を振り返り、検証することで、これからの新たな受け入れのあり方を考える参考にしていただければと思います。またその上で、地域社会で住民が互助としてすべきことと、国や地方公共団体が公助としてすべきこととを区別し、国や地方公共団体には法律や条令に基づいた必要十分な公助を求めたいと思います。

第二世代の社会参加保障

　ジム・カミンズ（2011）の内容、理論等を踏まえれば、近年、年少者に対する「第二言語としての日本語」（Japanese as a Second Language：JSL）教育では、日常生活で用いる生活言語能力（BICS）と学術的な思考・認知に用いる学習言語能力（CALP）が必要とされています。1990年代になると、第二言語習得やJSLの現場では、言語能力や日本語能力の内部構造を、従来のBICSに相当する「会話の流暢度」（Conversational Fluency：CF）、文字習得や基本文型の習得など個別に測定可能な言語技能を指す「弁別的言語能力」（Discrete Language Skills：DLS）、そしてCALPと同様に読解や作文、発表や議論など、学びの現場で長い時間をかけて習得していく「教科学習言語能力」（Academic Language Proficiency：ALP）に三分割するようになりました。

　教育の現場に関わる人々がDLSとALPの違いを十分に理解し、CALPやALPに関わる思考・認知能力の育成のための言語教育や学習支援に継続的に携わっていくことが肝腎となります。この観点を踏まえると、年少者が何語でも十分な思考・認知が行えない状態であるダブルリミテッド（Double Limited）に陥らないようにするための対策が重要です。また、発達障がい等のある子どもたちへの対策、不登校や高校進学・中退等の問題も懸念されています。さらに、子どもの健全発達環境全般について考えると、それだ

けではありません。日本語ができない、あるいは不十分な子どもたちへの、イジメや差別・偏見にどう対処するかも重要な課題です。この課題は、学習者の日本語習得ニーズに応えるだけでは解消されない学校社会一般の課題だと考えます。

地域社会の「安全基地（Secure Base）」

　これらの課題に対して、編集委員の一人は、心理学者であるジョン・ボウルビィ（John Bowlby）が主張している「セキュアベース」（Secure Base：安全基地）構築という解決策が重要だと主張します。これは、かつて学校生活になじめない「小1プロブレム」や学級崩壊がトピックになった時代に考察された「集団内での支持的風土」づくりや近年の「居場所」づくりに似ていますが、心理学的理論（アタッチメント理論）に基づいた、こころの安全基地（Secure Base）づくりというものです。詳しくは112ページ「コラム1」を参照ください。地域日本語活動は、教師が上から教えるというのではなく、スタッフ（日本語ボランティア）と学習者間の相互理解による信頼関係の構築によって両者の学ぶ意欲が高められるように環境を整えていくことが大切です。加えて日本語学習者がもつ母語・文化・宗教等への理解と多様な学習者の包摂のための教育（inclusive education）だという基本理念の下に行うことが大切です。こうした中で、学習者のアイデンティティの確立や確認が行われ、さらに自分自身と信頼できる他者（ラポールrapport）との関係がイメージできるようにし、すべてのメンバーにとって、教室をセキュアベースとして確立させていくことが重要です。そうすることで効率本位のマスプロ化した学校教育になじめないすべての子どもにも対応でき、子どもの権利である保護と自律の概念を踏まえた「生きる・育つ・学ぶ・表現する」ことをはぐくむとともに、

社会参加へのレディネス構築にもつなげることができます。

多文化共生を目指した地域づくり

　一方、地域社会に目を向ければ、一部の地域では、人間らしい生活を実現する社会づくりを目指した地域興しが叫ばれ、自然と伝統を生かす取り組みが始まっています。こうした取り組みでは共同体の機能強化とともに人間関係の結い直しが盛んになっています。これらは、都市や地方を問わず、また、年代や障がいのありなし、国籍や性別を超えて、多様な人々が多様な形態で取り組んでいます。まさに、これが草の根からの多文化共生の社会づくりではないでしょうか。例えば、地域日本語活動では、ボランティア日本語教室において、ニューカマーの外国人の日本語学習を支え、逆にニューカマーからその文化や言語等を学び、ともに地域のあり方について考えています。そこでは、相互理解による新しい人間関係が生成され、多文化共生の地域づくりに貢献しています。日本語を母語としない子どもたちへの日本語指導や学習支援活動も行われています。これらの活動には、NPOと行政の連携も見られ、地域づくり・学校づくりに貢献し、市民・住民一人ひとりが社会の構成員として地方自治に参画し地域のあり方を自分事とすることにつながっています。

本書で伝えたいこと──新たな活動への叩き台として

　グローバル化による人の国際移動等は、地域社会をも巻き込みながら、国際社会を激変させつつあります。持続可能な社会システムの構築（SDGs）に向けて、その基礎的要素になる多文化共生の重要性がますます高まっています。本書では、「多文化共生のための地域日本語教育」を中心に、関連領域を含め、各フィールドで活躍してきた執筆者

が、実践事例やその背景となる活動理念等を述べています。

　まず第Ⅰ部においては、はじめに市民による社会教育活動として、日本語教室を立ち上げた経緯を紹介しています。これには地域行政（教育委員会）との連携がありました。そして、このような市民と行政が連携・協力する形での活動は、学校区に日本語教育の必要な児童生徒のための日本語学級設置にまでつながることを述べています。

　第Ⅱ部においては、学校現場での外国につながる子どもたちへの対応として先行地域での2つの国際学級（日本語学級）の取り組みが、それぞれの担当教員によるレポートとして述べられています。

　第Ⅲ部では、上記以外のNPO法人による2つの取り組みを紹介しています。1つは、特に学齢期を過ぎ、公的な受け入れ制度外に置かれた外国籍の子どもたちの高校進学等をサポートする活動です。もう1つは、不登校といわれる児童生徒に関して、行政施策としての教育支援センター（適応指導教室）に代わるフリースペースで対応している活動です。ここでは、子どもたちを学校に適応することを求めるのではなく、子どもの不登校が起きないように学校側が子どもに適応するための改革の必要性が語られています。

　最後に第Ⅳ部では、地域日本語活動等の市民活動を支える理論について複数の執筆者がそれぞれの立場から寄稿しています。

地域の取り組みからの発信

　本書では、東京都葛飾区での活動を中心にこれまでの地域の取り組みを紹介していますが、日本全国の地域社会でそれぞれの地域特性に合わせてさまざまな取り組みがなされてきました。それらの取り組みをそれぞれの地域で、し

っかりと検証し、新たな活動につなげてほしいものです。また全国から地域社会の声を国に届け、ネグレクトを糺していくことが期待されます。

　本書は、全国の地域社会で日本人と外国人住民の共生を目指しやむにやまれず取り組まれてきた多くの活動が、これまで「シャドウワーク」とされ続けてきたことへの怒りの表明でもあります。外国人受け入れが社会的議論の的となっている今こそ、これまでのような国が外国人を受け入れながらその尻拭いを地域に押しつけるやり方を許してはならないと思うからです。本書が、これまで関わってきたみなさんとこれから関わっていくみなさんへのエールとなることを願います。

編集委員一同

参考文献　カミンズ, J.（中島和子訳著）（2011）『言語マイノリティを支える教育』慶應義塾大学出版会

目次

iii　　まえがき

第Ⅰ部

1　　外国籍住民に対する
　　地域での学習支援の実践
　　東京・葛飾の取り組みを主として

3　　第1章　社会教育としての地域日本語活動（Ⅰ）
　　　　　　横山文夫

43　　第2章　社会教育としての地域日本語活動（Ⅱ）
　　　　　　横山文夫

63　　第3章　葛飾区の国際化と「地域の日本語教室」
　　　　　　福島育子

91　　第4章　小・中学校への日本語学級の設置
　　　　　　ボランティアと行政（教育委員会）との連携を通して
　　　　　　浦山太市

112　　コラム　アタッチメント理論の概略
　　　　　　横山文夫

第 II 部

115　外国籍児童生徒に対する
　　　教室での学習支援の実践

117　第5章　兵庫県神戸市の国際教室での実践
　　　　　　村山勇

139　第6章　三重県内小中学校における実践と
　　　　　　ラテンの子どもたち
　　　　　　藤川純子

156　コラム　エルクラノ事件から学んだこと
　　　　　　藤川純子

第Ⅲ部

161 NPO 法人による子どもサポート

163 第7章 「たぶんかフリースクール」の現状と課題
外国にルーツを持つ子どもたちの学び
杤木典子

179 第8章 不登校児童生徒の学習権保障
フリースペースの活動から
青島美千代

204 コラム 多文化な子どもが花開く時
発達障害が心配された子どもの学習や行動の変化
近田由紀子

第Ⅳ部
209 地域での日本語活動を考える視点

211　第9章　基礎教育の保障と第一言語／第二言語
　　　　　　としての日本語教育の重要性
　　　　　　実践事例や政策的観点からみた課題と展望
　　　　　　野山広

231　第10章　共生社会における子どもの権利
　　　　　　子どもの権利条約と関係的な子どもの権利
　　　　　　伊藤健治

247　第11章　75億の移民世界
　　　　　　春原憲一郎

263　第12章　日本社会のグローバル化と
　　　　　　多文化共生の課題
　　　　　　山田泉

285　コラム　近年の「貧困」に関わる問題から
　　　　　　地域の外国人の生活を考える
　　　　　　帆足哲哉

291　コラム　「移民排斥」とは何か
　　　　　　山田泉

294 　あとがき
　　　横山文夫

297 　［付録］
　　　多文化共生社会の実現と
　　　そのための教育の公的保障を目指す神戸宣言
　　　略称：「神戸宣言」

307 　［付録］葛飾区教委への提言
　　　国際化、グローバル化する社会を生きる子どもの育成について
　　　違いを豊かさに（提言）

318 　［付録］
　　　日本語教育の推進に関する法律

324 　執筆者紹介

第 **I** 部

外国籍住民に対する
地域での学習支援の実践

東京・葛飾の取り組みを主として

第 1 章

社会教育としての
地域日本語活動（Ⅰ）

横山文夫

キーワード：社会教育・生涯学習、Literacy、ESL、
　　　　　　国際条約、MDGs/SDGs

1 ｜ はじめに

　　1979年の国連総会において、国際社会の発展に向けた
青年活動の意義や役割についての認識を高めるため、
1985年を「国際青年年（International Youth Year）」と定め
ました。当時筆者は、まだ20代の会社員で、趣味の美術
関係のクラブに属し、その代表でした。続いて、都内広域
複数サークルの連合体に属する青年団体（会員約400名）に
加入したのち、その連合体（青年で構成する文化・スポーツの
団体・サークルの連合組織）の会長になりました。また、
1980年7月、「全都青年団体連絡協議会（全都青協）」の結
成とともに、事務局長に就任しました。これら、東京都に
おける複数の大規模な青年による社会活動団体の取りまと
めを務めました。

　　「青年団体活動」は、戦後の復興を目指した青年たち
が、東北の農村部で自主的に「青年学級」を組織して、公
民館を中心に活動を開始したのが始まりでした。この活動
が全国に広まりをみせる中、活動を奨励する形で「青年学
級振興法」（1953年8月施行、1999年7月廃止）が制定され、
国庫補助等が定められたこともあり、青年学級が市町村の

3

事業として確立していきました。東京都においては、中卒者を主体とした地方からの集団就職者も多く、「独りぼっちの青年をなくそう」という目標を掲げて活動する団体もありました。

　これらの青年団体は、青年まつりやスポーツ大会、施設を借り切ってのイベント、ダンスパーティー、バス複数台によるスキー旅行等の交流事業だけでなく、国際青年年の記念シンポジウム等の事業も行いました。筆者の所属する葛飾区の青年団体では、成人を祝う交流プログラム（二十歳の祭典）を企画し、行政と共同で開催しました。

　こうした各種青年団体活動は、社会教育・生涯学習の一環であり、地方公共団体教育委員会（地教委）の社会教育部門および「青年の家」や公民館・社会教育施設が、行政の担当部門となっています。青年学級は、社会教育主事等が企画の主体となり、研究者を講師に招き、学生等も参加して実施されました。筆者は、その１つの社会教育分野の講座に参加しました。1984年、講師から「成人教育の先進国」とされるイギリス視察旅行を紹介され、参加することにしました。

　イギリスの正式名称は、United Kingdom of Great Britain and Northern Ireland（略称：UK）であり、イングランド、ウェールズ、スコットランド、北アイルランドからなる連合王国です。国民は、ゲルマン系、ケルト系の他に、帝国時代に流入したインド系、アフリカ系等住民による多民族国家です。こうした国家形態からか、教育制度も日本とは大きく異なっていました。日本の教育が文部科学省を中心に行われるのに対し、イギリスでは地方教育局がそれぞれの大学を中心として地域の教育を担っています。大学には構外教育部があって、ここが地域の成人教育を担当しており、多様な講座が用意されていました。その中にESL（English as a Second Language：第二言語としての英語）[1]

やMother tongue course（母語講座）があり、日本人をチューターにした日本語講座も組み込まれていました。

　筆者は、この視察から帰国し、「日本にもESL同様のJSL（Japanese as a Second Language：第二言語としての日本語）教育機関があってもいいのではないか」と考えるようになりました。それをどのようにして実現するか、考えを巡らせて設立したのが後述する「アジアと交流する市民の会（略称「アジアの会」）」であり、筆者が日本語教育という分野に足を踏み入れる第一歩となったものです。

2 国際識字年と青年講座

　1987年の国連総会で、世界の識字率の向上を目的として、1990年を「国際識字年（International Literacy Year）」とすることを定めました。そして、1990年からの10年間を「国際識字の10年」とし、ユネスコ（UNESCO：国際連合教育科学文化機関）が中心になって国際的な運動を展開しました。これに続いて「新たな国際識字の10年」を、2003年から2012年までとしました。また、日本でも1990年に新法として「生涯学習振興法」が施行されました。

　これらにリンクする形で1990年に、筆者が住んでいる東京都葛飾区の教育委員会が、青年講座「アジアの目・日本の姿」を青年企画（委員を一般公募）として開講しています。筆者は、この講座を受講しました。薄れた記憶をたどれば、東南アジアの発展途上国と日本との社会経済関係、事例としてフィリピンでの熱帯林伐採問題、バングラディシュのグラミン銀行の活動、識字運動（韓国では「文解運動」、中国では「掃盲運動」と呼んでいるとのことでした）等について学んだことが思い出されます。筆者は、この講座の終了時に、参加者に呼びかけ、アジアの人々との交流を目的とした青年団体を設立（1991年2月）しました。規約と共

5

に名称を協議して「アジアと交流する市民の会（略称：アジアの会）」にすることが決まりました。

　当時は「ニューカマー」と呼ばれる外国人が急増していて、筆者の住む地域でも、外出すればそれとおぼしき人たちを見かけましたし、近隣の住民にも少なくありませんでした。アジアの会の初期活動は、アジアの地理を学ぶことから始まり、地域に住んでいるアジアの人々との交流事業や関連図書の著者を講師にした学習会等を行いました。

　また、前掲の熱帯林伐採問題では、現地NGOの協力を得て有志によるフィリピンのラグナ湖視察を実施しました。日本に輸出するために森林が伐採され、湖に隣接した山々がハゲ山と化していました。降雨によってまわりの山々から大量の土砂が湖に流入することによって魚が激減して漁業が成立しなくなり、漁民が困窮していました。この漁民の家に1泊させていただき、案内してくれたNGOメンバーを交えて懇談しました。漁民を犠牲にしてまで、外貨を稼ぐために熱帯林を輸出せざるを得ない発展途上国の現状を垣間見ることになりました。これは、南北問題学習の一事例となりました。

3 ｜ 日本語教室の開設

　アジアの会は、近隣のニューカマーを会員に迎え入れることにし、会員の呼びかけによって数人が入会しました。会の運営には、ニューカマーも参加し、参加者全体で活動メニューを決めていきました。学習会のほかに、エスニック料理会や小旅行、日本語を学ぶ機会もほしい、といった提案がありました。そして、これらの提案全ての実行を決めました。

　しかしながら、「日本語を学ぶ機会を、どのようにしてつくるか」が大きな課題でした。会場、教授法やテキスト

図1　会報（受講者募集のパンフ）

等を準備しなければならず、役割を分担して調べることにしました。教授法やテキストについては、筆者が担当者になりました。教授法等は研修会を実施することにし、テキストを見つけるために大手の書店を訪れたりしましたが、適当なものが見つからず、さらに調べることになりました。

その結果、財団法人海外技術者研修協会、特殊法人国際交流基金、そして某日本語学校が発行するテキストの3種を見つけました。これらを会に持ち帰り、どれを使うか検討しました。そして、ニューカマー会員の意見を取り入れ、日本語学校が発行する絵の多いテキストを選択することにしました。

会場については、偶然にも中学校の校舎に併設されているプールの地下室が利用可能となりました。ここは、学校の教室と同等の広さで、コピー機や印刷機もあり、教材保管のスペースもありました。準備が整ったことで、学習者を募集する多言語のチラシを作成し、会報にコピーを掲載しました（図1）。

こうして一定の準備を整えつつ、財団法人葛飾区国際交流協会（1990年5月設立、以下「協会」）に、助成について相談を行いました。その結果、後援が得られテキストの現物支給の助成を受けることができました。

4 | ボランティア研修会の開催

日本語ボランティアとは何か、留学生に対する予備教育と同じなのか違うのかも考慮せず、日本語の教授法を含めた研修会を開催しました。しかし、会の目的は個々の学習者の生活課題に対処するための日本語でのコミュニケー

表1　日本語ボランティア講座

日本語ボランティア講座
―カリキュラム―
全日 18：30 ～ 20：30

日程	テーマ	講師
① 8月31日（水）	・オリエンテーション ・国際化と学習者の背景及び英国のエスニックマイノリティ教育	東京女子大学 社会学教員
② 9月7日（水）	・日本のエスニックマイノリティと第2言語としての日本語教育の展望と人権	埼玉大学 社会教育学教員 （フレイレ研究者）
③ 9月14日（水） ④ 9月21日（水） ⑤ 9月28日（水） ⑥ 10月5日（水） ⑦ 10月12日（水） ⑧ 10月19日（水） ⑨ 10月26日（水）	・日本語学習の基礎知識とニーズ分析、授業形態とカリキュラムデザイン、学習教材選択 ・会話と読み書き、語彙と文法、カナと漢字 ・日本語学習の実際（導入） 　日本語学習の実際（初級） 　日本語学習の実際（中級） 　日本語学習の実際（上級） 　など、模擬実習や質疑を交えて行います。	国立国語研究所 日本語教育センター （研究員）

（注）期間中に1～2回程度の教室見学や実習を行う予定です。
　　　なお、内容や日程など一部変更する場合がありますので、予めご了承ください。異文化体験・外国人との交流希望の方も歓迎。

ション力の養成と学習者とボランティアとが交流を通じて相互理解、共生を目指すことだとしていました。そこで、そのような活動に合致したボランティア養成のできる講師の選定をしたいと考えました。結局、社会教育の専門家および国立国語研究所・日本語教育センターの研究者に講師をお願いしました。後者は、外国人生活者のための第二言語としての日本語教育の専門家でした。

　講座名を「日本語ボランティア講座」としました。ただ、会員だけで行うのももったいないと考え、一部（表1の太枠部分）を一般の参加者も募ることとし、某新聞社に講座案内の掲載を依頼しました。その結果、当時は、こうした講座が珍しいこともあり、はがきサイズの大きさで全国紙の地域版に掲載され、定員の3倍ほどの応募がありま

した。この講座は、週1回2時間で全9回とし、広めの会場を確保、抽選等を行わず、応募者全員を受け入れることとし開催しました。

　講座は、タイのカヤン族女性の金色の首輪を付けたポスター大の写真を受講者に見てもらい、その感想等を聞くというフォトランゲージから始まりました。カヤン族は、「首長族」とも呼ばれる少数民族で、現在も女性の一部が金色の首輪を付けています。これは、異文化理解のための参加型学習の導入として行われました。ところが、初回に「この講座は詐欺だ」と言って受講費の返却を求めた受講者が一人いて、返却しました。この受講者は、日本語の教師やボランティアの役割を「日本語という言語を教える」ことだけだと認識していたのだと思います。

　この講座は、その後も複数回開催しました。そして、講座参加者からアジアの会に入会する人も多くいました。週1回2時間の日本語教室を、一時は教室を2会場、2グループに分けて行うほどでした。

5 ｜ 講座の公的開催

　小さな市民団体が、日本語教室を開催しつつ研修会を継続して行うことは、体力的に厳しいものがありました。そこで、区教委の担当者と部長および協会の担当者と課長双方に「日本語ボランティア養成講座」の開催を要請しました。その結果、区教委は1992年10月に、協会は1997年5月に、養成講座を開催し、以後定期的に行われるようになりました。どちらも日本語の教授法に特化した傾向がある点は残念に感じますが、大きな一歩であったといえます。協会の講座は、規模は縮小されましたが、現在も有料で毎年開催されています。

　これらの講座受講者たちは、主催者のサポートを受け、

次々と日本語教室を開設したり、既存の教室に参加したりしていきました。現在、葛飾区では、9グループの日本語教室が、5会場で開催されています。葛飾区にある日本語教室を設立経緯で区分すると、①区民自身で設立した教室、②区教委の講座受講者が設立した成人および子ども対象の教室、③協会の講座受講者による成人対象の教室があり、それぞれ特徴を持っています。

　ここで、筆者も関わった子どもたち対象の教室の開設の経緯について触れておきたいと思います。

　当時は、日本語指導が必要な子どもたちに対して区教委が独自の予算化により日本語学級を設置した学校が、松上小学校、中之台小学校、高砂中学校の3校ありました。それぞれ週3回、午後2時から4時に開設されていました。他にも通訳派遣制度（週2回、1回2時間、計64時間、以前の最長計96時間から短縮）があり、2002年3月の段階で、通訳支援員謝礼は1時間3,200円、登録者数30人程度といったものでした。

　しかし、これらの対応だけでは十分な効果が得られず、学習言語（CALP）の習得が困難な子どもたちが多くいました。生徒によっては隣接区の日本語学級（ボランティア教室）に通うという状況でした。そこで、葛飾区でもボランティアによる学習支援を行うための活動を開始しました。まず必要なのは人材です。筆者たちは、新たにアイネット・エデュケーションという営利を目的としない任意団体を設立し、人材育成のために養成講座を開催することにしました。そして、文化庁の生活者としての外国人のための日本語教育事業「地域日本語教育実践プログラム」委託事業募集に応じ、2007年度と2008年度に養成講座を開催することができました。2007年度は、「地域日本語ボランティア大学」というタイトルで、成人対象の教室におけるボランティア向けのブラッシュアップ講座（全12回）を、2008

年度は、「地域日本語ボランティア大学（Ⅱ）」というタイトルで、子ども対象の日本語・学習支援ボランティア講座（全4回）を実施しました（第3章参照）。しかしながら、後者程度（150分×3＋240分×1）の講座でのボランティアの育成は極めて困難です。そこで、続編の講座開催を区教委に申し入れ、実施されることになりました。

　続編として設けた講座の特徴は、子どもへのJSL教育の他に、発達心理学や言語習得理論、JSL対話型アセスメント（DLA）を内容に加えたことなどが挙げられます。この講座の受講者によって、子ども対象のボランティア団体「なかよし」が設立されました。その活動は、季節ごとのイベントと土曜教室を除き校長が許可した学校で行いました（第4章参照）。

　その後区教委は、2011年、区の社会教育における重点施策について協議する「社会教育委員の会議」（第8期）を開催し、「国際化、グローバル化する社会を生きる子どもの育成について」をテーマに2年間にわたって協議を重ねました。そして在籍校転入時に取り出しで日本語集中指導等を行う「かつしか子ども多文化センター」（仮称）の設置について提言（2013（平成25）年1月）をまとめました（内容は、資料編参照）。そして、この提言が速やかに実施されるようNPO（5団体共催）によるシンポジウム「どうなってるの？「国際化・多文化共生・日本語教育」」を開催しました（2014年1月18日、111名参加）。このシンポジウムにおいて区教委に対して、日本語学級を設置するに際しては、東京都の「公立小・中学校日本語学級設置要綱」（1989年3月16日制定、2000年3月6日一部改定）の適用を受けるよう提案しました。これは、日本語指導が必要な児童生徒5名以上で教員加配が申請でき、10名以上20名以下でクラス編成が可能となるものです。ちなみに国による教員加配は児童生徒18名に1人というものです。そして区教委は、

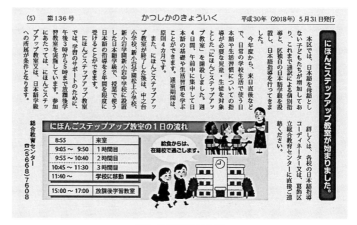

図2　葛飾区教委広報

都教委にも申請して、2018年5月から小学校2校（松上小学校、中之台小学校）と中学校1校（新小岩中学校）に「日本語学級」を、区立総合教育センターに初期集中指導教室（図2 ステップアップ教室：上述、提言の「かつしか子ども多文化センター」に該当：週4日、45分×3回＋α、現在5クラス）を設置し、正式にスタートしました。なお、これまで関わっていたボランティアスタッフは、初期集中指導教室に補助員として参加しています（1時間1,000円の謝礼）。

　区教委が日本語ボランティア養成講座の開催や前掲の提言を行うことは、外国人住民を教育の対象としている証と考えます。区教委が、日本の憲法および教育基本法、社会教育法、生涯学習振興法等の法令や国際条約（国際人権規約、児童の権利条約）を遵守し実践していることを示しています。評価に値すると思われます。初期集中指導教室および小中学校に「日本語学級」を設置したことは、文部科学省（以下、文科省）の省令（文科初第928号）[2] にも合致し、地教委の役割を全うしており、これも評価されます。これらが、先進府県からは若干遅れをとっているといえども、中学校に「日本語学級」を設置したのは東京都23区中6

番目の事例になります。

6 ｜ 「日本語教室」の会場と事業費助成

　日本語教室への事業助成制度がなかったため、これについても「アジアの会」が要請を行いました。区教委には生涯学習援助制度（講師派遣）があり、一定の助成制度があります。しかし、協会には交流事業以外はなかったため新たに要請しました。要請に際しては、「アジアの会」として筆者が前掲の青年団体の会長をしていた当時から区教委とコンタクトがあったことが幸いしました。外国人住民の増加と、彼・彼女たちの日本語能力獲得や交流の重要性について、企画部長（前生涯学習部長、現政策経営部部長）および「協会」課長の理解が得られました。その結果、間もなく1994年、筆者及び他1団体の代表が参加し、協会による「聴聞会」が開催されました。そして、翌年4月から事業費の半額助成が実施されました。この助成は、条例の一部改正によって行ったと伺っています。ただし、現在は、葛飾区文化・スポーツ活動振興条例（平成2年3月制定、条例第4号）および葛飾区文化・スポーツ行事への参加助成に関する規則と葛飾区国際交流活動事業助成金交付要綱によって行われています。

　次に、会場の問題では、従来から登録した社会教育団体の公共施設の利用料は免除されていました。ところが、全ての利用を有料にするという区の方針が出され、説明会が開催されました。この方針に対し、日本語教室開催団体は、「外国人を受け入れたのは政府及び行政であり、本来なら外国人への日本語教育は行政の役割である。それをボランティアが代行しているのが現状だ。従って、会場費を有償化するのを再考してほしい」と申し入れ、特例として免除条項が盛り込まれ現在に至っています。

7 「日本語・識字問題研究会」の設立

　　各地で開催され始めた日本語活動について、日本語教育と識字教育の知見を生かすにはどうすべきかという共通の認識を持つものが中心となり、1995年に、日本語・識字学習に関する諸課題の研究を目的とした「日本語・識字問題研究会」が設立されました（2002年12月活動を収束し、日本語フォーラム全国ネットに移行）。留学生やビジネスマンを対象に効率的に日本語を教えるという日本語教育と、戦後社会で貧困から学校教育を受けられず、読み書きに不自由する人たちを対象に、生活を豊かにすることを目的に開催される識字教育の双方の良い点を地域の日本語活動に生かすことはできないかと考え、この研究会は設立されました。日本語ボランティアをはじめ公務員、社会教育や日本語教育等の研究者、日本語講師や学生という多様な会員で構成されていました。年に10回程度の月例研究会（表3）を行い、その成果を生かすことも含めて開催されたのが「日本語フォーラム」（表2、図3）です。いずれも主催またはほかの地域活動団体との共催事業として開催されました。

　　共催によるフォーラムは、開催地域の日本語活動団体と企画から実施まで、実行委員会を組織し、団体が抱えている課題を分科会のテーマとしました。いずれも区教委等複数の後援を得て開催しました。ただ、共催では地域団体との種々の議論を通じて実施に至ることも少なくありませんでした。例えば、企画委員から「日本語フォーラム」なのになぜ「識字」の文言を入れるのか等の疑問の声もありました。これについては、「識字」はマ

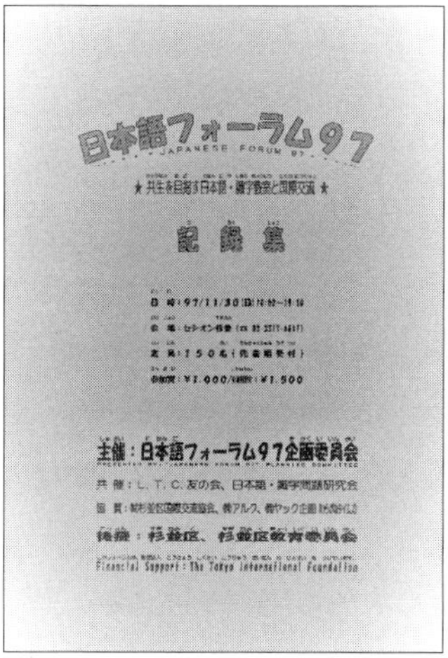

図3　日本語フォーラム97記録集

表2　日本語・識字問題研究会が主催・共同開催した「日本語フォーラム」

開催年	区分	開催地	テーマ	分科会等	備考
1995	主催	品川区	新しいコミュニティーと日本語・識字教室	パネルディスカッション（4氏）多文化フリートーク	エスニック舞踊（タイ）
1996	共催	北区	共生を目指す日本語・識字教室と国際交流	①国際交流ワークショップ②共に考える日本語・識字教室③行政やメディア・他の教室等とどう手を結ぶか④日本語を母語としない親と子への支援	エスニック舞踊（フィリピン）
1997	同上	杉並区	同上	①国際交流って何？②子どもたちをとりまく日本語の壁③日本語教室ボランティア交流会④共に考える日本語教室⑤日本語ボランティアと専門性	エスニック舞踊（インドネシア）
1998	同上	墨田区	同上	①ボランティアと行政との連携②子どもたちへの日本語学習支援③日本語教室に求められるもの④生活支援を考える	エスニック舞踊（フィリピン）
2001	セッション主催	東京国際フォーラム	子どもの教育とボランティア・言語保障	パネルディスカッション（4氏）、①外国籍の子どもと教育・言語保障②ボランティアと地域日本語教育	主催：TOKYO地球市民フェスタ2001実行委員会

表3　日本語・識字問題研究会

第1回　日時：95/12/09　10:00～12:00　会場：東京都生涯学習教育情報センター
　　　　テーマ：『Literacy（識字）とは』（石井一成）

第2回　日時：96/1/13　10:00～12:00　会場：東京都生涯学習教育情報センター
　　　　テーマ：「識字の概念」について、文献『識字の構造』菊池久一（勁草書房）を読み、話し合う。

第3回　日時：96/2/10　10:00～12:00　会場：東京都生涯学習教育情報センター
　　　　テーマ：「識字」と日本語ボランティア活動／「アーミッシュ」の識字観について

第4回　日時：96/3/09　10:00～12:00　会場：東京都生涯学習教育情報センター
　　　　テーマ：『識字の構造』について／著者＝菊池久一氏に聞く

第5回　日時：96/4/06　10:00～12:00　会場：東京都生涯学習教育情報センター
　　　　テーマ：『大阪と東京の識字／大阪教委視察対応報告／比較検討と意見交換』
　　　　　　　　『95年度会計報告／96年度予算案』

第6回　日時：96/5/11　10:00～12:00　会場：東京都生涯学習教育情報センター
　　　　テーマ：『調査・研究の諸問題』

第7回　日時：96/6/01　10:00～12:00　会場：東京都生涯学習教育情報センター
　　　　テーマ：『ろう文化宣言と日本語教育』

第8回　日時：96/7/13　10:00～12:00　会場：東京都生涯学習教育情報センター
　　　　テーマ：今後の進め方／シンポジウムの件

第9回　日時：96/8/10　10:00～12:00　会場：東京都生涯学習教育情報センター
　　　　テーマ：『私の体験的実践論』（横山文夫）／シンポジウムの件

第10回　日時：96/9/14　10:00～12:00　会場：東京都生涯学習教育情報センター
　　　　テーマ：『北区の日本語教室の現状と課題』（山本敬子）／シンポジウムの件

第11回　日時：96/10/14　10:00～12:00　会場：東京都生涯学習教育情報センター
　　　　テーマ：『子どもたちへの日本語学習支援』（伊藤美里）／シンポジウムの件

第12回　日時：96/11/09　10:00～12:00　会場：東京都生涯学習教育情報センター
　　　　テーマ：シンポジウムの件確認

第13回　日時：96/12/07　10:00～12:00　会場：東京都生涯学習教育情報センター
　　　　テーマ：『シンポジウムの評価』／『漢字教育と書写について』（月崎美智子）

第14回　日時：97/02/08　10:00～12:30　会場：東京都生涯学習教育情報センター（東京国際フォーラム）
　　　　テーマ：『東海日本語ネットワークの現状と課題』（加藤千恵子）／今後の進め方　　　　　　（以下略）

イノリティの人権の視点から言語問題を考えるというユネスコの国際的課題であることを説明するなどして了承を得ました。共催によって議論が起こることで課題探究が深まることを学びました。

　フォーラム参加者からの意見集約では、その中心課題となったのが「日本語教育の公的保障」です。外国人等への日本語習得支援を「ボランティアが行うのはおかしい、行政が主体的に行うべきではないか」というものでした。確かに、ボランティアが担う役割と行政が担う役割は異なります。まして、国策として外国人を受け入れている訳ですから当然の声と思われます。そうした視点で考えた場合、「公的保障」を検討することは重要な課題でした。

　そうこうしている間に外国人住民の定住化が進み「子どもの教育問題」が深刻化していきました。そこで、2001年2月は「外国籍の子どもの教育」をテーマにフォーラムを開催しました。用意した100席が足りず大勢の立ち見が出てしまうほどでした。このテーマへの関心の高さが推察され、重要課題の1つであることが、改めて認識されました。

　また、フォーラムプログラムの冒頭にエスニック・ダンスのアトラクションを組み込んだことにも触れておきたいと思います。フォーラムのテーマによらず、家族連れなどでも気軽に参加できたのではないかと思います。1995年は、ワラポーン・ロイヤル・タイ舞踊団によるタイ舞踊、1996年は、フィリピンのPADANGO SA ILAW（ろうそく踊り）とTINIKLING（バンブーダンス）、1997年は、インドネシアのLARAS RUMINGKANによるBELIBISI（バリ：鳥の舞）とBANDA URANG（西ジャワ：祭りの踊り）、1998年は、江東区の「地球人会」の女性メンバー5名で、ルソン島の踊り、ミンダナオ島の踊り、TINIKLINGと優雅で華麗な楽しい民族舞踊を披露していただきました。TINIKLINGでは、会場からの飛び入り参加もあり会場を賑わせ好評で

16

した。参加者数は、1996年以降100名をはるかに超えました。特に1997年は250名を超えた盛況ぶりでした。

8 政策提言活動（Ⅰ）：「東京宣言」の起草と採択

　前節7に記したように、「日本語フォーラム」開催をとおして、参加者から主としてボランティアが担っている地域日本語教育の本来の実施主体が問われることになり、「公的保障」の実現を目指すためには今後フォーラムをどのような形で開催していくべきかを検討していくことになりました。2000年5月と6月には、外国人住民等に対する日本語教育の公的補償を求める提言をまとめるべく、準備会が開かれました。これは、参加者全員が自身の意見を表明するために事前に自らの「発言メモ」を提出することを条件とする新しい参加形体とすることになりました。これが"日本語フォーラム実行委員会"です。そして、この委員会が、「日本語フォーラム2001」の開催を準備することになりました。日本語・識字問題研究会が呼びかけ団体となり、外国人に関わるボランティア、日本語教育関係者など、この問題に関心を持つ人々に広く呼びかけ、問題を共有するための「プレフォーラム」が2000年7月から2001年2月までの間に数回開催されました。ここでは、多文化・多言語社会での教育の公的保障を目指すための「宣言」とそれを実現するため「行動計画」をまとめることを目的に、それらに何を盛り込み、それをどう実現していくべきかという議論が行われました。もちろん、いくつかの激しい議論もありましたが、「発言メモ」と意見をプレフォーラムごとにKJ法[3]で集約して参加者にフィードバックするという方法が採られました（図4）。
　このようにしてできたのが、1. 目指す社会像と国際的法制の動向、2. 多文化・多言語社会の創造、3. 日本語学習に

〈プロセスイメージ〉

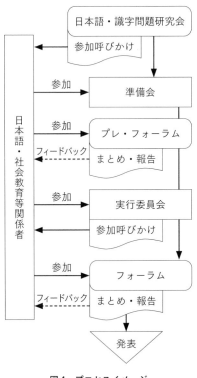

図4　プロセスイメージ

対する公的保障、4. 外国人の子ども
の教育保障の4点を骨子とする宣言
案です。

　これを基に、2001年5月13日、
「日本語フォーラム2001」を開催
し、「東京宣言」を採択、続いて「行
動計画」を作成しました（図5）。数
年前には、日本語・識字問題研究会
メンバーを中心とした関係者の集ま
りにすぎなかった「日本語フォーラ
ム」が、多くの参加者と問題を共有
するところから、創造すべき社会像
に関して合意を形成するまでに至り
ました。そして、プレフォーラム等
を通じて練り上げてきた「宣言」案
が当日参加72名の賛同者によって
採択されました。同時に「行動計画」
案も、後に一部を追加することを条
件に承認されました。思えば、「宣
言」や「行動計画」を大勢で練りあ
げていく過程は、一面ではネットワーキングのプロセスで
あり、またある面では、これまで関係者の中で個々に異な
っていた「多言語・多文化社会に向けた学習権保障」とい
う抽象的概念を具体化したという重要な意味も持っていま
す。72名の人々と、その背後の多くの多言語・多文化的
背景の人々に思いをはせるとき、これから「宣言」と「行
動計画」を実効あるものにする責任が大きいことを改めて
実感しました。

　この宣言の趣旨をできるだけ多くの人々や団体、機関に
広め、理解、賛同を得ていくとともに、多文化・多言語社
会の実現と外国人の学習権確立に向けた実効ある活動につ

図5 「東京宣言」冊子

なげるためには、先ず専門用語や事項等を解説した分かりやすい「解説書」が必要だと考えました。そこで、2002年5月19日に「解説書」作成のための「日本語フォーラム2002」を開催し、その完成をもって実行委員会を解散しました。そして、実効ある活動を広く全国的に推進するために、新組織を準備するための準備会が作られました。「東京宣言」の概要一覧は表4を参照ください。なお、『東京宣言』の冊子はA5判で3,000部、「解説書」はA4判で500部×2刷発行しました。

9 政策提言活動Ⅱ：「神戸宣言」の起草と採択

2003年3月2日（日）、神戸市において「日本語フォーラム2003 in 兵庫」が開催されました。主催は、「兵庫日本語ボランティアネットワーク」および「日本語フォーラム関西地区準備会」です。後者は、日本語・識字問題研究会を中心にした有志メンバーによるものです。全国各地から130名以上の参加があり、外国人住民との共生や外国につながる子どもの教育問題についての関心の高さや切実感の強さを実感しました。この冒頭に、オープン形式で「日本語フォーラム全国ネット」（以下、全国ネット）設立総会が開催され、用意された規約案や人事案等が満場の熱い拍手で承認されました。共同代表に北村眞佐子（ソナの会／神奈川）、長嶋昭親（兵庫日本語ボランティアネットワーク）、野元弘幸（東京都立大学教員）、山田泉（日本語・識字問題研究会）の4氏が、事務局長に横山文夫（日本語・識字問題研究会）が選出されました。

表4 多文化・多言語社会の実現とそのための教育に対する公的保障を目指す
東京宣言および行動計画（概要一覧）

	内容	行動計画における実施期限		
		即時 S	中期（2005年）M	長期（2010年）L
Ⅰ 多文化・多言語社会の創造	1 日本社会の多文化・多言語化の促進 2 多言語による情報提供などの多文化サービス 3 外国人の声を社会づくりに反映させるシステム 4 住民等への人権・異文化理解および多文化共生の取り組み	S1 災害・病気等生命や健康に関する多言語マニュアル作成 S2 日本語広報紙誌での文の簡単な表現化・ルビ付、多言語化 S3 就学案内・日本語教室案内等の教育情報提供とその多言語化	M1 公共サービス機関における表記のひらがな併記・多言語化・記号化	L1〜4 すべての移住労働者とその家族の権利保護に関する条約の批准（国）
Ⅱ 日本語学習に対する公的保障	1 行政による日本語学習機会の公的保障 2 条件・制度・環境の整備による日本語学習機会の保障 3 地域日本語教育の専門能力をもった人材育成 4 地域日本語教育の方法論開発	S1 行政による日本語学習機会の公的保障の推進 S2 ボランティア日本語・識字教室の場所の優先確保・諸経費負担 S3 社会参加状況の実態調査	M1 常設日本語・識字教室の開設 M2 必要に応じて日本語学習ができる夜間中学校の開設 M3〜4 住民参加による法の制定に向けた日本語学習システム構築のための調査・情報収集 M4 政策立案段階での住民参加・意見聴取	L1〜2 法の制定 L2〜4 適切な内容・水準・方法で日本語教育提供体制の整備 L2〜4 関係機関による日本語学習支援のための調査・研究、専門家養成、情報提供等の推進
Ⅲ 外国人の子どもの教育保障	1 外国人児童生徒の未就学・不就学・不登校への対策／高校進学率・卒業率向上への施策 2 高等教育までの入学制度の改善および教育担当者の確保、ノウハウ収集・研究、情報提供機関の設置 3 日本語教育プログラム・日本語教育の充実 4 学習言語習得への特別な配慮 5 文化的・言語的多様性を認めあえる学校文化の創造 6 第二言語としての日本語教育過程での母語への配慮 7 母語教育の機会を全希望者への保障 8 学齢期超過者が基礎教育を受けられるための夜間中学校等の設置・増設 9 国際学校・民族学校の「一条校」認定緩和と財政的援助	S1 未就学・不就学の外国人児童生徒の実態調査 S1 未就学・不就学の外国人児童生徒およびその保護者に対しての就学指導 S1 プライバシーに配慮し、実態調査結果の情報公開 S1 専門職を配置した教育相談窓口の設置 S1〜9 調査結果に基づく外国人児童生徒の現状を国連子どもの権利委員会に提出（国）	M1〜3および8 各都道府県に日本語も学べる夜間中学校を最低1校設置し、更に必要に応じた増設に努力 M9 国際学校・民族学校への財政援助 M3〜4 公立小中高校での日本語教育充実と研究協力校を設け／M7 母語維持・伸張教育、バイリンガル教育を実施 M1〜2 中等教育機関・大学入試における定住外国人枠の設置	L6〜7 希望するすべての外国人児童生徒に母語教育・母語での教育を保障し L6〜7 多言語教育・バイリンガル教育を実施するための新しい法制度をつくる L1〜7 その下に、適切な教育を行うために、関係機関と連携し、調査研究、専門家養成、情報提供等を推進

（備考：この表は、A5判冊子内容を概要として表に編集しました）

続いて全体会が昼の休憩時間を挟んで行われました。最初に山田氏が「共通理解のために——ニューカマー受け入れの背景」と題して、経済に特化した外国人受け入れ政策とその矛盾について、現状を踏まえた解説を行いました。その中で、ボランティアがどこまで責任を持てるのかを問い直し、教育に責任を持つ立場にある公による保障の必要性を強調し、国策ボランティアにならないよう警鐘を鳴らしました。次に野元氏が、「活動の経緯と今後に向けて」と題して「東京宣言」をめぐるこの1年の動きを紹介し、法制化に向けた取り組みを積極的に行っていくことを確認しました。最後に横山が、人権意識等に関する関東と関西の違いなどを述べた後、「政府は、国策として外国人を受け入れてきたが言語政策が伴っていない。先進国にふさわしい状況をつくらなければならない」と語りました。

　全体会の後は、4つの会場に分かれて分科会が行われました。それぞれの分科会のテーマとその担当は次のとおりです。(1)「多文化・多言語社会の創造」山崎信喜(川崎市教育委員会)、野間恵(多文化共生センター・ひょうご)、(2)「日本語学習機会の公的保障」春原憲一郎(海外技術者研修協会)、時里孝子(日本語教室「こんにちは」)、(3)「外国人等子どもの教育保障」小島祥美(ワールドキッズコミュニティ)、大倉安央(門真なみはや高等学校)、(4)「法制度化の具体的視点」野元弘幸(東京都立大学)、安井寿男(浜松市国際室)。

　これらの分科会テーマは、「東京宣言」の骨子でもありました。このフォーラムには、兵庫や大阪等の行政職員の個人としての参加もありました。兵庫をはじめとした地域における現状を打開するために「東京宣言」をどのようにして生かしていくのか。その熱い思いが込められた集会でした。

　全国ネットは、その後に運営委員会を設置し、年間10回程度の運営委員会を開催して、諸事業を推進していきま

した（表5、図6）。

　会の運営は、会員の中から自薦・他薦で運営委員候補となり、総会の承認を得て運営委員となり、役割を分担し行いました。共同代表・事務局長は、運営委員会の互選で選出しました。そして、規約および総会で決定された年次活動計画を遂行する運営委員会が開催されます。また、目的達成のため必要な事業として、会員と運営委員で構成する、①研究・研修部会、②法案検討部会、③子どもの権利部会が置かれました。具体的な業務フローについては図8を参照ください。

　運営委員会は、活動を終える2013年3月まで98回開催されました。また、必要に応じて部会が開催され、部会①は日本語・識字問題研究会でのトピックにも通

図6　2003年の信州フォーラム

表5　「東京宣言」採択以降の活動：日本語フォーラム全国ネットの事業（フォーラムを中心に）

開催年月	開催地	開催内容・テーマ	共催等
2003年3月 同 2003年10月	兵庫県 同 長野県	設立総会（実行委『解説書』発行） 日本語フォーラム2003in兵庫 日本語フォーラム2003in信州	兵庫日本語ボランティアネットワーク 日本語フォーラム関西地区準備会 長野県日本語ネットワーク
2004年3月 2004年9月	東京都（法政大） 同　（法政大）	総会、法案検討フォーラム 日本語フォーラム2004in東京	
2005年3月 2005年10月	東京都（拓殖大） 福島県	総会、シンポジウム 日本語フォーラム2005 inふくしま	日本語フォーラム福島実行委員会
2006年11月	千葉県（千葉大）	日本語フォーラム2006 in CHIBA	房総日本語ボランティアネットワーク
2007年12月	沖縄県 （桜坂劇場）	日本語フォーラム2007 in 沖縄 ―共生を目指す『識字』―	日本語フォーラム沖縄実行委員会
2008年12月	新潟県	日本語フォーラム2008 in 長岡	下越地区共生会議 （事務局：新潟大学国際センター）
2009年12月	東京都	日本語フォーラム2009 in 東京	全国ネット「プレフォーラム」準備会
2010年3月 2010年11月	東京都 神奈川県	総会、プレフォーラムを受けて ―見直し検討会 日本語フォーラム2010 in 神奈川	日本語フォーラム神奈川実行委員会
2011年11月	兵庫県	日本語フォーラム2011 in 兵庫	日本語フォーラム2011準備会 兵庫日本語ボランティアネットワーク

図7 「東京宣言」フォローレポート

じた活動が行われ「地域日本語教育」、「地域日本語活動」という新たな呼称とジャンルの確立に貢献しました。部会②は、部会員が日本学術振興会の科学研究費補助金を得た研究によって「日本語教育保障法案」をまとめ公表しました。部会③は、国連子どもの権利委員会（CRC）に「市民・NGOレポート」を提出し、有効な勧告を引き出すことに貢献しました。

　以上のように、さまざまな活動を行ってきましたが、この間、宣言に込められた目標に近づいたものがある一方で、いまだ改善が進まないもの、新たに見えてきた課題なども指摘されてきました。また、2011年が「東京宣言」の採択から10周年の区切りの年になるのを機に、この間の状況も踏まえ、新たな「宣言」を広く社会に示すべきだという声が、全国ネットの関係者ばかりでなく、多くのかたから寄せられました。そこで、2009年から、「全国ネット」を中心に関係機関、個人の協働によって、新「宣言」採択に向けた取組が開始され、「東京宣言」編纂時と同様に起草委員会を立ち上げました。2009年は東京で、2010年は横浜（図10）で、「東京宣言」に代わるべき新たな指針作りに向けたフォーラムを開催し、どちらも100人規模で熱心な議論が交わされました。2010年には外部に委託していた「東京宣言フォローレポート」（図7）が完成し、初期の「行動計画」がどの程度実現しているかが検討されました。これらを参考に、「東京宣言見直し検討会」が開催されました。

　「日本語フォーラム2011 in 兵庫」には、新「宣言」の最終起草案が提示され、約100名の出席者による審議を経て、一部修正の上採択されました。それが、「多文化共生

図8　組織の運営

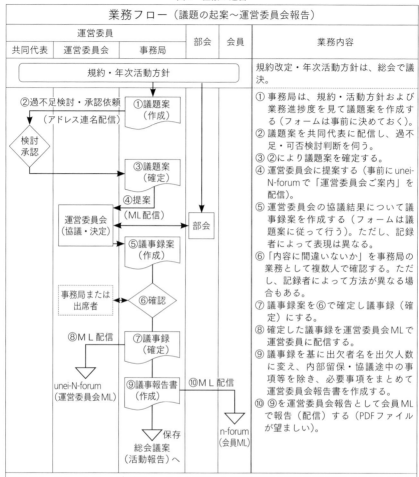

業務フロー（議題の起案〜運営委員会報告）

運営委員			部会	会員	業務内容
共同代表	運営委員会	事務局			

規約・年次活動方針

規約改定・年次活動方針は、総会で議決する。

② 過不足検討・承認依頼（アドレス連名配信）
検討承認
① 議題案（作成）

③ 議題案（確定）
④ 提案（ML配信）
運営委員会（協議・決定）
部会
⑤ 議事録案（作成）
事務局または出席者
⑥ 確認
⑧ ML配信
⑦ 議事録（確定）
unei-N-forum（運営委員会ML）
⑨ 議事報告書（作成）
⑩ ML配信
n-forum（会員ML）
保存　総会議案（活動報告）へ

① 事務局は、規約・活動方針および業務進捗度を見て議題案を作成する（フォームは事前に決めておく）。
② 議題案を共同代表に配信し、過不足・可否検討判断を伺う。
③ ②により議題案を確定する。
④ 運営委員会に提案する（事前にunei-N-forumで「運営委員会ご案内」を配信）。
⑤ 運営委員会の協議結果について議事録案を作成する（フォームは議題案に従って行う）。ただし、記録者によって表現は異なる。
⑥「内容に間違いないか」を事務局の業務として複数人で確認する。ただし、記録者によって方法が異なる場合もある。
⑦ 議事録案を⑥で確定し議事録（確定）にする。
⑧ 確定した議事録を運営委員会MLで運営委員に配信する。
⑨ 議事録を基に出欠者名を出欠人数に変え、内部留保・協議途中の事項等を除き、必要事項をまとめて運営委員会報告書を作成する。
⑩ ⑨を運営委員会報告として会員MLで報告（配信）する（PDFファイルが望ましい）。

このフローチャートは、日本語フォーラム全国ネットの運営委員会開催の中で築かれてきたものを分かりやすくまとめたものです。会員、共同代表、運営委員会、事務局、部会の各パートの中で、運営委員会開催に向けた議題の起案や議事録作成および運営委員会報告までの業務の流れ・手順をを図示しました。なお、配信方法は、メール本文または添付ファイル（PDFファイル）で行い、各々運営委員会用・会員用のML（メーリングリスト）を利用します。また、事務局長は事務局長により事務局会を持つことができます。部会は、運営委員会の承認のもと運営委員が部会長を務め非会員を含めて構成でき、部会長は運営委員会への進捗報告の義務を負います。
運営委員会の招集は共同代表が行い、事務局長が共同代表の承認のもと代行することができます。会員は運営委員会にオブザーバーとして参加できます。年次フォーラムは、会のプロジェクトとして開催します。

（備考：このフローチャートは、日本工業規格（JIS C 6270）で規定されている記号に準じて作成しました）

図9　日本語フォーラム
プロデュースガイド

図10　日本語フォーラム2010

社会の実現とそのための教育の公的保障を目指す神戸宣言」（略称：神戸宣言、図11）です。

　2006年3月、総務省は、多文化共生施策を体系的に示した「地域における多文化共生推進プラン」（以下、プラン）（総行国第79号）[4] を策定し、地方公共団体に通知しました。その結果、地方公共団体における多文化共生施策がある程度進展しました。しかしながらこの「プラン」は、地方公共団体の自主性に依存する形の「通知」であり、その伝播の速さには限界がありました。

　したがってフォーラム関係者は、この「プラン」の日本全体への展開を図るための法制化も視野に「神戸宣言」を採択しました。この宣言は、前文と（1）多文化共生社会の実現、（2）日本語学習に対する公的保障、（3）移民の子どもの教育保障の3項で構成され、加

図11　「神戸宣言」冊子

えて日本国憲法、国際条約等に依拠する法制的根拠を示しています。「東京宣言」と異なる主な点として、「多文化・多言語社会」の文言を「多文化共生社会」に修正し、「外国人」という呼称に変えて「移民」に一本化、多文化教育の実施と多言語・多文化サービスの推進、移民の児童生徒の義務教育化・母語保障、学校教育における多文化教育科の設置およびその教員資格の新設、地域日本語教育の専門資格制度の新設と教育プログラムの開発、先住民族アイヌの補償教育機関としての民族学校の早急な設置等を提言に加えました。そして、未批准の関係国際条約（「すべての移住労働者とその家族の権利保護に関する条約」に加え「教育における差別待遇の防止に関する条約」および「雇用および職業についての差別待遇に関する条約」）の締結とそれに伴う国内法制の整備、法制化後のフォローアップを求める内容を盛り込んでいます。なお、『神戸宣言』の冊子は、日本語（ルビ付）・中国語・ハングル・ポルトガル語・英語の5言語で、全120ページ、1,000部を発行し、HPにも全文を掲載しました。内容は、資料編を参照ください。

　これら、これまでの取り組みは、当時日本政府の中枢にある人たちにも、現場からの声として届けています。この「神戸宣言」に込められた多くの当事者、関係者の声がさらに多くの方々に届き、学校教育、社会教育に反映され、日本を多文化共生社会に変えていく力となっていくことを切に願います。そして、立法に反映し、行政の施策とな

図12　日本語フォーラム 2011 in 兵庫
（写真後方は、左から横山、春原、長嶋、山田）

り、人々の意識変容に結び付くことが期待されます。

　日本語フォーラム全国ネットは、多文化共生社会構築に向けた一定の課題集約を果たし、「東京宣言」や「神戸宣言」が自治体施策に生かされた事例も報告されています。そして、2012年3月をもって会を閉じました。

　2014年1月14日、文部科学省初等中等教育局長名で、「学校教育法施行規則の一部を改正する省令等の施行について（通知）」（文科初第928号）が、各都道府県教育委員会教育長等に対し発出[5] されました。これは、国際化の進展等に伴い、「特別の教育課程」（正規の課程）として日本語指導が必要な児童生徒を対象に、「日本語指導」を行うことができるというもので、2014年4月1日に施行されました。外国人を教育施策の対象としてこなかった文科省の施策が変換され、その第一歩が踏み出されたこととして画期的なことと言えるでしょう。この通知が出されるまでには、日本語フォーラム全国ネット以外にも、外国人集住都市会議、日本語教育学会等による働きかけがありました。また、日本が批准している国際人権条約に関するものでは、例えば、2004年1月に第2回子どもの権利委員会（CRC）の日本に対する総括所見一般原則パラグラフ25において、「委員会は、締約国に対し、（中略）移民労働者や難民の児童のために、社会的差別と闘い、基本的サービスへのアクセスを確保するよう、全ての必要で将来を予見した措置をとるよう勧告する」（外務省仮訳）と記されています。さらに、2010年6月の第3回では、パラグラフ73で「締約国に対し、ユネスコの教育における差別待遇の防止に関する条約[6] への締結を検討するよう慫慂する」と勧告されました。以上のような経緯もあり、文科省が正規の科目として日本語教育ができることを通知したと思われます。しかしながら、この通知は地方教育行政の自主性に委ねられ、日本語教育や多文化教育を一般の児童生徒対象の

科目として位置づけるものではなく、新たな教員資格の制度もなく、実質的に対応すべき一般の教員の養成すらなされていないのが現状です。

10 国（文科省等）と東京都（都教委等）の多文化対応施策の概観

　国の施策としての日本語教育は、これまで文化庁が中心になって推進してきました。2000年代に入ると、ニューカマーの子どもたちや外国につながる日本生まれの子どもたちが増えてきて、その教育保障が社会の問題として浮上しました。教育の場では、「日本語指導が必要な児童生徒」と呼ぶことが定着してきました。1991年1月30日、当時の文部省は、各都道府県教育委員会教育長宛に「通知」（文初高第69号）[7]によって、学齢期の韓国籍の子どもについて、公立の義務教育諸学校における課外での韓国語等の学習機会が提供できること、また入学に関して就学案内を発給するよう、さらに在日韓国人以外の外国人に対してもこれらに準じた取り扱いをするよう示されました。翌1992年、日本語教材『にほんごをまなぼう』とその教師用指導書を作成、一定数以上の外国人児童生徒を受け入れている学校に教員加配を行うことができるとしました。しかしながら、全国への周知が徹底されない中、1996年12月に当時の総務庁が、行政評価・監査に基づき、文部省に対して、外国人子女の円滑な受け入れの促進、教育指導の充実等に関する勧告を出しました。さらに2003年8月にも同様の通知を行いました[8]。

　この間文科省は、2001年度に初等中等教育局長裁定によるJSLカリキュラム開発プロジェクトを立ち上げました。その後文科省は、日本が1979年に批准した国際人権規約（社会権規約：A規約）に基づき、「学齢相当の外国人子女の公立義務教育諸学校への入学希望者には、日本人子女

28

と同様に無償の教育保障が必要になった」との見解を表明し、総務庁に回答するとともに、「就学ガイドブック」（7言語）を作成し、2004年に都道府県教委に対して市町村教委等への助言を行うよう周知しました。続いて、2006年6月、取り組みの充実に向け、各都道府県・政令指定都市教育委員会教育長等に対し、「外国人児童生徒教育の充実について」を通知として発出しました（文科初第368号）。2005年度から2006年度に、文科省「不就学外国人児童生徒支援事業」が実施され、同省が選定した12自治体で、外国人の子どもの不就学実態調査が行われました。その結果、12自治体における学齢期の外国人登録者数が9,889人中不就学者は112人で1.1％であるとしました。さらに2007年7月に「検討会」を設置し、2009年3月に初等中等教育局長通知として、「定住外国人の子どもに対する緊急支援について」（文科初第8083号）を発出しました。2009年12月に、日系人等の子どもや留学生の日本語教育施策を協議する場として「定住外国人の子どもの教育等に関する政策懇談会」の設置に続き、2010年に「定住外国人の子どもの教育等に関する基本方針」を示しました。

　前節でも述べたように、2014年1月、文科省初等中等教育局長は、各都道府県教育委員会教育長等に対し、「学校教育法施行規則の一部を改正する省令等の施行について」（文科初第928号）の通知を行い、同年4月1日に施行されました。これにより、義務教育における「特別の教育課程」（正規の課程）での日本語指導を行うことが可能になりました。続いて、2017年3月31日、「公立義務教育諸学校の学級編制および教職員定数の標準に関する法律」の一部改正（第7条第1項、第11条第1項等）によって、日本語能力に課題のある児童生徒への指導のための基礎定数（児童生徒18人に1人の教員配置）が定められ（文部科学事務次官通知、文科初第1854号）、同年4月1日に施行されました。ま

た、児童生徒が18人未満の場合は、2013年度から、「公立学校における帰国・外国人児童生徒に対するきめ細かな支援事業」[9] により、府県や指定都市、中核市に、子どもの母語が分かる支援員や日本語指導補助者の派遣等を行っています。これらは、教育保障の第一歩として評価できるでしょう。しかしながら、外国籍児童生徒が義務教育対象とされていない状況は続いていて、OECD（経済協力開発機構）加盟38か国の中で日本と韓国だけがその国の国籍の有無によって就学に差があることは変わっていません。

　東京都においては、企画審議室が、1987年に「国際化ハンドブック」（B5判400ページ）、翌年に「世界に開かれた都市の形成へ向けて」（B5判220ページ）を発行しました。生活文化局は、1992年に「東京都の国際化対応の現状と今後の方向」、1993年に、国際化対応のための事業等に関する調査結果をまとめて、「東京都区市町村における国際化」として発表しました。翌1994年に、財団法人「東京国際交流財団」が設置されました。また同年、生活文化局国際部国際化推進課は、「東京都国際政策推進大綱：21世紀を展望した新しい国際政策のあり方」を発表し、1997年7月には、「東京都国際政策推進プラン 東京都の国際政策の現状と今後の展望」（A4判156ページ）をまとめました。この中で「第3部 国への働きかけ」が11項目記され、「1.地方自治体が行う国際交流・国際協力活動の位置づけを明確化し、財政処置を明確化すること。」「2.定住外国人に地方参政権を付与するため、関係法令の改正を行うこと。」等が記されています（3以下割愛）。また、1995年度からは「東京都国際化推進指導者セミナー」が連続して毎年開催されました。1999年には、生活文化局が「東京都区市町村の国際化政策の状況」（A4判346ページ）、「国際化に関する各局の取組みの状況」（A4判118ページ）をまとめました。後者には、目次にⅠ.世界に広がる

ネットワークづくり（国際交流、国際協力等）、Ⅱ. 魅力と活力にあふれた都市づくり、Ⅲ. 開かれた共生社会づくり、Ⅳ. 地球市民としての意識づくり、Ⅴ. 国際化に対応できる都市づくりが列挙されています。こうした中、1997年に外国人都民会議を都道府県で初めて立ち上げました（委員は20名以内で、学識経験者・外国人支援に携わるNPO・企業・都内在住の外国人等から構成）。しかし、残念ながら、この会議発足から10年経った後には以下のような評価がなされました。

> 同会議は、外国人に関わる諸問題について、都知事に意見、提案、要望を述べることになっており、発足当初、外国人住民や日本の市民団体などから大きな期待をもって迎えられた。しかし、具体的な成果をあげるに至らない中、2000年4月、石原現知事の「三国人発言」への反発が参加者からあがり、機能しないままに終わってしまった。その後、2001年に「地域国際化検討推進委員会」（ママ）が外国人住民5人、日本人住民5人で設置され、現在に至っている。
>
> 　　　　　　　　　　（2007年4月6日、東洋経済日報）

　なお、「東京国際交流財団」は、遡ること2003年、東京都国際平和文化交流基金条例とともに廃止されています。

　東京都における学校教育行政に関しては、東京都教育委員会（以下、都教委。事務局は東京都教育庁）が担う分野であり、1993年3月、多様化する日本語指導が必要な外国人児童・生徒の日本語指導の充実を図るとともに、学校生活への適応指導にも役立てていくことを目指して、日本語テキスト『たのしいがっこう』を発行しました。東京都教育庁生涯学習部では、1995年度生涯学習基礎研究報告書とし

31

て「国際化に対応した社会教育事業の在り方：日本語教室を中心に」（1996年3月、A4判75ページ）を、1996年度生涯学習基礎研究報告書として「国際化に対応した社会教育事業の在り方II：日本語教室の充実のために」（1997年3月、A4判）を発行しました。学校教育においては、「公立小・中学校日本語学級設置要綱」が制定されました（1989年3月16日制定、1993年3月29日一部改正、2000年3月6日一部改正、2012年4月1日一部改正、2016年4月1日一部改正）。その結果、地教委（地方教育委員会）における日本語学級の設置や教員加配が容易になりました。また、2011年3月には、都教委から、『日本語指導ハンドブック』（初級および中級者対象）が発行[10]され、現場教員のテキスト選択の悩みが緩和されました。

　2016年4月28日の「東京都教育ビジョン」の「主要施策10 子供たち一人一人に応じた手厚い支援体制の構築」には、外国籍児童生徒に関して、以下のように記されています。

　　【施策の必要性】（略）グローバル化の進展に伴い、増加する外国人児童・生徒等に対して、日本語指導を充実させると共に、就学機会の周知等を行うことは、国際都市東京として果たすべき重要な役割である。／また、外国人生徒に対して、都立高校における入学者選抜や入学後の学校生活に支障が生じないよう教育環境の（ママ）整備することは、多くの外国企業の誘致や人材の受け入れを進めている首都東京として重要であり、引き続き適切な支援を行う必要がある。

　　【施策の内容】（略）〇就学年齢に達した外国人の子供が円滑に就学できるように、区市町村教育委員会と連携し、必要な情報を発信するなどの支援を行う。ま

た、就学した外国人児童・生徒等が学校の環境に適応できるように支援する。／○高校の入学選抜における在京外国人生徒対象枠については、中学校における日本語指導が必要な在京外国人生徒数の動向や区部と多摩地域のバランス、在京外国人生徒対象枠の募集校における入学者選抜の応募状況等を踏まえ、適正な募集枠を設定する。

　上記の東京教育ビジョンについて、その「施策の内容」を見ると、高校に外国人枠があるのが2010年に1校だったのを2018年までに7校に増やしています。しかし、その定員数が応募者数の半数以下であり、抜本的な改善が求められます。また、外国籍等で日本語の理解が不十分な児童生徒が増加している中、日本語学級があるのは、2018年5月1日現在、都内全域23区・26市・5町・8村の中で、小学校が11の区に36学級および3つの市に7学級の併せて21校43学級、中学校が7つの区に18学級・3つの市に4学級の併せて12校22学級あるのみです[11]（図13-1、同2、同3、表6）。さらに現在においても、「日本語が分かるようになってから来るように」と言っている地教委さえあります。都教委においては、全区市町村に日本語学級が設置されるよう早急な対策が必要です。そのためには、1つの自治体ないしは複数の自治体が連合する形で、「多文化共生・日本語教育支援センター」（仮称）といった共生教育運営のための中核施設を設置し、学習リソースの整備、不就学児童生徒の実態調査と対策、保護者への就学指導、中等教育へのアクセスと卒業支援、各学校が必要とする日本語講師バンク、相談窓口設置など、市民組織と連携した推進が必要です。そして、MDGsからSDGs[12]に向けた施策を実施し、特にSDGsの目標4にある「すべての人々に、だれもが受けられる公平で質の高い初等・中等教

日本語学級数推移（2013（平成25）年 ～ 2018（平成30）年）

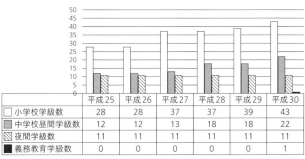

	平成25	平成26	平成27	平成28	平成29	平成30
□ 小学校学級数	28	28	37	37	39	43
▨ 中学校昼間学級数	12	12	13	18	18	22
▧ 夜間学級数	11	11	11	11	11	11
■ 義務教育学級数	0	0	0	0	0	1

＊義務教育学級とは、旧小中一貫校同様の新制度による呼称（2016年に新設）。

図13-1　日本語学級数推移

日本語学級生徒数推移（2013（平成25）年 ～ 2018（平成30）年）

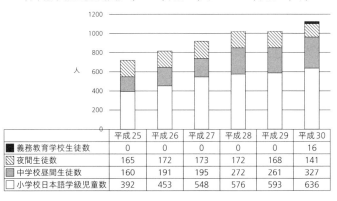

	平成25	平成26	平成27	平成28	平成29	平成30
■ 義務教育学校生徒数	0	0	0	0	0	16
▧ 夜間生徒数	165	172	173	172	168	141
▨ 中学校昼間生徒数	160	191	195	272	261	327
□ 小学校日本語学級児童数	392	453	548	576	593	636

図13-2　日本語学級生徒数推移

東京23区日本語学級設置区数（2018（平成30）年）

夜間　5　18

中学校昼間　7　16

小学校　11　12

	小学校	中学校昼間	夜間
□ 設置あり	11	7	5
▨ 設置なし	12	16	18

図13-3　東京23区日本語学級設置区（平成30年度）

表6　東京の日本語指導を必要とする児童・生徒数と日本語学級在籍者数

	日本語指導を必要とする児童・生徒数（小・中）	日本語学級児童・生徒在籍数
2016（平成26）年度	2,852人	816人
2018（平成28）年度	3,369人	1,020人

日本語指導を必要とする児童・生徒在籍校と日本語学級設置校数

	日本語指導を必要とする児童・生徒在籍校数（小・中）	日本語学級設置校数
2016（平成26）年度	1,069校	22校
2018（平成28）年度	1,249校	24校

育を受けられるようにする」ことが求められます。

　付記すれば、葛飾区は従来から夜間中学（中学校夜間学級）を設置（1953年4月開校）しています。近年には、2015年、外国人の受け入れと社会統合のための国際ワークショップ「医療分野における外国人と外国人材―コトバと文化の壁を越えて―」を外務省・国際移住機関（IOM）と共催し、一般財団法人自治体国際化協会（CLAIRクレア）の後援を受け、開催しました[13]。また、葛飾区のMDGs先進度ランキングが全国14位、都内で第2位にランクされています（「広報かつしか」2019年2月25日 No.1759）。

　なお、上記の図（図13-1 ～ 3）および表6以降の数値等は、以下をご覧ください。

令和3年度　東京都公立学校一覧表
https://www.kyoiku.metro.tokyo.lg.jp/administration/statistics_and_research/list_of_public_school/school_lists2021.html

11 ｜ おわりに

　「日本語を母語としない」あるいは「日本語指導を必要とする」児童生徒の言語権や教育へのアクセス保障が長い

間周縁化されてきました。不登校児童生徒等も同様です。声を挙げられないこうした子どもたちが教育を受けて成長し、いずれ社会の一員として社会貢献できるようになることは、成人である保護者や社会、国家の責任です。

　文部省（現文部科学省）は1992年に、日本語教材『にほんごをまなぼう』とその教師用指導書を作成、一定数以上の外国人児童生徒を受け入れている学校に教員加配を行うことができるとしました。しかし、定住外国人の子どもの教育等に関する政令改正で施行されたのが2014年4月（「特別の課程」）です。実に22年も経過しています。

　2016年11月、超党派の日本語教育推進議員連盟（以下、日本語議連）が設立され、2019年6月の通常国会で、「日本語教育推進法」が成立しました（6月28日公布・施行）。おりしも政府は2018年12月に、出入国管理法を改正して2019年4月から5年間で約34万人の外国人材受け入れの方針を明らかにしました。2018年6月末の在留外国人数は、約264万人（外務省統計）であり、日本の総人口1億2,649万人（総務省統計局、2018年8月概算値）の約2.1％を占めることになります。帰化者等を含めれば3％以上になるでしょう。

　言語や文化が異なる人々が増加すれば、異言語間コミュニケーションの問題が浮上することは従来から指摘され、対策が求められてきました。そして市民社会として日本語教室を作って言葉の壁や多文化共生に挑戦してきました。そしてまた、法令が整備されれば、それに沿って施策を進めるのは主に地方行政です。外国人材受け入れ企業もその責任の一端を担わなければなりません。そしてそのために必要な国家予算が計上され、地方公共団体に配分されなければなりません。それら実施状況を監視するのがわたしたち市民であり、その責任を自覚することが求められます。

　ついに、2019年6月21日、「日本語教育推進法」が可

36

決成立しました。日本語教育について国と地方自治体の責務を定め、「活力ある共生社会の実現」を目指すとする理念を掲げています。しかしながら、財政処置や教師養成など多様な課題が山積しており、移民やその子どもたちとの共生課題が即刻解決されるわけではありません。異文化とどう共存していくかは、地域社会から地球社会まで、21世紀最大のテーマといわれ、W.キムリッカ（1998）は、「民族文化をめぐる多様性は、民主主義諸国に対して消えることのない、従って真剣に取り組みまれなければならない重大で永続的な課題を提起している」[14]と述べています。すべての人々の不断の努力によって、多文化共生社会の創造が求められています。

注

[1] ESLとは、第二言語としての英語、つまり、英語を母語としない人たちのための英語のことです。EFL（English as a Foreign Language ／外国語としての英語）と区別して、英語圏内で生活するために学ぶ英語という意味で使われることもあります。なお、母語とは、子どもが生まれてからの一定期間に母親など周囲からの語りかけなどによって自然に身につける言語のことです。

[2] 学校教育法施行規則の一部を改正する省令等の施行について（通知）文部科学省HP：http://www.mext.go.jp/a_menu/shotou/clarinet/003/1341903.htm（アクセス 2018年10月）

[3] KJ法とは、文化人類学者の川喜田二郎の考案した創造性開発技法の1つで、考案者の頭文字をとって名づけられたもの。紙切れ法ともいう。ブレーンストーミングなどで出された意見やアイデアを1つずつ紙片に書き、それらをばらばらにして広げ、虚心に眺めながらアイデアやヒントを発想させていく方法である（ブリタニカ国際大百科事典）。

[4] 総務省HP：http://www.soumu.go.jp/menu_seisaku/chiho/02gyosei05_03000060.html（アクセス 2018年10月）

[5] 学校教育法施行規則の一部を改正する省令等の施行について（通知）文部科学省HP：http://www.mext.go.jp/a_menu/shotou/clarinet/003/1341903.htm（アクセス 2018年10月）

[6] 文部科学省HP：http://www.mext.go.jp/unesco/009/1387077.htm または、www.mext.go.jp/unesco/009/003/007.pdf（アクセス 2018年10月）。

少数民族の自らの言語を使用し教授すること（第5条）等の条文があり、教育機関でのあらゆる差別の禁止と、世界人権宣言を踏まえた少数民族を含む全ての人の教育権について規定した条約です。

[7] 日本国に居住する大韓民国国民の法的地位および待遇に関する協議における教育関係事項の実施について（通知）

文初高第69号　平成3年1月30日

各都道府県教育委員会教育長あて文部省初等中等教育局長通知

「日本国に居住する大韓民国国民の法的地位および待遇に関する日本国と大韓民国との間の協定」（昭和41年1月17日発効）に基づく日本国に居住する大韓民国国民（以下「在日韓国人」という。）の法的地位および待遇に関する協議において、このたび、別紙のとおり「覚書」に署名がなされました。このうち、教育関係事項（「覚書」記3関係）としては、現在地方自治体の判断により学校の課外で行われている韓国語や韓国文化等の学習が今後も支障なく行われるよう日本国政府として配慮すること（記3（1））および保護者に対し就学案内を発給することについて全国的な指導を行うこととすること（記3（2））があります。ついては、下記事項に御留意の上、日韓両国民の相互理解と友好親善の促進の見地に配慮しつつ、よろしくお取り計らい願います。なお、貴管下の関係機関および学校に対してもよろしく御指導ください。

記

1　学校の課外における韓国語等の学習の取り扱い　「日本国に居住する大韓民国国民の法的地位および待遇に関する日本国と大韓民国との間の協定における教育関係事項の実施について」（昭和40年12月28日付け文初財464号）の記4は、学校教育法第1条に規定する学校（以下「学校」という。）の正規の教育課程に関するものであり、学校に在籍する在日韓国人に対し、課外において、韓国語や韓国文化等の学習の機会を提供することを制約するものではないこと。

2　就学案内　市町村の教育委員会においては、公立の義務教育諸学校への入学を希望する在日韓国人がその機会を逸することのないよう、学校教育法施行令第5条第1項の就学予定者に相当する年齢の在日韓国人の保護者に対し、入学に関する事項を記載した案内を発給すること。なお、平成3年度の入学についても、この趣旨に沿って適切に配慮すること。

3　在日韓国人以外の外国人の取り扱い　在日韓国人以外の日本国に居住する日本国籍を有しない者についても、上記1および2の内容に準じた取り扱いとすること

http://sikokukikin.web.fc2.com/sano.pdf（アクセス 2018年10月）

[8] 総務省行政評価局

http://www.soumu.go.jp/main_sosiki/hyouka/hyouka_kansi_n/ketsuka_nendo/pdf/030807_2_01.pdf（アクセス 2018年10月）

[9] http://www.mext.go.jp/a_menu/shotou/clarinet/003/001/1339531.

htm （アクセス 2018年10月）

[10] 東京都教育委員会 HP：
http://www.kyoiku.metro.tokyo.jp/school/document/japanese/ または、
http://www.kyoiku.metro.tokyo.jp/school/document/japanese/
handbook.html（アクセス 2018年10月）

[11] 東京都教育委員会 平成30年度東京都公立学校一覧（アクセス2018
年10月）
http://www.kyoiku.metro.tokyo.jp/administration/statistics_and_
research/list_of_public_school/
http://www.kyoiku.metro.tokyo.jp/administration/statistics_and_
research/list_of_public_school/school_lists2018.html

[12] MDGs：Millennium Development Goals（ミレニアム開発目標）極度
の貧困と飢餓の撲滅など、2015年までに達成すべき8つの目標を掲
げ、達成期限となる2015年までに一定の成果をあげました。その内
容は後継となる持続可能な開発のための2030アジェンダ（2030アジ
ェンダ）に引きつがれています。
外務省HP：https://www.mofa.go.jp/mofaj/gaiko/oda/doukou/mdgs.html
（アクセス 2018年9月）
SDGs：2001年に策定されたミレニアム開発目標（MDGs）の後継と
して、2015年9月の国連サミットで採択された「持続可能な開発の
ための2030アジェンダ」にて記載された2016年から2030年までの
国際目標です。持続可能な世界を実現するための17のゴール・169
のターゲットから構成され、地球上の誰一人として取り残さない
（leave no one behind）ことを誓っています。SDGsは発展途上国のみ
ならず、先進国自身が取り組むユニバーサル（普遍的）なものであ
り、日本としても積極的に取り組んでいます。
外務省HP：https://www.mofa.go.jp/mofaj/gaiko/oda/sdgs/about/index.
html（アクセス 2018年10月）

[13] http://japan.iom.int/event/jointworkshop_feb2015.html
https://www.mofa.go.jp/mofaj/ca/fna/page3_001118.html
https://www.mofa.go.jp/mofaj/gaiko/local/symbiosis/index.html
（アクセス 2018年10月）

[14] 日本経済新聞（2018/12/3）
https://www.nikkei.com/article/DGXMZO38469120T01C18A2PP8000/

参考文献 　　朝倉征夫（編）（2003）『多文化教育の研究』学文社
浦野東洋一（2010）「「在日外国人の子どもの学校教育」に関する一考―
大阪地裁［平18（ワ）1883号］平20・9・26判決を素材に」『帝京
大学文学部教育学科紀要』35, pp.1−12． https://appsv.main.teikyo-u.
ac.jp/tosho/kyoiku35-01.pdf　アクセス 2018年10月
大江洋（2004）『関係的権利論―子どもの権利の再構築へ』勁草書房

カースルズ，S.・ミラー，M. J.（関根正美・関根薫訳）（1996）『国際移民の時代』名古屋大学出版会

外国につながる子どもたちの物語編集委員会（編）（2009）『まんが クラスメイトは外国人』明石書店

カミンズ，J.（中島和子訳著）（2011）『言語マイノリティを支える教育』慶應義塾大学出版会

川村千鶴子（編著）（2014）『多文化社会の教育課題─学びの多様性と学習権の保障』明石書店

川村湊（1994）『海を渡った日本語─植民地の「国語」の時間』青土社

キムリッカ，W.（石山文彦・山崎康仕訳）（1998）『多文化時代の市民権─マイノリティの権利と自由主義』晃洋書房

月刊社会教育編集部（編）（1993）『日本で暮らす外国人の学習権』国土社

白井恭弘（2013）『ことばの力学─応用言語学への招待』岩波書店

東京都生活文化局（2018）「日本語教育ボランティアの育成およびスキルアップに係る事例集」
https://www.seikatubunka.metro.tokyo.lg.jp/chiiki_tabunka/tabunka/tabunkasuishin/files/0000001077/P14.pdf（アクセス 2021 年 11 月 10 日）
https://www.seikatubunka.metro.tokyo.lg.jp/chiiki_tabunka/tabunka/tabunkasuishin/files/0000001077/2_P15-75.pdf（アクセス 2021 年 11 月 10 日）
https://www.seikatubunka.metro.tokyo.lg.jp/chiiki_tabunka/tabunka/tabunkasuishin/files/0000001077/P764.pdf（アクセス 2021 年 11 月 10 日）
http://www.seikatubunka.metro.tokyo.jp/chiiki_tabunka/tabunka/tabunkasuishin/0000001077.html（アクセス 2021 年 11 月 10 日）

日本語教育政策マスタープラン研究会（2010）『日本語教育でつくる社会─私たちの見取り図』ココ出版

ネウストプニー，J. V.（1995）『新しい日本語教育のために』大修館書店

ノールズ，M.（堀薫夫・三輪建二訳）（2002）『成人教育の現代的実践─ペダゴジーからアンドラゴジーへ』鳳書房

野山広・石井恵理子（編著）（2009）『日本語教育の過去・現在・未来 第1巻 社会』（水谷修監修）凡人社

早津邑子（2004）『異文化に暮らす子どもたち─ことばと心をはぐくむ』（内田伸子監修）金子書房

春原憲一郎（編著）（2009）『移動労働者とその家族のための言語政策─生活者のための日本語教育』ひつじ書房

広岡義之（編著）（2007）『教育の制度と歴史』ミネルヴァ書房

フェデリーギ，パオロ（編）（佐藤一子・三輪健二訳）（2001）『国際生涯学習キーワード事典』東洋館出版社

藤田秀雄（2001）『ユネスコ学習権宣言と基本的人権』教育史料出版会

古川ちかし・春原憲一郎・富谷玲子（1997）『日本語教育─激動の 10 年

と今後の展望』アルク

萩原里紗・中島隆信（2014）「人口減少下における望ましい移民政策—外国人受け入れの経済分析を踏まえての考察」http://www.rieti.go.jp/jp/publications/dp/14j018.pdf　アクセス 2018年10月

山田泉（1997）『社会派日本語教育のすすめ』凡人社

李節子（編）（1998）『在日外国人の母子保健—日本に生きる世界の母と子』医学書院

第2章
社会教育としての
地域日本語活動（II）

横山文夫

キーワード：インテーク、ラポール、セキュアベース、
インターアクション、基礎教育

1 ｜ はじめに

　「社会教育」という用語は、1921年、当時の文部省が
「通俗教育」の名称を「社会教育」に変更し、以来、使用
されるようになったものです。旧教育基本法第七条（2006
年改定の現行法では第十二条）には次のように記されていま
す。「家庭教育および勤労の場所その他社会において行わ
れる教育は、国および地方公共団体によって奨励されなけ
ればならない。／2国および地方公共団体は、図書館、博
物館、公民館等の施設の設置、学校の施設の利用その他適
当な方法によって教育の目的の実現に努めなければならな
い」。また、社会教育法の第二条には次のように定義が記
されています。「この法律において社会教育とは、学校教
育法（昭和二十二年法律第二十六号）又は就学前の子どもに関
する教育、保育等の総合的な提供の推進に関する法律（平
成十八年法律第七十七号）に基づき、学校の教育課程として
行われる教育活動を除き、主として青少年および成人に対
して行われる組織的な教育活動（体育およびレクリエーション
の活動を含む。）をいう」。以上から、地域日本語活動も社会
教育の一つであり、「国および地方公共団体によって奨励

43

される」と解釈されます。

　前章（Ⅰ）で「アジアの会」の設立経緯と初期研修について紹介しました。本来なら、日本語教室を開設するには、事前に綿密な計画を練ることが求められます。例えば、学習希望者のニーズと関心の把握、学習の目的と目標の設定、学習計画の作成、プログラムの実行方法、その評価法の策定等です。そしてまた、学習のための環境づくりも大切だとされています。しかしながらこの団体は、特別にこうした計画を作ることなく、会場を確保し、学習資源となる教材・教具等を選定・準備し、学習支援者としてのボランティアスタッフ（以下、スタッフ）と学習希望者を募ることから開始しました。まずスタートして、やりながら考えるというスタンスです。本章では、こうして開設したアジアの会の実際の活動を事例として取り上げ、その活動をレポートします。

2 ｜ スタッフと学習者

　教室開設時のスタッフは、アジアの会会員（20数名）であり、日本語を教えた経験がある者はほとんどいませんでした。そのため、外国語教授法等の習得については研修会を行うことにしました。ただ、学習者がいなければ教室は

図1　1995年末の交流パーティー（左はTINIKLING：バンブーダンス）

成立しません。そこで、学習者募集用の多言語の案内チラシを作成しました。さらにこのチラシを手分けして、駅頭や商店街でニューカマーと見受けられる人たちに配布しました。そして、1993年6月に国籍を問わない区内最初の日本語教室として、スタートすることができました。初日の参加者はスタッフ20名弱、学習者10数名でした。

　会員が増える中で、スタッフも多様化していきました。全般的には、会社員・自営業・主婦・退職者が多く、退職者の中には元学校教員も含まれています。学生の参加も見られました。筑波大学や東京大学の大学院生、立正大学や東京女子大学などの学部生です。彼、彼女らの参加の動機は、日本語活動への興味であったり、学位論文執筆のための参与観察（フィールドワーク）であったりしました。2018年現在のスタッフと学習者の状況を表1に示します。

表1　参加者の状況（2018年9月現在）

スタッフの状況			
人数	年代	経験	日本語教師資格
男女各10余名	20〜30代：5名 40〜50代：9名 60代：6名	1〜3年：7名 3〜10年：7名 10年以上：6名	2名、他に教員免許保有者や日本語教育の研修を受けた者がいます。

学習者の状況			
人数	年代	国籍	備考
50名 （在籍90名）	20〜30代：40名 40代以上：10名	中国：20名、ベトナム：15名、他にタイ、フィリピン、バングラディッシュ等	教室参加は、不定期になるため、50名全員にはなりません。

3 ｜ 教材・教具、教授法、学習形態

　教室開設時は、某日本語学校が発行した複数のテキストをストックし、学習者の選択に委ねて使用していました。その後は、テキストの出版社や種類が大幅に増えたことや学習者のレベルアップ（例：資格取得）に伴い、利用するテ

キストの種類を増やしました。現在も、学習者のレベルと目的に合致した新たな教材を探し利用しています。また、辞典・辞書、絵カード・絵辞典等を用意しています。テキストの他に新聞やスタッフの手作りテキストを使う場合には、教室にあるコピー機を使います。同様にイベント案内チラシを作る場合は、印刷機が活躍します。現在は、教室を有料の会場に移転したため、印刷機はなく、コピーは有料のコピー機を利用しています。ただし、教材・教具の保管スペースが室内に付設しています。なお、区内の他の日本語教室は、利用料免除の公共施設を利用しています。

　教授法は、日本語によるダイレクト・メソッド（日本語イマージョンまたはサブマージョン・プログラム）[1] を主とし、学習者別に多様なテキスト（辞書や絵カード等を含む）を併用します。生活言語能力（BICS）[2] および教科学習等に必要な認知的・学術的（思考、理解、考察などの）活動を行う際に必要な学習言語能力（CALP）の習得を目指すとともに、日本における社会言語能力・社会文化能力等インターアクション能力[3] の向上にも努めています。学習形態は、学習者とスタッフが一対一になることが多いのですが、学習者数がスタッフの人数を超える場合は、一人のスタッフに対して複数の学習者がいるグループ学習になります。

4 ｜ 教室活動

　教室の開設時は、「教える－学ぶ」関係をできるだけフラットにする狙いから、スタッフと学習者が一対一の場合は横に並び、小グループの場合は机の配置をL字型にしました。

　言語を運用する上では、語彙、発音、文字、文法等の体系を習得し、聞く・話す・読む・書くの各言語スキルをバランスよく伸ばすことが大切とされます。しかしながら、

この教室では仕事や生活に結び付く必要な日常会話が日本語でできることを優先課題として学習者の要望に対応しています。ただし、日常会話より先に自分の住所・氏名を「書く」ことを指導します。これは、住民登録や銀行口座開設、医者にかかるときなどに必要となるからです。また、感情が学習や生活に決定的な影響を及ぼすとされることから、日本語のノンバーバルコミュニケーションに則った6つの基礎的感情（怒り・恐れ・悲しみ・喜び・驚き・嫌悪）表現を初期段階で指導するようにしています。

　学習者の入会時には必ず面接を行い（インテーク面接）[4]、個人カード（当初は学習者カルテと呼んでいました）を作成します。まず、日本語レベルの推定を行い、当人の目標（希望・想い）を聞き取ります。レベルは、①会話、②仮名、③漢字、④聴解、⑤読解について各々4段階で評価し、さらに媒介語として英語を使用することの可否を尋ね、総合的に判断します。また、日本語能力試験[5]を目指す場合は、スタッフがテキストを選定することもあります。個人カードには、①氏名、②住所・連絡先、③職業（勤務先名等）、④年齢、⑤未婚・既婚、⑤日本語レベル、⑦目標レベル、⑧国籍、ビザや在留資格、⑨利用テキスト、⑩参加日と日本語学習歴および対応スタッフ名の記入欄があります。⑩は、スタッフが交代しても継続対応を可能にするために設けられています。なお、①から⑩までの全ての記入を義務付けてはいません。また、後述の宗教勧誘事件以降は、個人情報保護の観点から、電話番号や住所等を個人カードに記さない処置をとりました。

　スタッフと学習者のペアリングは、これを間違うと学習者の定着に関係する場合があり、注意深く行わなければなりません。学習者とスタッフの相性はもちろんのこと、グループに分ける場合は、学習者間の相性も重要になります。したがって、学習者には最初に入会時に決めたスタッ

図2　教室風景

フの交代が可能であることを知らせておき、教室に慣れる
まではペアリングが適切か観察しつつ、変更すべきかどう
かの判断を行います。グループについても同様です。

　近年は、子どもも受け入れて、子どもに対応した活動を
しているということです。

5 | 組織と運営

　「組織（organization）」とは、社会学等の定義のいくつか
に共通するところを筆者なりにまとめると次のようになり
ます。つまり、「一般に共通の目的を実現するために秩序
付けて集められた集合体であり、役割分担を含めた階層構
造および公式に定められた権限関係の体系が存在し、規
約・会則または定款を持つ（参考：広辞苑、日本大百科全書）。
そして、適正な統治（ガバナンス）、経営（マネジメント）お
よび管理（コントロール）が求められ、階層と役割には責任
の範囲があります。また、これらのマネジメントサイクル
（P（計画）−D（実行）−C（評価）−A（改善））だけではな
く、組織が営利であるか非営利であるかを問わず倫理とコ
ンプライアンスが重視されます。ただ、生きた組織を維持
するためには、適切な運営（マネジメント）形態を採り柔軟
に運用していかなければ継続性が保たれません。

　そこでアジアの会の運営は、スタッフ会議という形を採

り、必要に応じて開催することにしています。この場合、学習者も希望をとって参加してもらっています。スタッフも同様で、代表・副代表と会計を除き特別に理事や運営委員等を置かず、自由参加としています。このスタッフ会議では、一定の役割分担と年間スケジュール、イベントや研修会等について協議します。イベントは別途に企画会議を開催して準備します。会費は、学習者・スタッフを問わず月100円（年間1,200円）で、バス旅行等のイベントでは実費負担で行われます。事業助成を得ることで、実費より廉価になる場合があります。

　なお、スタッフは、各種イベントと教室運営の他にも多様な事案に対応します。例えば、学習者がオーバースティで入国管理局等に収容されれば、出向いて面会し、収容前に居住していたアパートの整理等を行うこともあります。病気入院で日本人の保証人が必要な場合には保証人になります。アパート探し・引っ越しの手伝いを行いますし、賃貸契約に必要な場合は保証人にもなります。学習者が解雇されたり給与未払い等の相談があれば、関連団体へ引き継ぎます。行政等から通訳依頼があれば、これにも対応します。スタッフの声にも対応が必要な場合があります。オーバーステイの学習者を受け入れれば、超過滞在ほう助罪にならないかと心配するスタッフがいたのです。これについては、研究者による研修会を開催して対応しました。また、公共施設利用時に、他の利用者から「我々日本人の税金で作った施設を外国人に使わせて良いのか」と問われたこともありました。ニューカマーであっても、納税の義務を果たし住民登録をしていれば、国籍を問わず同じ住民である（地方自治法10条1項）ことを説明し、納得してもらいました。

6 | 活動の概要と特徴

　アジアの会の年間事業計画については表2を参照してください。このリストを見て分かるとおり、多くの行事が催されます。これらの行事は、毎週1回、土曜日午後7時から9時に開催される日本語教室とは別に組まれています。アジアの会の設立経緯等については、前章で記したように、交流を目的に出発し、ニューカマー会員の発議で日本語教室を開設しました。そして教室運営については、スタッフ主導ではなく、学習者のニーズに対応し、日常会話をはじめテキストを利用しつつ語彙や文法等の習得支援というスタイルをとります。必然的に、日常使われる身近な言葉である生活言語を中心とした学習になりますが、サバイバル日本語から日本語能力試験（N1 ～ N5）受験希望者まで広くカバーします。子どもの学校からの通知等についても「やさしい日本語」等で丁寧に対応します。

　また、スタッフの受け入れは、「やってみたい」という意思さえあれば、年齢・性別・学歴・日本語教育の研修歴や資格等を問いません。それは、日本語教授だけが会の目的ではなく、多様な活動があるからです。ただし余談になりますが、学習者と英語で会話したいという理由で参加する人の場合は長続きしません。学習者は、日本語を覚えたい意思さえあれば受け入れます。そして最初に個人カードを作り、対応するスタッフを決めます。これは、「マッチング」の方が適切かもしれませんが、この教室では「ペアリング」と呼んでいます。日本語が分からない人には同じ言語を話す先輩等に通訳してもらいます。スタッフ研修会は、学習者の背景や異文化接触の理解を進め、この教室に合った教授スキル習得に対応できる講師によって実施します。このような日本語活動のほかに会の目的である交流のための活動も表2の通り年間を通して行っています。例え

表2　年間事業（2018年9月現在）

月	年間事業（行事） 開設当初	現在	備考
1	初詣	×	初詣とは別に教室初日の終了後、お雑煮、おしるこを食し歓談
2 3	スタッフ研修会	△	新たな課題に対応するため、必要に応じて課題解決に適した講師を招いた研修会を実施（学習者の参加も可能）
4	さくら祭り参加	×	エスニック屋台を出展（2018年より中止）
5	なし	潮干狩り	4月～6月に実施
6	かめあり館まつり参加	×	エスニック屋台出展、民族衣装での写真撮影、手工芸品・衣服のフェアトレード品販売等（Bチーム解散により中止）
7	夏の料理パーティー	○	教室参加各国の自慢料理を学習者が講師になって開催
8	花火大会観覧 → 納涼屋形船	内容変更	毎年、河川敷で行われる花火大会を観覧 →東京湾納涼船に変更
9	バスハイク	○	2、3月または9、10月にバスを貸しきって「イチゴ狩り」等を行い交流
10	国際交流まつり参加	○	国際交流協会（現指定管理者）が呼びかけ、関連団体・グループによる実行委員会形式で開催（毎年、1,500名程度参加）
11	日本語能力試験	○	年1回（12月）が、2009年度から7月、12月の年2回に増加。他に模擬検定（Jテスト）ができ、希望者が受験
12	冬の料理パーティー	○	各国の歌や踊り・各国料理等による交流パーティー（毎年、100名前後が参加）
2018年度ホームビジット（「協会」事業）			「日本人家庭への訪問による交流」に会として参加

（注）年度により、年末・年始等に「お休み」を入れ、「初詣」や「避難訓練」等の事業を実施することがあります。また、上記事業は、状況により変更や中止となる場合があります。

ば、学習者を講師にした夏の料理パーティーや年末に行う冬の料理パーティー、行政が行う避難訓練（要請があった場合に）への参加など多様です。このような活動でも、学習者とスタッフとのコミュニケーションを大切にし、同時にその場で使われる日本語の習得を支援します。また、これら学習者のイベント参加等の社会参加に繋がる諸活動は、当人の言語形成を支え、促すと考えられています。

　特に夏と冬の料理パーティーでは、こうしたプログラムの効用が顕著に見られます。それは、この2つのイベントでは、学習者が料理の「先生」になり、スタッフが「生徒」になります。つまり、日本語を「学ぶ−教える」とい

51

図3　伊香保温泉バスハイク　　　　　　　図4　イチゴ狩り

う学習者とスタッフの関係性が逆転するのです。これは、
学習者とスタッフの水平関係構築に寄与します。またこの
場は、学習者の文化紹介（歌、踊り、料理等）と表現の場と
なり、彼、彼女らのアイデンティティやセルフエスティー
ム（自尊感情）形成に繋がると思われます。また、学習者
から、学習者とスタッフの会話がよそよそしいという意見
が出され、週に一人ずつ学習者とスタッフが順番に自己紹
介を行うということが取り入れられました。この企画は、
教室にどんな人が来ているかを知る機会になっていったと
思われます。

　他にも、他の日本語教室のスタッフの参観や交流事業へ
の参加を歓迎している点もアジアの会の特徴と言えるでし
ょう。教室運営スキルの伝授も行っています。また、上述
の料理パーティーへは交流協会（当時）の担当者を招待する
こともあります。以上のような教室スタイルは「K方式」[6]
と呼ばれ、現在まで他の教室の運営の参考にされていま
す。また、各種イベントは区主管事業である国際交流まつ
り（毎年1,500〜2,000人参加）のプログラムに反映されてい
ます。

7 | 学習者の「卒業」後

　開設当初は、ビザ免除協定を結んでいたイランやパキスタンからの男性の出稼ぎ者の参加が多く、次いで日本人と結婚したタイやフィリピン等を出身とする女性、さらにバングラデシュ、スリランカ、ネパール、ペルー出身者が続きました。またカナダやアメリカ等の出身の英語講師で日本語学校生徒も主な参加者でした。ほかにトルコやインド、エチオピア等からの人もいました。その後は、中国が増え、中国帰国者もいました。近年はベトナムが増加しています。こうした学習者は、研修生、留学生、ITエンジニア、外国企業の日本法人勤務者やその家族等で占められています。この増減には法務省による「入国調整」があるとされ、また時代や地域によって異なる傾向がみられます。

　学習者が一定の日本語運用能力を身に付けて「卒業」した場合、当然ながらその後のことが気になります。以下にその一例を紹介します。「卒業」後もつながりがあり情報が知れたケースなので、成功例が多いようです。

　パキスタンからのある青年の場合、日本語スキル3級（N3）レベル以上になって教室を離れ、中古車輸出の会社を立ち上げて成功しています。

　複数の学習者が教室で出会った女性スタッフと結婚して家庭を築き、子どもを育て、地域社会を支える人として生活しています。彼らは、流暢な日本語を使いこなし、冗談を交えた巧みな会話もできるようになっています。

　中国からのある学習者は、日本語を流暢に操れるようになり、日本事情について多々質問していましたが、関西の某大学で教員に登用されました。

　ベトナムからのある研修生（20代女性3名）は、日本語能力試験N3に合格し、月収が5,000円増加しました。た

だ、せっかく日本語を学んでも、研修終了後は帰国するということで残念に思います。

　外国籍の高校生の場合は、大学受験のための日本語を学ぶ目的で教室に参加し、全員が無事志望校に入学しています。

8 ｜ 残念なエピソード

　手探りで始めた日本語教室には、年数を重ねていく中で、多様なスタッフや学習者が入れ替わります。どんな人であれ協調性を大切にしつつ協議・調整しながら運営していかなければなりません。しかしながら、残念なエピソードも発生します。全国的に共通した日本語教室におけるトピックの1つで、民間の「日本語教師」資格[7]取得者による「教室あらし」と呼ばれる事例です。これは、個別あるいはグループ学習を行っていたボランティア教室で、いきなり学校の授業形態同様の一斉授業への変更を企てるというものです。当時は、有資格者の弁に勝る者がおらず、月1回だけは許可しました。そうはしたものの、学習者ごとに異なる日本語のレベルやニーズを無視した教室活動に対する学習者からの不満と、従来からのスタッフが参加できないという弊害があり、一斉授業は数回で中止しました。ただ、教室全体で取り組む活動も必要だということにも一理あります。そこで、全員で行えるゲーム感覚の学習として、多数の絵や語彙のカードを配り、それらを並べて一定のストーリーを作る活動など、月ごとに異なる内容でクラス全体の活動も組み込みました。クラス全体が1つになって活動をすることによって、全体に一体感が生まれ、孤立化を避ける効果が得られます。しかしながら、やはり前掲の弊害を避けることは困難でした。これは、民間の日本語教師の養成カリキュラムと資格付与の中に不十分な部分が

あることが原因だと思われます。この教室に参加したスタッフは、日本語学校など言語の教育について学んできたということでしたが、「母語」と「母国語」[8]という用語の区別を知らないで使用していたことにも驚きを感じました。領域や教室の形態が違えば、目標・方法・対象者の背景等も異なり、日本語教育の内容や形態も違ってくるということは学んでいるはずなのにと思いました。この時に、全ての個人カードが無断で破棄され、統計資料としての活用の道も断たれ、ショックを受けたことが思い出されます。また、同じスタッフが肌の露出や結婚前の男女交際が禁止されているイスラム教の国からの学習者（男性）を誘って、海水浴を実施したこともありました。これも無断でしたが、参加者の一人が溺れて監視員に助けられたことが後に判明し、他の参加者の勤務先から苦情の連絡を受ける事態に発展しました。参加が自由であっても、イスラム文化に対する異文化理解やモラルが問われる出来事でした。これも、日本語教師養成における不備と思われます。他には、区外から学習者の引き抜きや特定宗教への勧誘もありました。その都度、規約を改正しそのスタッフの出入り禁止措置をとる等、会として毅然と対応しました。

9 ｜ 今後の課題

　一昨年だったか、久しぶりにアジアの会の教室を訪れると、懐かしくも20数年ぶりに教室開設初期に参加していた学習者に再会しました。そして、彼はいきなり「この教室だけは外国人差別[9]を感じない」と発言しました。何があったか、どのようなコンテクストでそう思ったか、その発言意図は定かではありません。ただ、20数年間継続して開催されている教室が、差別なき風土[10]・雰囲気（climate / atmosphere）になっていることを喜びつつ、他の

教室はどうなのか思料させられました。日本語教室は、日本語学習の場だけではなく、多文化共生[11] の最前線に位置し、成人基礎教育[12] の一部を担っていると考えられます。また、同郷人との出会いがあり、母語で存分にやり取りができるとともに、国籍を超えた友人ができ、異文化接触・交流の場ともなります。そして見方を変えれば、互いに文化の相違による世界観の違いや社会的矛盾に関する新たな気づきを得る場にもなります。交流から連携・協同に発展し地域を多文化共生社会にしていく人材に成長することで、経済的にも付加価値を提供し、タックスペイヤーにもなります。スタッフであれ学習者であれ、教室が相互尊重と共感力を育み、差別を感じることのない（心の）安全基地（Secure Base）[13] になることは重要です。それは、人の感情がその人の教育、学習のあり方に影響を与えることから見ても当然のことと思われます。スタッフの教授スキル追求のみではなく、多文化スキル、風土・雰囲気づくり等が問われる時代になったのではないでしょうか。こうした現状への対応として、教室スタッフ自らが行えるアセスメント（自己評価・相互評価）の重要性を感じます。ただ、アセスメントの方法は多様であり、調査については、第三者が客観的な調査項目と評価尺度を設定し、実施することが必要と考えます。

10 おわりに

　この教室が差別を感じない風土になっていることには理由があると思われます。それは第1に、スタッフが個々の学習者（彼、彼女）の来日というライフイベントについてその背景を理解しようとしていること、第2に、彼、彼女たちの言語や宗教などを含め文化的背景の理解に努めていること、第3に、日本語学習等を「教える−学ぶ」、生活

等を「助ける−助けられる」といったスタッフと学習者間の非対称状況の払拭と相互の力関係の排除に努めていること、第4に、誰もが運営に参加できること、第5に、多様なイベントをとおして学習者とスタッフの間に個人対個人という関係性が生成され、相互理解が進んでいること、そして第6に、スタッフが日本語能力を社会の多様な状況において適切に発現できる言語運用能力としてとらえ、その学習の手助けになればと活動していること、第7として、学習者とスタッフの感情交流ができる活動を行うことをとおして相互信頼が成立するラポール形成を目指していることが挙げられます。以上のことから、教室が（心の）安全基地（セキュアベース）に近い状態になっているものと推察されます。今後は、これらの知見や風土、雰囲気を継承、発展させることが望まれます。また、教授法に王道がないことからも対人関係等で成立するこのセキュアベースを重視し、学習者の十全な社会参加と自己実現の促進を目指し、ひいては、社会を誰もが住みやすい真の多文化共生社会に変えていくための基地とすることが期待されます。

　最後に付け加えると、このレポート作成のために教室を訪問した日（2018年9月22日）は、ちょうど十五夜の2日前で、終了30分前に月見団子をみんなで食べる準備をしていました。食べる前に代表が十五夜について説明していました。この小さなイベントは、教室の融和性や日本事情の学習にも役立つと思われます。

　当日は、スタッフ会議もあり、その合間に代表がインタビューにご協力くださいました。この場をかりて、第3代大塚貴由代表に感謝の意を表します。

　なお、コロナ禍においては教室利用を中止し、可能な範囲でZoomによるリモートレッスンに切り替えて行っています。

注　　　　　　[1] ダイレクト・メソッドは直接法とも呼ばれる外国語教授法のことで
す。この教授法では、学習者の母語を用いずに、目標言語のみを使っ
て教えます。また、イマージョン・プログラムとは、全て、あるい
は、一部の教科を第二言語で教えるバイリンガル教育のことです。イ
マージョン・プログラムは、母語を残しつつ第二言語を習得できる
「加算的バイリンガリズム」であると言われます。これに対して、サ
ブマージョン・プログラムとは、言語的マイノリティの児童生徒が、
マジョリティの言語によって教育を受けることで、第二言語を習得す
る方法です。サブマージョン・プログラムでは、マジョリティの言語
を習得する過程で母語が失われてしまう「減算的バイリンガリズム」
になりがちであるという指摘もあります。

[2] 生活言語能力（BICS）とは、日常場面で必要な言語能力のことです。
これに対して、学習言語能力（CALP）は教科学習に必要な言語能力
のことです。教科学習では、抽象度の高い事柄を理解する必要があ
り、より認知的負荷が高い言語能力が求められます。生活言語能力は
比較的早く獲得されますが、学習言語能力の獲得には時間がかかると
言われています。そのため、日常会話の能力が高くても、教科学習が
十分に進まない児童生徒への適切な指導が求められます。

[3] インターアクション能力とは、語彙・文法といった言語能力、社会
言語能力、社会文化能力からなるものです。社会言語能力は、さまざ
まな場面によって適切な言葉を理解・使用できる能力のことで、社会
文化能力は、言葉を使うさまざまな場面における社会的・文化的背景
を理解し、適切に行動できる能力のことです。

[4] インテーク面接とは、カウンセリングなどに用いられる用語で、相談
機関への初回来訪時に行う最初の面接のことです。「受理面接」とも
呼ばれます。この教室では、当人が何を求めているかを見極め、どの
ような対応を行っていくかを考慮するために行っています。

[5] 日本語能力試験は、日本語を母語としない者を対象にした日本語能力
を測定するための試験です。年に2回、実施されています。N1〜N5
の5段階のレベルに分かれており、N1が最も難しく、N5が最も易し
くなっています。

日本語能力試験　認定の目安
（国際交流基金　日本国際教育支援協会HPより適宜抜粋）

レベル	各レベルの認定の目安を【読む】【聞く】という言語行動で表します。それぞれのレベルには、これらの言語行動を実現するための言語知識が必要です。
N1	幅広い場面で使われる日本語を理解することができる。
N2	日常的な場面で使われる日本語の理解に加え、より幅広い場面で使われる日本語をある程度理解することができる。
N3	日常的な場面で使われる日本語をある程度理解することができる。
N4	基本的な日本語を理解することができる。
N5	基本的な日本語をある程度理解することができる。

出典 https://www.jlpt.jp/about/levelsummary.html（アクセス：2018年10月）

［6］葛飾方式の略称。日本語教育の事前研修等を条件とするボランティアによる日本語教室とは異なり、生活者としての外国人との交流や異文化理解に関心を持つ市民によって構成する地域日本語教室のあり方を指しています。学習者と共に実践の中で力量を付け、日本語指導に限定しない活動を行い、学習者の社会参加や多文化共生の社会づくりに貢献することを目指しています。

［7］日本語教師の「民間資格者」とは、主に次のいずれかを満たす者を指します。①日本語教育能力検定試験の合格者。②学士以上の学位を持ち、420時間以上の日本語教師養成講座を修了した者。③大学や大学院の日本語教育課程を修了した者。現在、①も含め、公益法人や民間企業などによる能力試験や検定などが16種類存在しています。しかし、国家資格はまだありません。

［8］母語（英：mother tongue）とは、ある人が幼児期に周囲の大人たち（特に母親）が話すのを聞いて最初に自然に身につけた言語（『大辞林第三版』の解説）。母国語（英：native language）とは、自分が生まれた国や所属している国の言語（『大辞林 第三版』の解説）。なお、2月21日は、国連が定めた「国際母語デー」（International Mother Language Day）です。1999年、国際連合教育科学文化機関（UNESCO/ユネスコ）が、文化・言語の多様性、そしてすべての母語の尊重の推進を目的に制定しました。また、世界には7,000以上の言語があるとされており、日本語はその中の1つにすぎません。外務省では、世界の国の数は国連加盟の193か国に日本が承認している国を加えた196か国としています。これを単純計算すると7,000÷196＝35.7となり、実に1つの国で平均約36言語が使われていることになります。一国家一言語に近い日本は例外的に珍しい国です。

［9］人種差別撤廃条約では、「人種差別」を、1条の1で「人種、皮膚の色、世系又は民族的若しくは種族的出身に基づくあらゆる区別、排除、制限又は優先であって、政治的、経済的、社会的、文化的その他のあらゆる公的生活の分野における平等の立場での人権および基本的自由を認識し、享有し又は行使することを妨げ又は害する目的又は効果を有するもの」と定義しています。この条約は、1965年の第20回国連総会において採択され、1969年に発効されました。日本の加入は1995年です。詳しくは以下の外務省HPをご覧ください。
外務省HP：https://www.mofa.go.jp/mofaj/gaiko/jinshu/index.html

［10］「学級風土」については、その研究の歴史は古く、社会心理学の領域ではLewin（1939）が挙げられます。ただし、日本においてはFlanders（1970）の観察法によるものが最初のようです。いじめ等がなく「どの子も安心できる学級づくり」、すなわち「支持的風土」づくりが求められ、実践もみられました。伊藤・松井（1996）によれば、「支持的風土（supportive climate）」とは、親和的、許容的、安定的な集団関係で、この対局にある集団の雰囲気を指すのが「防衛的風土（defensive climate）」で、不信、統制と服従、拒否的、攻撃的、対

立的な集団関係です。前者の構築に向けたアセスメントもあります
が、組織的・恒常的な取り組みは少なく、後者のようになると「いじ
め」の多発や、かつてあった学級崩壊に結び付きます。「居場所」に
ついては、新富（2014）によると、「居場所」は物理的・心理的な両
側面を含む概念で、その定義は、「社会学・教育学系」・「建築学・住
居学系」・「心理学系」、またその研究者によって異なり、多様な定義
が存在しています。1990年から2000年前後にかけて、文科省を含め
盛んに言及され、研究もなされました。

[11] 多文化共生について総務省（2006）では、「国籍や民族などの異なる
人々が、互いの文化的ちがいを認め合い、対等な関係を築こうとしな
がら、地域社会の構成員として共に生きていくこと」と定義していま
す。

[12] 福永（2008）には、基礎教育（basic education）とは、基礎学習ニー
ズを満たすための教育であり、初めてのあるいは基盤となるレベルの
教育で、この基礎教育の上にその後の学習を積み重ねることができる
とされています。また、基礎教育には、子どもの場合は就学前教育と
初等教育、青少年・成人の場合は識字、一般知識、生活技術などの教
育が含まれ、中等教育までを基礎教育と考える国もあると記されてい
ます。

[13] 心の安全基地（英：Secure Base）については、112ページのコラムを
参照ください。

参考文献　　朝倉征夫（編著）（2003）『多文化教育の研究―ひと、ことば、つながり』
学文社

伊藤亜矢子・松井仁（1996）「学級風土研究の経緯と方法」『北海道大學
教育學部紀要』72, pp47-71.　http://eprints.lib.hokudai.ac.jp/dspace/
bitstream/2115/29519/1/72_P47-71.pdf（アクセス 2018年9月）

今井むつみ（2010）『ことばと思考』岩波書店

ヴィゴツキー，L. S.（柴田義松訳）（2001）『思考と言語』新読書社

内田伸子（1999）『発達心理学―ことばの獲得と教育』岩波書店

遠藤織枝（編）（2006）『日本語教育を学ぶ―その歴史から現場まで』三
修社

エリクソン，E. H.（西平直・中島由恵訳）（2011）『アイデンティティと
ライフサイクル』誠信書房

太田政男（2001）『人を結う』ふきのとう書房

大塚忠剛（編著）（1977）『支持的風土づくり』黎明書房

小此木啓吾他（編）（2002）『精神分析事典』岩崎学術出版社

数井みゆき（編著）（2012）『アタッチメントの実践と応用』誠信書房

数井みゆき・遠藤俊彦（編著）（2005）『アタッチメント―生涯にわたる
絆』ミネルヴァ書房

カミンズ，J.（中島和子訳）（2011）『言語マイノリティを支える教育』慶

応義塾大学出版会

カミンズ，J.・ダネシ，M.（中島和子・高垣俊之訳）（2005）『カナダの継承語教育—多文化・多言語主義をめざして』明石書店

河原俊昭（編）（2002）『世界の言語政策』くろしお出版

久保恵（2003）『情緒的対人情報処理と内的ワーキングモデル』風間書房

栗原慎二・井上弥（編著）（2010）『アセスの使い方・生かし方』ほんの森出版

小嶋祥三・鹿取広人（監修）・渡辺茂（編）（2000）『ことばと心の発達3 心の比較認知科学』ミネルヴァ書房

小林文人（編）（2013）『日本の社会教育・生涯学習—新しい時代に向けて』大学教育出版

小林文人・東京都社会教育史編集委員会（2016）『大都市・東京の社会教育—歴史と現在』エイデル研究所

佐久間孝正（2014）『多文化教育の充実に向けて』勁草書房

佐藤郡衛（監修）、齋藤ひろみ・池上摩希子・今澤悌（著）（2005）『小学校「JSL国語科」の授業作り』スリーエーネットワーク

新富康央（2014）「どの子も安心できる学級—「支持的風土」づくりのポイント」『児童心理』68(5), pp.385–395. 金子書房

泉水康子（2013）「支持的教室風土をめざして—ラポール構築のための教室環境整備」『早稲田日本語教育実践研究』1, pp.65–73.

センプリーニ，A.（三浦信孝・長谷川秀樹訳）（2003）『多文化主義とは何か』白水社

総務省（2006）「多文化共生の推進に関する研究会報告書—地域における多文化共生の推進に向けて」www.soumu.go.jp/kokusai/pdf/sonota_b5.pdf（アクセス2018年9月）

東京学芸大学社会教育研究室（1995）『東京の識字実践1994—第三次識字マップ調査報告書』

日本語フォーラム全国ネット（2012）『神戸宣言』（多文化共生社会の実現とそのための教育の公的保障を目指す神戸宣言）

春原憲一郎・横溝紳一郎（編著）（2006）『日本語教師の成長と自己研修』凡人社

福永由佳（2008）「米国における、「生活者」のための言語教育—成人基礎教育・識字教育の観点から」第17回小出記念日本語教育研究会 https://www2.ninjal.ac.jp/nihongo-syllabus/seika/pdf/yoko_fukunaga_080628.pdf（アクセス2018年9月）

文化庁文化部国語課（2013）『「生活者としての外国人」のための日本語教育ハンドブック』文化庁 http://www.bunka.go.jp/seisaku/kokugo_nihongo/kyoiku/nihongo_curriculum/pdf/handbook.pdf（アクセス2018年9月）

ボウルビィ，J.（二木武訳）（1993）『ボウルビィ母と子のアタッチメント—心の安全基地』医歯薬出版

水谷修（監修）、野山広・石井恵理子他（2009）『日本語教育の過去・現

在・未来 第1巻 社会』凡人社

山田泉（2013）『多文化教育Ⅰ』法政大学出版局

山田泉・岡崎洋三（編著）（2003）『人間主義の日本語教育』凡人社

山田泉・田尻英三・吉野正・山西優二・田中宏（2004）『外国人の定住と日本語教育』ひつじ書房

山田泉・春原憲一郎・田中望（2012）『生きる力をつちかう言葉―言語的マイノリティが"声を持つ"ために』大修館書店

吉田千春他（2014）『日本語でインターアクション』凡人社

ロールズ，W. S.・シンプソン，J. A.（編）（遠藤俊彦他監訳）（2008）『成人のアタッチメント―理論・研究・臨床』北大路書房

リチャーズ，J. C.・ロジャーズ，T. S.（高見沢孟監訳、アナハイム大学出版局協力翻訳チーム翻訳）（2007）『アプローチ＆メソッド　世界の言語教授・指導法』東京書籍

Flanders, N. A. (1970) *Analyzing teaching behavior*. MA: Addison-Wesley.

Lewin, K., Lippitt, R., & White, R. K. (1939) Patterns of aggressive behavior in experimentally created "social climates." *The Journal of Social Psychology, 10*, pp.271–299.

第3章
葛飾区の国際化と
「地域の日本語教室」

福島育子

キーワード：日本語教室、外国人住民、地域日本語活動、
　　　　　多文化共生、社会参加、夜間中学、
　　　　　行政に対する提言

1 はじめに

　「地域の日本語教室」に参加し、「日本語ボランティア」
として活動を始めて30年近い月日が流れました。そのきっ
かけとなったのが、1990年に発足した「Hand-in-handち
ば」（外国人労働者と手をつなぐ千葉の会）の活動です。1991年
から92年にかけてタイ人女性が犯罪に関与したり巻き込ま
れたりする事件（下館事件・茂原事件・新小岩事件等[1]）が相次
いで起こり、「Hand-in-handちば」は、当時急増していた
外国人労働者をはじめ、上記の女性たちの裁判や生活をサ
ポートしていました。それは、その背景にある人身売買組
織の解明や処罰、ひいてはアジアの女性たちの真の人権救
済を求める活動であったといえます。その中のひとつが、
わたしの自宅のすぐそばで起こった事件でした。被害者も
加害者も外国人ですが、いつも道ですれ違っていたかもし
れない人たち。なぜこのような事件が起きたのか、近くに
いながらその背景すら知らずにいたのです。
　「ことばがいちばん問題だ」──そのとき、支援活動に
奔走していた当時の代表・鈴木省吾の言葉。それは、自問

自答しながらも何もできずにいた者へのひとつの「呼びかけ」でした。

　そうして周囲を見渡してみると、夕方の同じ時刻に連れだって出勤する東南アジア系の若い女性たちを見かけるようになりました。彼女たちはアパートの一室で厳しい管理のもと共同生活をしていて、駅の近くのパブで働いていること、日本語は上達してはいけない——それは「商品価値が下がる」ことを意味する——こと等がわかってきました。のちに「日本人の配偶者」となったフィリピン出身のRさんから聴いた出来事の数々は、厳しい管理と環境を物語っています。

　こうして「ことば」に関連する活動を始めたのですが、そのひとつの実践の場が「地域の日本語教室」です。知らないことばかりで、学びの場を求めて試行錯誤する過程で出会ったのが、「日本語・識字問題研究会」であり、またそれは「日本語フォーラム全国ネット」への活動につながっていきました（詳しくは、第1章[6] 参照）。

　ちょうどそのころ、葛飾区教育委員会主催の日本語ボランティア養成講座（1992年10月〜1994年11月、初級・中級・上級 全35回）が開設され、抽選によって受講の機会を得ました。その修了生たちが中心となってできたのが、ここで事例として取り上げる日本語の会「いろは」です。「学習者の多様化」とよくいわれますが、彼ら・彼女らは時に「外国人労働者」であり、「中国帰国者やその家族」であり、「日本人の配偶者」であり、また「オーバーステイ」の人たちでした。出会った人々の置かれている立場が深刻であればあるほど、この社会での生きづらさを示され、いつも心の中で「これでいいのだろうか」、「もっと他に何かできることはないのだろうか」という思いが重くのしかかっていました。そこに、「現行の日本語教育は日本人を常に優位に置く枠組みを暗黙のうちに容認し、かえってそれ

を強化していく働きを持っている」（田中1996, p.32）という指摘に触れ、苦しみは日ごとに大きくなっていったのです。これからどのように歩めばいいのか、なぜ彼らを支援するのか、もがき苦しむ中で、わたしは教えを請いたいと思いました。

　そうして与えられた学びの場で、「外国人に日本語を教えることそのものの問題性を問う必要」と「その意義の根底にあるものを見つめなおす必要」があることに気づかされました（田中2000, p.17, p.31）。時として突きつけられるようなかたちで押し寄せてくるその問いは、今も心の中にあるのですが、その中で彼ら・彼女らとの関係性は、具体的に彼ら・彼女らとつきあい、自らを開いていくことによってはじめて育まれ、そこから自らの内にある「壁」が少しずつ取り払われていくこと、それは取りも直さず、今までのわたしを解体していく必要があることを、折々に、また数々の体験を通して教わりました。それは決して過去形ではなく、今も教わり続けているのですが、そうした苦しみの中で、それを解く鍵は、その根底に「多文化的に生きる」ことが関連しているのではないかということ、そうして初めて「外国人」の抱える問題が、まぎれもなく自分自身の問題であること、それはまた、自分自身の生き方を問うことであり、生きる上で今後も自らに問い質していくことであると実感しました。

　地域の国際化の最前線にあるともいえる「地域の日本語教室」ですが、共に生活者という視点からみると共通点も多く、励まされるとともに、いかに多くのことを学んでいるかということに気づかされます。故郷を離れ結婚して東京に移り住んだ者として、時には同じ「嫁」として、また子育てをする親として、喜びや悩みを分かち合ってきました。かたや国内での移動ゆえ比較にはならないのですが、ことばや習慣、料理の味付けといった日常生活で感じたカ

ルチャーショックをゆっくりと時間をかけて受容してきた
こと、そうした体験が彼女たちのそれと重なり共感を覚え
るのです。その中にはかつてエンターテイナーとして厳し
い環境を生き抜いてきた人たちもいて、そのヴァイタリテ
ィあふれる生きかたに学びつつ、共に困難な問題や課題に
取り組んできました。その根底にあるのは一人ひとりの
「意識の改革」であり、そうした一人ひとりの「気づき」
が、やがてあちこちで波紋となって、はじめて「社会を変
えていく」一歩になるのだと感じています。

2 | 地域社会と「外国人」

　地球規模での人口移動、労働力移動が指摘されて久しい
ですが、日本社会も例外ではなく「外国人労働者」の問題
は、1970年代に世界的に大きく取り上げられました。
1980年代になってモノ・資本・情報・ヒトの国際化が急
速に進行するにつれ、80年代半ばには国境をこえた経済
活動の活発化により世界経済市場が成立し、この動きの中
で日本に向けた労動力移動も始まったといわれています
（駒井・伊豫谷・杉原1996, p.16）。「外国人労働者」は、こう
した地球規模的背景のもとに存在しており、「外国人ある
いは移民を論じるということは、われわれ自身を論じるこ
と」（同前, p.16）でもあります。
　ひとたび日本社会に目を向けると、地域間格差はあるも
のの、各地域社会において、さまざまな国・地域から来た
人たちが生活しています。1960年代におけるスイスの作
家マックス・フリッシュのことば「われわれは労働力を必
要とした。しかし、実際にやってきたのは人間だった」に
象徴されるように、外国人労働者は「出稼ぎ」や「学生」
などの短期滞在型から次第に「生活者」として在留期間の
長期化・定住化傾向を深め、後述するように「外国人労働

者」を取り巻く昨今の状況から、今後は益々増加することが予想されます。

2.1　地域社会の現状

　さて、経済のグローバル化やそれに伴う世界的規模での労働力移動により、日本にも外国人労働者を含む多くの「外国人」が年々増加しています。法務省の在留外国人統計（旧登録外国人統計）によると、在留外国人数（旧登録外国人）は1997年末の約148万人から2018年6月末の263.7万人へと20年余で1.78倍となっています。2011年3月11日の東日本大震災とそれに伴う原発災害により、ほとんどの国籍の外国人が減少しましたが、2013年末からは増加傾向となり、2019年にCOVID-19（新型コロナウィルス感染症）により減少するも、2020年末の在留外国人数は288.7万人となっています。

　『今後の日本語教育施策の推進に関する調査研究協力者会議』（文化庁1999）における「今後の日本語教育施策推進について─日本語教育の新たな展開を目指して」でも指摘されるように、留学生等への専門的な日本語教育ばかりでなく、多様な学習需要に適切に対応した日本語教育の新たな展開が必要とされています。そのひとつとして、時間的・経済的制約等により学習機会も不十分である場合が多い外国人住民に対して、生活上必要とする日本語習得のための学習機会・環境を充実させていくことが挙げられています。そして、このような背景のもとに誕生したのが「地域の日本語教室」です。その活動内容や方法は、各地域の特性や外国人の集住度合い等によって、学習者といわれる外国人のニーズや関わる人たちの考え方によって多種多様です。

　また、「地域の日本語教室は生活基盤がまだ不安定な段階の日本語非母語話者にとって日本社会の窓口としての機

能を果たしている」（石井2001, p.34）との指摘通り、日本語教室・日本語ボランティア（日本語学習支援者）は地域社会に共に生きる隣人として、具体的な生活者としての関わり合いから、その役割や意識なども非常に多様です。つまり、その是非はともかくとして、「日本語学習支援」という名称から言葉の支援と捉えられがちですが、現状では地域社会における生活全般に関わる活動も少なくないのです。

　行政には、その責任の一環として、地域住民の相互理解を促進すべく、地域交流活動や日本語学習、教育問題、居住上の各種相談窓口等の充実を望みますが、地域における日本語学習・日本語学習支援は、各自治体によって方策もさまざまで、現状では日本語教室・日本語ボランティアが担っている場合がほとんどです。それは上記文化庁の報告書において「地域の日本語教育におけるボランティア（日本語学習支援）が果たす役割は極めて大きい」と報告されていることからもうかがえます。

3 ｜ 地域の日本語教室

　上述した通り1970年代以降、日本経済の国際化に伴う外国人労働者受け入れや国際結婚などによって、ニューカマー（新来の外国人）が増加しましたが、その多くは経済的・時間的理由などから日本語学習の機会がほとんどなく、生活に困難が伴ったといわれています。そこで地域社会では「ボランティア」による日本語学習支援活動が行われるようになりました。地域社会でのこうした活動は、主としてその地域に住んでいる「日本語を母語としている人（多くは日本人）」と「日本語を母語としていない人（多くは外国から来た人）」の参加によって成立しています。これらの活動の場は「地域の日本語教室」「日本語教室」「ボランティア教室」などと呼ばれ、日本語学習支援者を「日本語

ボランティア」「日本語教育ボランティア」などと呼んでいます。

こうしたボランティアによる地域の日本語教室には、多様な背景を持つ学習者が集い、共に交流しながら学んでいます。そのため、学習者のニーズや学習スタイルもさまざまで、体系的な教育を行う「学校」とは異なり、より生活に密着した場所であるといえます。それゆえ日本語学習だけでなく、個々の学習者の生活相談や支援などを行うこともしばしばあります。各学習者が、明日の生活に必要な日本語、日本社会の中で生きていくために必要なことを学ぶ場所であり、その日の学習者（特に来日、来室間もない学習者等）の状況に合わせて学習内容を考える場合も多く、可能な限りそのリクエストに応える努力をしています。

また、学習者とボランティアの関係について、「教えられる側」と「教える側」といった固定的な力関係ではない、新しいかたちの日本語教育（田中 1996, p.32）の必要性が早くから指摘され、地域の日本語教室は互いに交流し理解を深めつつ学ぶ場としての機能も重要視する場であり（山田 2001, p.127）、「学習者」と「ボランティア」は双方向的に学び合う「共育」関係（野山 2002, p.17）を構築していくことが、以前より提唱されてきました。

ところで1981年、文化庁は中国からの帰国者を対象にした日本語教育に関する研究に着手し、『中国からの帰国者のための生活日本語Ⅰ、Ⅱ』という教材を開発しました。中国帰国者定着促進センター等で所定の日本語学習を終えた「中国からの帰国者」とその家族親族の人々は、日本社会で生きていくために、その後、さらに「生活日本語」を学ぶべく地域の日本語教室に参加するようになりました。文化庁では、「生活日本語」を「来日間もない外国人が日本で生活するために必要な日常の場面の中の日本語」、「直ちに日本の生活を開始しなければならない外国人

69

第3章　葛飾区の国際化と「地域の日本語教室」

に対し、その生活適応の円滑化に役立つ基礎日本語」、「生活習慣の違いに充分な配慮を加えたもの」と定義しています（文化庁HP）。つまり、地域の日本語教室は「直ちに生活に直結させて利用できる実際的な日本語」、日常生活を送る際に必要な基本表現や語彙といった「生活日本語」を学ぶ場でもありました。

このような「地域の日本語教室」は、「内なる国際化」（初瀬1985, p.vii）[2]、多様化する地域の最前線にあるといえますが、葛飾区における「地域の日本語教室」が具体的にどのような取り組みを行っているのか、以下の事例を取り上げ振り返るとともに、その現状および課題について概観したいと思います。

3.1　東京都葛飾区の現況

葛飾区は東京の東部に位置し、東は江戸川を境に千葉県松戸市に、西は足立区、墨田区、南は江戸川区、北は埼玉県八潮市、三郷市に接しています。人口は46万3,691人（2021年1月1日時点）で、そのうち外国人住民は22,363人、人口に占める比率は4.8％であり、年々増加の傾向にあります[3]。

近年の特徴としては、多国籍化の進行や在留形態の多様化、日本人との結婚や出産による多国籍ファミリーの増加とその定着化等が挙げられます。中でも、南部新小岩周辺と北部金町・亀有周辺は商業地域で、特にJR総武線沿線にある新小岩地域は江戸川区に隣接しており、東京都心および千葉方面にも近いことから、勤労者およびその家族をはじめ、外国企業の駐在家族や留学生等、主にアジア系外国人が多く居住しています。国籍別に見ると、中国を筆頭に、韓国・朝鮮、フィリピン、ベトナム、ネパール、台湾、ミャンマー、タイと続きます[3]。

また、少子高齢化が進む社会にあって、さらなる外国人

労働者の増加も予想されています。それに伴って、多様な形態における日本語学習を必要とする人々が増えています。それは、東京日本語ボランティア・ネットワークの調査[4] からも明らかなように、留学生等への専門的な日本語教育のみならず、地域で気軽に学べるフリーな日本語教室を望む人々、多様な文化・言語背景を持つ人々が増えているということでもあります。

3.2 葛飾区における日本語教室

　日本語教室を管轄する所管部署は1986年以降変遷し、現在、葛飾区地域振興部文化国際課が担当しています。

　1990年5月に（財）葛飾区国際交流協会が設立され、その後2002年4月に（財）葛飾区文化振興財団と統合し、（財）葛飾区文化国際財団となりました。そして、2006年3月、（財）葛飾区文化国際財団は解散となり、2006年4月、葛飾区文化施設指定管理者（かつしかシンフォニーヒルズ）に業務委託されました。現在は、日本語ボランティア入門講座をはじめ、かつしか国際交流まつり（年1回、各国の文化・芸術・料理紹介や多文化体験、外国人による日本語スピーチ大会等）、かつしか国際交流ニュース発行（隔月）、外国人向け『かつしか防災マップ』や外国人向け生活ガイドブック（英語版・中国語版・ハングル版）の発行、定期情報誌『ミル』（「国際交流の広場」掲載、隔月発行）、外国人生活相談（英語・中国語）、その他多様な国際交流事業に取り組んでいます（葛飾区公式サイト）。

　2021年現在、下記8団体（登録団体）が10か所で日本語教室（図1参照）を開設しています（以下、設立順に掲載）。

（1）アジアと交流する市民の会（アジアの会）（土曜日　夜間
　　19：00 ～ 21：00）
　葛飾区教育委員会主催の国際理解講座の受講者が終了時

71

に受講者に呼びかけ、"アジアの人々との交流などによる相互理解と連帯"とを目的に1991年に結成され、その後外国人会員の要望に応じて日本語教室を開設しました（第2章参照）。

（2）日本語の会「いろは」　以下の3教室

　日本語の会「いろは」は、下記の通り、新小岩地域（①②）及び亀有地域（③）で3教室を開設しています。

　　①新小岩午前（いろはインターナショナル）（金曜日　10：00
　　　〜12：00）
　　②新小岩午後（いろはステップワン）（金曜日　14：00〜15：30）
　　③亀有（金曜日　10：30〜12：00）

　この会は、葛飾区教育委員会主催の日本語ボランティア養成講座（1992〜1994年　1期・2期共に初級・中級・上級　全35回）が開講され、その修了生たちが中心となって1993年に結成されました。「諸外国の方々との日本語学習を通して、相互理解および相互交流を深め、国際化時代に対応できる地域社会の確立をめざす」ことを目標に掲げています。

（3）木曜日の日本語教室（木曜日　夜間　19：00〜21：00）

　当時の（財）葛飾区国際交流協会主催の日本語ボランティア入門養成講座（1997年5月〜7月　全15回）修了者を中心に結成されました。主として、区内に在住する外国人が日常生活の中で、言葉の違いなどにより生活に不便や不自由さを感じたとき、気軽に地域で日本語の学習や相談ができるようにという目標のもとに開設されました。区民のボランティア意識の向上と活性化を図る意味も含まれ、現在は葛飾区文化施設指定管理者が日本語ボランティア入門講座を修了した受講生にボランティア活動の場として会場（かつしかシンフォニーヒルズ）を提供しています。

なお、下記の3団体は、当時の（財）葛飾区国際交流協会（現葛飾区文化施設指定管理者）によって開催された「日本語ボランティア入門講座」修了者を中心に結成されました。

(4) 日本語ボラボラ（金曜日　夜間　19：00 ～ 20：45）
　　　　　　　　　　　　　　　※2000年4月活動開始
(5) 日本語で遊ぼう会（水曜日　14：00 ～ 16：00）
　　　　　　　　　　　　　　　※2000年4月活動開始
(6) 日本語の会さくら（月曜日　10：00 ～ 11：45）
　　　　　　　　　　　　　　　※2016年3月活動開始

　以下の子ども向け教室「なかよし」は葛飾区教育委員会主催の葛飾区区民大学における「外国人児童のための学習支援ボランティア講座」（2010年～2016年）修了者を中心に結成されました（第4章参照）。

(7) 子ども向け教室「なかよし」
　　（隔週　土曜日　14：00 ～ 16：30）
(8) Hana Pamilya Project

　地域の日本語教室は、それぞれ会場・曜日・時間などの条件によって、またその会の方針によって特色があり、学習者は各自の都合に合わせて参加する教室を選択し、複数の教室に参加する場合も多く見られます。ここでは、わたしが所属する「日本語の会いろは新小岩午前」教室を事例として取り上げます。

3.3　日本語の会「いろは」新小岩午前教室
　教室での日本語による交流・学習以外に、教室開設当初に求められた区役所や銀行、郵便局など諸手続きの同行な

どの生活支援は減少しましたが、現在でも本人や子どもの病気、手術、産婦人科等の受診や入院付き添い、住居探しや入居の際の保証人、永住ビザ申請の書類作成や保証人、幼稚園や学校関連の相談、子どものいじめや不登校問題、夫婦間の DV や喧嘩、離婚相談、受験相談等々、多岐にわたる個別事案が求められています。必要に応じて各相談機関に相談したり、仲間で協力して知恵を絞り対処しています。

	教室名	活動日	時間	場所	費用／月	お休み
1	アジアと交流する市民の会	毎週土曜日	19:00～21:00	かつしかシンフォニーヒルズ	100円	**お休み中**※1
2	木曜日の日本語教室	毎週木曜日	19:00～21:00	かつしかシンフォニーヒルズ	100円	※2
3	日本語の会「いろは」亀有	毎週金曜日	10:30～12:00	亀有学び交流館	100円	**お休み中**
4	日本語の会「いろは」新小岩・午前	毎週金曜日	10:00～12:00	新小岩学び交流館	100円	
5	日本語の会「いろは」新小岩・午後	毎週金曜日	14:00～15:30	新小岩学び交流館	100円	
6	日本語ボラボラ	毎週金曜日	19:00～20:45	新小岩学び交流館	無料	
7	日本語で遊ぼう会	毎週水曜日	14:00～16:00	新小岩学び交流館	100円	**お休み中**※1
8	日本語の会「さくら」	毎週月曜日	10:00～11:45	亀ヶ岡集い交流館	100円	**お休み中**
9	【子ども向け教室】なかよし	土曜日・日曜日	14:00～16:30	柴又学び交流館新小岩学び交流館	無料	
10	Hana Pamilya Project（はな　ぱみりや　ぷろじぇくと）	毎週水曜日	19:00～21:00	かつしかシンフォニーヒルズ、又はボランティアの自宅	無料	

※1「アジアと交流する市民の会」と「日本語で遊ぼう会」は、オンライン教室を開催しています。
　　詳しくは教室へ連絡してください。
※2「木曜日の日本語教室」は、人数制限があるので必ず事前に連絡をしてください。

図1　葛飾区　日本語ボランティア教室一覧

3.3.1　参加者の状況

参加者は、流動的ながら通常30～40名、時にはそれ

以上になることもあります。国別に見ると、現在は中国を中心に、マレーシア、台湾、韓国、ベトナム、インド、フランス、タイ、フィリピン、バングラデシュ、パキスタン等、その時々に応じてさまざまな外国人が参加しています。

　ボランティア（スタッフ）は、外国出身のメンバーも含めて現在（2021年9月30日時点）11名（男4名、女7名）です。また、学習者も必要に応じて通訳としての役割を担い、互いに協力しています。学習者、ボランティア共に特に参加条件はなく、いつでもだれでも参加できます。

　最近は、国際結婚の増加に伴い、日本人の配偶者が増えています。また、近辺に外国企業の社宅があるため、その駐在家族はじめ飲食店等で働く人も多く、語学学校の教師や日本語学校の留学生、ワーキングビザ取得者、短期滞在の呼び寄せ家族も参加しています。中には、教室がスタートした時から二十数年継続参加している人もいます。

　特に長期的に参加している学習者からは、安心してさらに学習を進めることができる恒常的な学びの場を求める声が上がっています。一方で、来日間もない人ばかりでなく、さまざまな理由から来日10〜20年以上過ぎてはじめて参加するケースも見られます。また、子育て世代も多く乳幼児もともに参加可能ですが、その間の安全面や学習者が集中して参加するためにも託児などが課題です。なお、呼び寄せ家族や国際結婚など、諸事情により突然来日したが、日本語がわからず学校になじめない等の理由から子どもたち（小中高生）が不登校になり、日本語教室に参加する場合もあります。これは親子、その家庭にとって深刻な問題であり、暗中模索しつつ個々の状況に応じて、その都度保護者および学校、関係機関と相談しながら対処しているのが現状です。

　文科省は「日本語指導」と呼び、日本語力が十分でない

子どもに日本語と教科を統合して指導するためのカリキュラムを開発し、2014年には個別に行う日本語指導を「特別の教育課程」として正規の教育に位置づけました。日本語指導が必要な子どもは2016年5月現在、全国の公立小中高校などに約4万4,000人おり、10年前の1.7倍で、外国人労働者の増加、国際結婚などからさらに増える傾向にあります。また「日本語教育」が必要な公立高校生の中退率は9.61％で、全国の公立高校生の中退率1.27％の約7.6倍となっており、学習支援はもとより就職も含めた進路支援が急務です。しかし、こうした子どもを支援するための、国の統一的な受け入れ態勢はなく、自治体の意識や財政事情によってまちまちです（朝日新聞朝刊 2018年9月30日）。

　こうした中、葛飾区では2013年1月、国際化、多文化化の現状と課題解決のための基本的な考え方を、以下に示すように、提言『国際化、グローバル化する社会を生きる子どもの育成について～違いを豊かさに～』（第8期　葛飾区社会教育委員の会議　2013）としてまとめ、葛飾区教育委員会に提出しました。この提言を受けた「子ども」に関する取り組みとして、区教委による「日本語学級」「初期集中指導教室」、およびボランティアによる学習支援「子ども向け教室　なかよし」が始まっています（第4章参照）。

3.3.2　教室の運営および活動内容

　初級から上級までの日本語レベル別グループ学習（3～6名）で、各グループをボランティアが1～2名で担当しています。学習者は学習レベルや希望に応じてグループを移動し、ボランティアも時に応じて担当が変わります。新来者は簡単なインタビュー（学習者カード記入）のあと、本人のリクエストや日本語能力に応じて、マンツーマン形式あるいは学習グループを決めます。個々の出欠を含め、ボランティア間で常に状況を共有把握できるようにミーティン

グを持ち、各々の報告に止まらず互いに意見の交換をし、各自が教室全体の状況を理解できるようつとめています。

提言「国際化、グローバル化する社会を生きる子どもの育成について」

これからの社会にあっては、多様性を自ら学びにつなげ、社会に出てからも多様な状況とかかわりながら学び成長していける意識や能力の開発が求められる。

「移民」の増加をトラブルでなく、豊かさにつなげる
多文化共生社会にしていくことが問われている。

○外国につながる子どもには
・幼児期の概念形成訓練や日本語、文化や習慣について「初期指導」の必要性
○日本（ホスト社会）の子どもには
・多文化教育の必要性
○双方の保護者には
・保護者同士の交流と相互学習

6つの提言

○就学以前の子どもを持つ保護者に向けた子育て情報の提供
・外国人登録時に情報提供
・母子保護、子育て支援行政を通じた支援

○子ども・多文化センター（仮称）の設置

○小中学校での試行的な取り組み
・外国につながる子どもが在籍する小中学校で試行的取り組みを行い、ノウハウを蓄積しながら段階的に広げていく

○外国につながる子どもと子どもとホスト社会の子ども双方への多文化教育の実施
・外国につながる子どもの学校における居場所づくり
・ホスト社会の子どもの多文化能力の育成
・ホスト社会の子どものコミュニケーション能力の育成
・外国につながる子どもとホスト社会の子どもとの相互学習
・教員への理解促進と多文化コーディネーターとしての力量形成
・地域ボランティアの協力

○保護者の相互学習と相互理解の促進
・外国につながる子どもと保護者に対する日本の子育て・教育についての理解促進
・保護者同士の相互交流・相互学習

○葛飾の多文化共生に向けた多様な取り組みの支援
・保護者による双方のコミュニティーをつなぐ
・学校以外の子どもの交流や母語学習、国際交流などの居場所づくり

図2　提言「国際化、グローバル化する社会を生きる子どもの育成について」

学習内容は、各種教材、新聞、雑誌、学校・幼稚園のお知らせや案内等、また日本語能力試験対策など、学習者がその時に必要としていることを中心に取り組んでいます。各種行事は、双方向的にお互いが学び合うためにも、各国の料理や互いの文化、季節の行事、ミニ運動会やお楽しみ会（歌や踊り）をはじめ、防災館体験、ごみ分別学習、工場見学などの体験学習を大切にしています（表1参照）。また行事については、交流活動としてのみならず、社会参加ひいては自己実現につながる活動といえます。料理教室を例に挙げると、母国の料理や文化紹介もかねて料理を担当する学習者（希望者）を決めます。準備から片付けまでは全員でしますが、学習者が中心となってレシピ作りを担当し、当日は参加者の前で料理の説明をします。その体験が教室以外の場所（自治体や学校主催の料理教室・文化紹介等）での活動に発展していきます。

3.3.3　今後の課題

　地域の日本語教室に共通する課題については、東京都生活文化局による「日本語教育ボランティアの育成及びスキルアップに係る事例集」[5] でも明らかなように、「日本語教育ボランティアの確保」、「学習者の継続学習」「日本語レベルの異なる学習者への対応」等が挙げられます。

　なお、上記「事例集」のアンケート調査によると、日本語ボランティア育成及びスキルアップ講座受講者の実践活動につなげるための工夫として、自治体では「講座受講者と地域日本語教室のマッチングを実施する」が最も多く（45.1%）、次いで「講座受講者からの相談を受ける」（31.4%）となっています。国際交流協会では「講座受講者からの相談を受ける」が最も多く（42.4%）、「講座受講者と地域日本語教室のマッチングを実施する」（36.4%）と続いています。そして自治体、国際交流協会ともに共通して

表1　2020年度　活動報告

1．平成29年度　活動報告

日本語の会「いろは」

年　　月	2020年									2021年		
	4月	5月	6月	7月	8月	9月	10月	11月	12月	1月	2月	3月
活動該当日（毎週金曜日）（　）は休日	3日	1日	5日	7日	7日	4日	2日	6日	4日	1日	5日	5日
	10日	8日	12日	14日	14日	11日	9日	13日	11日	8日	12日	12日
	17日	15日	19日	21日	21日	18日	18日	20日	18日	15日	19日	19日
	24日	22日	26日	(24日)	28日	25日	23日	27日	25日	22日	26日	26日
		29日		31日			30日			29日		
交流会　新小岩午前 教室（10:00〜12:00）	お花見	生花	お茶会	七夕祭り	夏休み		運動会	料理会	お楽しみ会カラオケ	書き初め	豆まき	ゴミ分別学習会
新小岩午後 教室（14:00〜15:30）	お花見端午の節句	料理会	浴衣着付け	七夕祭り	夏休み	お月見会	生け花	生け花	お茶会	新年会節分	リサイクルひな祭り	防災の話
亀有 教室（10:30〜12:00）	お花見		各国料理会	七夕祭り	お休み	柴又史跡めぐり		茶道	クリスマス料理会	かるた会	豆まき	ひな祭り
合同行事								国際交流祭り(11/8)			いろは総会(2/19)	

塗りつぶし部分は実現できなかった、又は見直しの可能性があるイベント

※covid-19(新型コロナウィルス感染症)感染拡大のため休会（5月〜9月、12月〜3月）につき、各種行事は中止。
※日本語学習希望者にはPC等で継続的に教材プリントを配信＆配布。
※スタッフミーティング等はオンラインで実施。

いるのが、「講座受講者を対象としたフォローアップ講座を開催する」（自治体25.5%、国際交流協会36.4%）です。また、講座開催による地域への効果として、自治体、国際交流協会ともに「地域の日本語教室で実際に活動するボランティアが増加した」が最も多く（約65%）、「日本語ボランティアのリーダーとなれる人材が増加した」、「地域の日本語教室に参加する外国人が増加した」が続きます。

　日本語の会「いろは新小岩午前」においても、「日本語ボランティアの確保」とともに「日本語ボランティアの育成及びスキルアップ」が課題となっています。なかでも、日本語教室活動に参加し始めたボランティアのスキルへの対応が喫緊の課題です。というのも、参加する学習者のニーズとして、より「学校スタイル」を求める傾向があるからです。つまり希望するテキストの内容について文法項目を中心に速やかに進めたいというリクエストです。その背景には、地域社会生活への適応とともに、一刻も早く仕事を見つけて働きたいという切実な事情もあります。

　先述したように、ボランティアとしての日本語教室への参加は資格や年齢等は問わず誰でも参加できます。そうして教室活動に参加し、実際に学習者と接すると、区主催の「日本語ボランティア入門養成講座」（3.3.4参照）を受講していたとしても、上記のような理由から大なり小なり日本語ボランティアとしてのスキルアップを求められるようになり、自らもその必要性を感じることも多く、「日本語レベルの異なる学習者への対応」についてはなおさらです。

3.3.4　葛飾区における日本語ボランティア向け講座

　日本語ボランティア養成講座は年度によって回数は異なるものの、葛飾区教育委員会、（旧）葛飾区国際交流協会、現在の葛飾区文化施設指定管理者の三者によって1993年度より実施され、2004年度からは入門講座（全8回）とし

80

て毎年開催されています。但し、2009年度は日本語ボランティア フォローアップ講座（全6回、計9時間）、2010年度は日本語ボランティアスキルアップ講座（全8回、計12時間）が開催されました。ここでは、今後への参考として、NPOによって実施されたフォローアップ講座および文化庁委嘱事業等による講座等について取り上げます。

(1)「日本語ボランティア　フォローアップ講座」
　　※日本語ボランティア対象、2004年1月～3月（全5回、各回2時間、計10時間）
　地域日本語活動に対する社会的意義は大きいとして新小岩社会教育館（現新小岩学び交流館）主催（2004年、担当社会教育主事）により「日本語ボランティア フォローアップ講座」が企画され、当館を会場にして活動していた4団体「日本語の会いろは新小岩午前」「日本語の会いろは新小岩午後」「日本語ボラボラ」「日本語で遊ぼう会」が企画運営協力して実施されました。各専門家を講師に迎え、日本語指導に関することのみならず、多様化する学習者の人権や背景についても学べるよう準備されたものです。講座の効果として、学習者の背景を知り理解を深めることができたこと、各団体が協力することでボランティアとしての仲間意識とともに問題意識や課題を共有できたことが挙げられます。

(2)「地域日本語ボランティア大学Ｉ」
　　【文化庁委嘱事業＝ボランティアを対象とした実践的長期研修】
　　※成人対象、2007年10月～2008年3月（全12回、各回3時間、計36時間）
　経済のグローバル化が進展する中で、日本国内の定住外国人が増加しています。これらの人々が地域社会の中で孤立することなく、生活していくために必要な日本語能力を

81

習得できるよう、各地の優れた取り組みを支援し、多文化
共生社会の基盤づくりに資することを目的として開催され
ました。

(3)「地域日本語ボランティア大学Ⅱ」
　【文化庁委託事業＝ボランティアを対象とした実践的長
　　期研修】
　※成人対象、2008年11月（全4回、2.5時間×3、5時間×
　　1、計12.5時間）

4 ｜「地域に定住していく外国人」の社会参加をめぐって

　さて、ここまで日本語ボランティア側の課題を見てきま
したが、一方で今後は、滞在が長期化・定住化した外国人
の学習機会の確保が急務です。以前より研究者はじめ関係
者からも指摘されていることであり、施策の実行が急がれ
ます。長年日本語教室に参加し、生活日本語に不自由しな
くなった学習者たちからのリクエストですが、それは日本
語学習から発展したもの、仕事（アルバイトを含む）、地域社
会活動や学校行事・PTA・趣味等々といった社会参加を可
能にするためのものです。地域に定住していく外国人もま
た、地域社会における一人の住民、生活者であり、当然そ
の観点からこの問題を考えていく必要があります。その意
味で「生涯学習」および「社会教育」という視点が重要と
なってきます。というのも、地域に定住するにつれて、そ
の人が地域社会の中でよりよく生きたいと思い、自分自身
の成長や自己実現を望むことは当然のことであるからで
す。また、「親」である学習者の場合は特に上述した「子
ども」の問題とも通底していて、親がどのように社会参加
し、自己実現をしていくのかは、子どもたちにも大きく影
響するものと思われます。しかしながら、以下で指摘して

82

－地域日本語ボランティア大学－

文化庁委嘱事業＝ボランティアを対象とした実践的長期研修

＜受講受付中＞

－ プ ロ グ ラ ム －

回	日　程	テ ー マ （内 容）	講　師	報告 or 助手
		－ 開 講 式 －	あいさつ(葛飾区地域振興課)他	
1	10月14日(日)	a.外国人を取り巻く地域社会の現状－どのような支援が必要か（講義） b.葛飾区・江戸川区の日本語教室－各教室の現状と課題（報告・質疑）	横山文夫 (NPO 理事長)	昼間勝子 (江戸川) 福島育子 (葛飾)
2	10月28日(日)	地域における日本語教室の役割とは？（グループワーク）	横山文夫 (NPO 理事長)	福島育子
3	11月11日(日)	地域日本語ボランティアとは？ その歴史と現状（講義＆ディスカッション）	戸田香苗 (日本語ボランティア)	山田　泉
4	11月18日(日)	a.学習者のニーズに応えるためには？(講義＆実習) b.学習者を知る－学習者の声を聴こう（ディスカッション）	春原憲一郎 (立教大学)	－
5	12月9日(日)	ワークショップ…生活日本語とは？（講義＆実習）	濱川祐紀代 (桜美林大学)	福島育子
6	12月16日(日)	日本語教室における教材の選び方・使い方（講義＆実習）	谷　啓子 (東京女子大)	－
7	1月20日(日)	学習者を中心とした活動とは…事例報告＆ディスカッション－地域社会への参加方法・新たなる学びをめぐって－	福島育子 (日本語講師)	横山文夫
8	1月27日(日)	ワークショップ－日本語教室における教材活用法(実習)	齋藤ひろみ (学芸大学)	－
9	2月10日(日)	a.日本語を母語としない親と子・年少者への学習支援をめぐって（講義） b.親子参加型日本語教室について（事例報告＆ディスカッション）	齋藤ひろみ (学芸大学)	石原弘子(目黒) 小林善子(新宿)
10	2月17日(日)	地域におけるネットワークの必要性－行政や他の教室等との連携（講義＆ディスカッション）	山辺真理子 (立教大学)	西東京市職員
11	3月9日(日)	a.葛飾区の国際化対応 b.ワークショップ…異文化理解と異文化受容	山田　泉 (法政大学)	植竹貴 (文化庁国際担当課長) 戸田香苗
12	3月16日(日)	a.多文化共生社会と地域日本語教室（講義） b.総まとめ（ディスカッション）… 今後の課題と展望（相互評価）	春原憲一郎 (立教大学)	
		－ 閉 講 式 －		

●参加費：無料(記録集代¥500)　●日程：上表　●会場：新小岩社会教育館(3696-4551)
　　　但し 12/9,3/9：新小岩地区センター(3653-7141)
●お申込み・問合せ先：(NPO)アイネット・エデュケーションズ Tel/Fax 3691-4603（月火木金）

＊1：開催時間：13:30～16:30(各3時間)。ただし、会場・テーマ・講師等が変更になる場合がありますので予めご了承ください。＊2：全日程に参加できる方を優先しますが、1回のみの参加も受付けます。2/17,3/9,3/16 は関心ある一般の方も参加できます。なお、人数に制限がありますので、問合せ後にお申し込みください。

図3-1　地域日本語ボランティア大学　プログラム

～地域日本語ボランティア大学Ⅱ～

文化庁委託事業＝ボランティアを対象とした実践的長期研修

●会場：かつしかシンフォニーヒルズ（別館２階チェリー）
所在地・電話番号：東京都葛飾区立石6-33-1　03-5670-2222(代表)
アクセス（交通案内）http://www.k-mil.gr.jp/access/sym_access.html　京成青砥駅5分

	日時	テーマ	講師等（敬称割愛）	内容
①	11月4日(火) 18:30-21:00	子どもの受け入れについて（講義と実習）	樋口 万喜子（横浜国立大学留学生センター）／助手：福島 育子（アイネット・エデュケーションズ）／司会：横山 文夫（同上）	葛飾区においても、外国籍の子どもの教育が焦眉の課題になっています。ボランティア教室で受け入れる場合の心得や準備態勢等の課題について学びます。同時に、知っておきたい関連情報（相談機関含む）について意見交換します。
②	11月11日(火) 18:30-21:00	学習者のニーズをどう把握するか（講義と実習）	高柳 和子（前東京日本語研修所）／助手：福島 育子（アイネット・エデュケーションズ）／司会：横山 文夫（同上）	「生活者としての外国人」の学習ニーズは多様化しています。その多様なニーズをどのように把握し、また実行するのか。把握するための方法や手段について具体的に学びます。
③	11月18日(火) 18:30-21:00	教材の選定と使い方（講義と実習）	春原 憲一郎（立教大学/AOTS）／助手：福島 育子（アイネット・エデュケーションズ）／司会：横山 文夫（同上）	「生活者としての外国人」を対象としたボランティア教室において、学習者のニーズに対応するための教材の選定や利用方法および工夫点について学びます。同時に、実際に利用している教材から具体例を参考に比較検討し、課題を探ります。
④	11月30日(日) 10:00-15:00	各地の先進的事例に学ぶ（報告と質疑応答）	樋口 万喜子（横浜国立大学留学生センター）／報告：伊藤 美里(品川区) 中山真理子(中野区) 藤田 京子(墨田区)／司会：横山 文夫（同上）	各地の先進的事例の報告を通して、自身が参加している教室の課題等を整理すると共に、今後の地域ボランティア教室のあり方や方向性等について検討していきます。

◆対象者：現在、ボランティアをなさっている人、昨秋開催の「地域日本語ボランティア大学」参加者および4回継続参加できる方を優先。1回でも参加できますが定員上お問い合せてください。（教室ごとのお申込み希望）
◆定員：20名　◆参加費：無料（ただし、雑費として1回200円）　◆締切：10月30日(木)
◆申込先：(NPO)アイネット・エデュケーションズ　メール：inet0910@yahoo.co.jp Tel(月火木金)/FAX：03-3691-4603

お申込は、所属・ご氏名・ご住所・連絡先・経験年数をご記入ください。

図3-2　地域日本語ボランティア大学Ⅱ　プログラム

いる状況は、いまだに改善されたとはいえません。

　　「地域における日本語学習・支援活動」には、「社会の
　　変革を目指した相互学習（社会教育）」としてのものと
　　「社会への参加を目指した言語習得（補償教育）」とし
　　てのものがある——後者は、行政など責任を持って取
　　り組むことが可能な機関による、一定程度以上の質と
　　量を備えた教育である必要がある——このうち後者は
　　まったくといってよいほど不備であり、前述した国費
　　による中国帰国者等のプログラムや一部の夜間中学校
　　の取り組みがある程度と思われます。そこで、後者の
　　ニーズを持った「外国人」が、前者の機能を持った
　　「教室」や「学級」に、後者の機能を求めて殺到する
　　ことになります。　　　　　　　　（山田2002, p.127）[6]

　教育にはその二面性、つまり「個人の自己実現の過程を
促進する役割と個人をその属する社会に有用な構成員とし
て作り上げる役割」とがあります（山田1996, p.24）。地域
に定住していく外国人との"共生"を考えるとき、彼らが
何のために日本語学習を必要としているのか、どのような
学習支援を必要としているのか、そのニーズを今一度深く
理解する必要があります。それは「日本語教室」だけの問
題ではなく、地域社会全体としての課題ではないでしょう
か。なぜならば、あらゆる社会問題の解決には外国人を含
むすべての住民の社会参加が不可欠だからです。それゆ
え、今後はますます、外国人住民のみならず、地域社会に
おける一人ひとりの認識を高めていく取り組みがさらに必
要であり、それはまた、「社会を変えていく」ための取り
組みでもあると思います。
　こうした中で、毎日勉強したいという願いを実現すべ
く、フィリピン出身のRさんを含む何人かの学習者が向か

85

第3章　葛飾区の国際化と「地域の日本語教室」

った先が「夜間中学」でした。東京には8つの「夜間中学校」（正式には中学校「夜間学級」）がありますが、Rさんが入学した学校は、「葛飾区立双葉中学校夜間学級」（以下「双葉夜間中学」）です。「双葉夜間中学」も多国籍化といった社会情勢の変化に伴って、日本語の指導が必要となり、1998（平成10年）に日本語学級が設置されました（東京都葛飾区立双葉夜間中学 2003）。夜間中学についてここでは詳しくは触れませんが、多様な背景を持つ多様な「学習者」は、まさしく一人ひとりがかけがえのない人間であり、地域社会において、おのおのの人生を精一杯生きる生活者です。生きるために「学びの場」を求めているのです。

5 おわりに

　日本の社会は少子高齢化が進み、労働力人口も大きく減少することが予想され、外国人労働者なしでは成り立たなくなっています。そこで外国人労働者の受け入れ拡大に対応するため、法務省は2019年4月から入国管理局を格上げして「出入国在留管理庁」を設置する方針で（2018年9月現在）、一定の専門性や技能を持った外国人労働者を受け入れるための新たな在留資格の創設も予定されています。
　また、政府の「骨太の方針」は、移民政策ではないとして家族の帯同を認めないものの、専門性がある人には5年後には「帯同を認める取り扱いを可能とする措置を検討する」ことから、今後日本で暮らす外国人が幅広い世代で増えていく可能性があり、外国人住民の増加と定住化がさらに進展すると思われます。そうした社会の活力を維持するためにも、「外国人を含めた、全ての人が能力を最大限に発揮できるような社会づくりが不可欠であり、地域において多文化共生を推進する必要はより一層高まる」といわれています。そこで「地域における多文化共生の推進のため

には、日本人住民側の意識啓発と同時に、外国人住民側の地域住民としての自覚と自立も重要であり、その上で外国人住民が積極的に地域社会に参画することが、多文化共生の地域づくりには欠かせない」というわけです。

　そのためにも、受け入れ拡大、新しい在留資格導入ありきで課題は置き去りとの批判もあるなか、今こそ彼らは生活者であるという視点に知恵を絞った施策が急がれます。外国人がなぜ地域に在住し働いているのか、受け入れ側住民も現状を学ぶ必要があります。以下のように、多文化共生社会に向けて日本語教室が必要とされる今、行政はさまざまな法整備を急ぐとともに、地域社会に対して丁寧に説明していく務めがあります。ひいてはそれが協働を生み、共に生きる社会へとつながっていくと考えるからです。

　　政府が外国人労働者の受け入れ拡大を打ち出したことを受け、文化庁と文部科学省は、国内で生活する外国人らに対し、自治体が日本語を教える態勢づくりや外国人の高校生へのキャリア教育を充実させ──生活の様々な場面でコミュニケーションがとれるように大人と子どもの両方を支援する──文化庁は、都道府県や政令指定都市向けに、日本語教育の「総括コーディネーター」を置き、地域ごとの教室運営のノウハウなどを共有する取り組みを支援する。「工場で仕事が済んだ後にそのまま集まり、日本語教室になる」「公民館で開かれる料理教室と連携させる」など多様な現場の情報を集め、各地の活動を支えることを想定する。また、外国人の割合が全国平均より多いのに日本語教室がない「空白地域」の約150の自治体に、日本語教育のアドバイザーを派遣する予算も増す。
　　（朝日新聞　朝刊2018年8月23日「国内在住外国人向け　日本語教育を充実へ」）

今後さらに必要とされる「地域の日本語教室」であるとすれば、それは同化を強いる場所ではなく、互いに多様性を認め学び合う場として機能してはじめて、多文化共生へのひとつの拠り所となり、一人ひとりが力を発揮し生き生きと生活するための一歩を踏み出す場所となり得ると考えます。

注

[1] Hand-in-hand ちば（1993, 1994, 2003.5.27, 2003.9.4）によると以下のような事件が起きた。
　＊1991年9月29日、茨城県協和町下館のスナックで売春を強制されていた3人のタイ人女性がボスであるタイ人女性を下館市のアパートで殺害した事件。
　＊1992年9月26日、千葉県茂原市内のスナックで、タイ人女性5人が雇い主であるシンガポール国籍の女性を殺害したとされる事件。
　＊1992年5月21日の夕刻、東京都葛飾区新小岩のクラブ美人魚で同店経営者の台湾人女性が、同店で働かされていた未青年を含む6人のタイ人女性によって殺害された事件。
　＊1992年1月から9月までに全国で57件、397人のタイ人女性が検挙、保護された。（読売新聞1992年10月2日）
[2] 初瀬龍平（1988）『内なる国際化（増補改訂版）』三嶺書房
「日本の中の国際化を「内なる国際化」と呼ぶことにしたい－中略－それは、「日常のなかの国際化」状況と、状況に対応すべき「心のなかの国際化」と、未来を切り開く「市民の国際化」活動の三つから出来ています」（p.vii）。
[3] 葛飾区公式サイト　http://www.city.katsushika.lg.jp/
[4] 東京日本語ボランティア・ネットワーク（2018）『日本語ボランティア活動　実態調査　報告書』
[5] 東京都生活文化局（2018）『日本語教育ボランティアの育成及びスキルアップに係る事例集』p.9.
[6] 山田泉（2002a）「地域社会と日本語教育」細川英雄（編）『ことばと文化を結ぶ日本語教育』pp.118–135.　凡人社
「社会の変革を目指した相互学習－中略―「外国人」住民と「日本人」住民とが、真の対話を通じて、両者の関係を築きながら、ともに生活する地域社会の問題、引いては地球規模での問題までを、多様な視点から掘り起こし、その解決方法を考え、フィードバックしていくために、「相手とともに」学ぶ」（p.125）。

参考文献　朝日新聞　朝刊（2018年8月23日）「国内在住外国人向け　日本語教育を
　　　　　　　充実へ」
　　　　　朝日新聞　朝刊（2018年9月30日）「日本語教育必要な生徒　高校の中退
　　　　　　　率9％超」「高校進んでも　日本語の壁」「日本語支援　学校手探り」
　　　　　石井恵理子（2001）「国内における日本語学習支援の現状と展望」（特集 国
　　　　　　　際社会に対応する日本語の在り方）『SCIENCE OF HUMANITY BENSEI』
　　　　　　　33, pp.33–38.　勉誠出版
　　　　　駒井洋（監修）、伊豫谷登士翁・杉原達（編）（1996）『講座外国人定住問
　　　　　　　題第1巻　日本社会と移民』明石書店
　　　　　総務省（平成18年3月）『地域における多文化共生推進プラン』
　　　　　田中望（1996）「地域社会における日本語教育」鎌田修・山内博之（編）
　　　　　　　『日本語教育・異文化コミュニケーション―教室・ホームステイ・地
　　　　　　　域を結ぶもの』pp.23–40.　凡人社
　　　　　田中望（2000）『日本語教育のかなたに―異領域との対話』アルク
　　　　　東京都葛飾区生活文化部国際交流課（1996, 1997, 1998）『国際交流のあ
　　　　　　　らまし』
　　　　　東京都葛飾区立双葉中学校夜間学級（2003）『ふたば　開設五十周年記念
　　　　　　　誌』
　　　　　東京都生活文化局都民生活部地域活動推進課（2018年3月）「地域の日本
　　　　　　　語教育推進における課題」『日本語教育ボランティアの育成及びスキ
　　　　　　　ルアップに係る事例集』
　　　　　日本語フォーラム全国ネット（2004）『日本語フォーラム2004 in 東京』
　　　　　　　pp.41–70.
　　　　　野山広（2002）「地域社会におけるさまざまな日本語支援活動の展開―日
　　　　　　　本語習得支援だけではなく共に育む場の創造を目指して」『日本語学』
　　　　　　　21(5), pp.6–22.　明治書院
　　　　　Hand-in-handちば（1993）『リポート茂原事件』外国人労働者と手をつな
　　　　　　　ぐ千葉の会
　　　　　Hand-in-handちば（1994）『続リポート茂原事件』外国人労働者と手をつ
　　　　　　　なぐ千葉の会
　　　　　Hand-in-handちば（2003.5.27）No.46　外国人労働者と手をつなぐ千葉
　　　　　　　の会
　　　　　Hand-in-handちば（2003.9.4）No.47　外国人労働者と手をつなぐ千葉の
　　　　　　　会
　　　　　春原憲一郎（2003）「多文化共生と地域のこれから」『月刊日本語』3月
　　　　　　　号, pp.16–17.　アルク
　　　　　古川ちかし・山田泉（1996）「地域における日本語学習支援の一側面」『日
　　　　　　　本語学』15(2), pp.24–34.　明治書院
　　　　　山田泉（1996）『異文化適応教育と日本語教育2　社会派日本語教育のすす
　　　　　　　め』pp.17–31.　凡人社
　　　　　山田泉（2000）「地域日本語教育の一つの在り方とその教授者のネットワ
　　　　　　　ーク」『日本語教育における教授者の行動ネットワークに関する調査

89

研究 最終報告』pp.176–189.　日本語教育学会

山田泉（2001）「社会を変えるための「学び」―学ぶのはだれか」『東海日本語ネットワーク活動報告書第6号2000〜2001年』東海日本語ネットワーク・会報委員会

山田泉（2002）「地域社会と日本語教育」細川英雄（編）『ことばと文化を結ぶ日本語教育』pp.118–135.　凡人社

山田泉（2003）「多様な子どもとともに育つ学校・地域社会―各校における国際理解教育に望まれるもの」『事業報告　市外教研究のまとめ』pp.77–90.　2002（平成14）年度大阪市外国人教育研究協議会

参考URL　　出入国在留管理庁（2021）「令和2年末現在における在留外国人数について　」https://www.moj.go.jp/isa/publications/press/13_00014.html（2021年12月28日参照）

文化庁（1999）「今後の日本語教育施策の推進について―日本語教育の新たな展開を目指して（平成11年3月19日）」http://www.bunka.go.jp（2018年9月20日参照）

法務省（2018）「平成29年末現在における在留外国人数について（確定値）」http://www.moj.go.jp（2018年9月30日参照）

文部科学省(2014)「学校教育法施行規則の一部を改正する省令等の施行について（通知）」http://www.mext.go.jp/a_menu/shotou/clarinet/003/1341903.htm（2021年12月28日参照）

文部科学省（2016）「「日本語指導が必要な児童生徒の受入状況等に関する調査（平成28年度）」の結果について」http://www.mext.go.jp（2018年9月30日参照）

第4章

小・中学校への日本語学級の設置
ボランティアと行政（教育委員会）との連携を通して

浦山太市

キーワード：年少者の日本語教育、転入初期・入門期の
教育、関係諸機関との連携

1 はじめに

　私が児童・生徒の日本語支援を意識し出したのは、学校
在職中に外国から来日した何人かの児童に関わるようにな
った2006年ころからです。

　そして間もなく退職。その後、「葛飾区立総合教育セン
ター」（以下「教育センター」）に設置された適応指導教室（教
育支援センター「ふれあいスクール明石」）担当で不登校の児
童・生徒の学習を担当するようになりました。ここに日本
の子たちに加えて外国につながる小・中学生が何人かいま
した。友だちとのトラブルや学校への不適応から学校に行
くことが困難になった子どもたちです。学校には行けない
が教育支援センターでの学習には来るのです。

　今となれば、在職中に出会った外国の子どもたちのこと
を思い合わせると、通級してくる彼たち彼女たちにとって
は、この教育支援センターを心身の休まる「居場所」とし
て、何となく行きづらく息苦しい学校を避けて来ていたよ
うに思います。英語や母語は話せるが「日本語」の理解が
十分でない。これが不登校の理由の全てではなくても、そ
の理由のひとつになっていることは否めませんでした。も

91

ちろん、避けるだけでは根本的な解決にはならず、困難を乗り越える力をつけることも大切であることは、いうまでもありません。

　そのころ、外国人のための日本語のボランティア養成講座を受講。区内でのボランティア日本語教室で外国の人たちと日本語を学び合っているスタッフに誘われ、日本語教室に参加。その教室は大人中心の教室でしたが、外国から来日し「何とか日本語が上手くなりたい」との熱意に圧倒され日本語ボランティアに参加し、今に至っています。

　ただ、私の頭からは「子どもたち」への日本語支援ということが離れませんでした。2010年、ちょうど教育センターの退職を決めた年で、かつしか区民大学「外国人児童のための学習支援ボランティア講座」（全5回）というチラシが目に止まりました。早速申込み、受講。子ども日本語へ本格的に関わるようになった第一歩です。

2 かつしか区民大学「外国人児童生徒のための学習支援ボランティア講座」

　第1回目の講座の呼びかけ文には、「日本語を母国語としない子どもたちの学校等での学習を支援するボランティア活動を行うために必要な知識・技術などを学びます」とありました。

　この講座は2016年まで続きます。私たちはこの後も講座に参加し学びを続けていくことになります。講座案内のパンフレットは、資料①（110ページ）をご参照ください。テーマや講師の概要を表1で示します。

表1　かつしか区民大学「外国人児童生徒のための学習支援ボランティア講座の概要

講座1回目　資料①
講座2回目2011年〈テーマ〉 (1)＊区内小学校における日本語指導教室の現状について 　　＊ボランティアサークルの活動報告 (2)＊外国人児童生徒の教育の現状と課題 　　＊子どもへの日本語教育の方法①(初期の語彙や文法指導方法・小学生対応) (3)＊子どもへの日本語教育の方法②(初期の語彙や文法指導方法・中学生・高校生対応) (4)＊外国人児童生徒への支援の工夫と留意点 ＊学習支援ボランティア活動をすすめるために 〈講師〉 齋藤ひろみさん　　菅原 雅枝さん 井上 惠子さん(千葉県外国人児童生徒学習支援相談室相談員)ほか
講座3回目2012年〈テーマ〉 (1)＊区内の日本語指導教室について (2)＊外国人児童生徒を支援する前に考えておきたいこと 　　＊日本語指導のためのコツと工夫 (3)＊小学生への日本語教育の基礎　＊学習支援ボランティア活動を始めるあなたへ (4)＊中学生、高校生への日本語教育の基礎　＊外国人の親からの声(インタビュー) 〈講師〉 齋藤ひろみさん　　大藏 守久 さん 樋口万喜子さん(中学・高校生の日本語支援を考える会理事長) 濱村 久美 さん(新宿区立大久保小学校日本語国際学級教諭) 藤田 京子 さん(すみだ国際学習センターＦＳＣ外国人生徒学習の会)
講座4回目2013年〈テーマ〉 (1)＊区内の日本語学級見学 (2)＊外国人児童生徒を理解するために　＊外国人の親へのインタビュー 　　＊ボランティアの役割・活動報告 (3)＊小学生への日本語教育の方法　　　＊学校での日本語指導の話 (4)＊中・高校生への日本語教育の方法　＊外国人の子どもへのインタビュー 〈講師〉 齋藤ひろみさん　大藏 守久 さん　樋口 万喜子 さん　濱村 久美 さん 山田　　泉 さん(法政大学教授) 張 翥 さん(高砂中学校 日本語指導学級通訳講師) 福島 育子 さん(東京国際大学付属日本語学校日本語講師)
講座5回目2014年〈テーマ〉 (1)＊ボランティアの活動報告　＊区内の日本語学級見学 (2)＊外国人児童・生徒の現状と日本語指導の在り方　＊学校での日本語指導 (3)＊小学生への日本語教育の方法　＊教材づくり (4)＊中学生・高校生への日本語教育の方法　＊外国人の子どもへのインタビュー (5)＊多様な言語背景をもつ子どもたちへの教育について 〈講師〉 齋藤ひろみさん　　菅原 雅枝 さん　　大藏 守久 さん 野山　 広 さん(国立国語研究所日本語教育研究・情報センター准教授) 今野 成子 さん(すみだ国際学習センター 支援員)
講座6回目　資料②
講座7回目(最終)2016年〈テーマ〉 (1)＊ボランティアとして見えてくる課題とどう向き合うか 　　＊児童生徒の初期指導のコツ～「日本語の音」と「音の書き方」 (2)＊助詞と文～「書けることで文を書く」から「伝えたいことを書く」へ (3)＊日本語学習と教科への興味 (4)＊漢字圏出身者と非漢字圏出身者の漢字学習を考える (5)＊ブラジル人集住地の子どもたちに起きていること 　　＊墨田区における通訳派遣制度とその活用について 　　＊ボランティアの可能性をさぐる 〈講師〉 今野成子さん(すみだ国際学習センター支援員) ゲスト講師：小林 普子さん(NPO 法人みんなのおうち理事・副代表) 　　　　　　柴崎 敏男さん（NPO 法人在日ブラジル人を支援する会理事） 　　　　　　木下 裕人さん（すみだ国際学習センター指導員）

3 日本語・学習支援ボランティア「なかよし」発足と活動

　第1回目の講座終了後、主催者より「この講座参加者の皆さんで、希望者を募り、何らかのグループをつくって、実際に子どもたちに日本語の支援を始められたらどうでしょう」と声をかけられました。この呼びかけに応じ有志が集まり種々話し合い、そして現在の「なかよし」が発足しました。講座が2010年6月から8月、「なかよし」発足が9月でした。

　「なかよし」の実践が進むにしたがい、講座のテーマ等について、主催者から内容や進め方について意見を求められたり発表に加わったりもしました。そんな中で活動上の諸課題にヒントをいただくことも多くあり、有効な講座でした。

　折しも2014（平成26）年に文部科学省が日本語指導を「特別の教育課程」と位置付けたのを機会に、新たな講座が2回組まれました。表1の講座の6回目と7回目です。

　6回目は、文科省で『外国人児童生徒のためのJSL対話型アセスメントDLA』（http://www.mext.go.jp/a_menu/shotou/clarinet/003/1345413.htm）の開発に携わられた小林幸江先生をお招きして開講（資料②）。7回目は、長年子どもたちの日本語学習を支援、実践されてきた先生方の講座。私たちの活動の方向性を学べた大事な講座でした。

3.1　発足当初

　参加メンバーは、子どもが好きで子どものためになることを何かしたい、という気持ちは皆同じでした。年齢層も40代後半から70代と幅広く、大人の日本語学習のボランティア経験者、元学校教師、元会社員、主婦等、様々でした。

　会の名称「なかよし」は、人間に内在する自分と異なる

モノ・コト・ヒトへの忌避排除の心から寛容・共生の心へ、という願いを込め、みんな仲良くということで「なかよし」としました。外国から来日する児童・生徒たちは、自分の意思よりも親・大人の都合で来ている場合が大半です。「大丈夫、安心して」という私たちの思いを込めました。

　目的や規約も皆で相談し決めました。研修を重ねていく中で、対象を「外国の子ども」から「外国にルーツをもつ子ども」に改めたりもしました。また、当初の規約には「交流」の言葉はなく、日本語支援、学習支援が中心でした。しかし、子どもたちが心おきなく母語で話せ、他の国の子どもたちと交流できる場の必要性を感じるようになってきました。そこで、彼らの「居場所」となることも期待し、料理会、花見会などの交流事業も組むようにしました。これらの交流会は楽しみの中にもお互いの異文化を理解する場ともなっています。

3.2　主な活動

　後述する教育委員会が始めた「にほんごステップアップ教室」までの主な活動は、①日本語学習支援、文化交流、②指導力をつけるための研修・研究、③学校・行政諸機関との連絡・調整、要望等です。

3.2.1　日本語学習支援、文化交流

　学習支援を中心に区をはじめ都や国の交流イベントへも積極的に参加しました（資料③）。諸活動の内、私たちの中心的な支援活動の場であった高砂中学校日本語学級（中国からの来日児童生徒のための日本語学級）は、ステップアップ教室開設に合わせ廃室になり、現在は「ステップアップ教室」にて支援員として週5日活動しています。

3.2.2 　指導力をつけるための研修・研究、学習会

　かつしか区民大学の第1回講座参加者で発足した「なかよし」ですが、その後も希望者はそれぞれ参加可能な講座に参加し学んできました。区主催の講座が終わってからは、独自の講座を計画したり、中国語やイタリア語の勉強会をしたりもしました。

　齋藤ひろみ先生などが設立された子どものための全国的な研究会組織「子どもの日本語教育研究会」には2016年の発足第1回目から参加し全国の支援者と交流を重ねてきました。また、前出第6回目講座の小林先生に、2019年2月と3月にステップアップ教室支援員として「年少者の日本語学習のあり方」について学びました。

3.2.3 　学校・行政諸機関との連絡・調整、要望等

　私たちは、ボランティア活動として学校や日本語学級での日本語支援を行う中で、「児童・生徒」に関わる教育は、学校や保護者との緊密な連携を取りつつ行うことが、より良い学習環境を提供できると考えてきました。

　子ども日本語への取り組みについて、講座で見学等をさせていただいた先行地域を参考に、私たちの区においても初期段階で集中的に日本語等を学ぶための「子ども多文化センター」（仮）のような機構が設置されることを「なかよし」の大きな目標としてきました。学校での通訳対応のみではなく、きちんと系統立てて日本語の入門・初期指導がなされる場が念願でしたが、それは私たちボランティアの力では全く不十分でした。児童・生徒に関わることは、行政や教育委員会が学校と連携しつつ進めていくということが欠かかせません。

　このような思いを募らせていたころ、2013年、葛飾区で社会教育委員の会議から「国際化、グローバル化する社会を生きる子どもの育成〜違いを豊かさに〜」という提言

が出されました。私たちも講座や学習会に加えて、いくつかのイベントを企画しました。

2014年1月に社会教育委員会提言の確実な実施を求め，行政等も含めた多くの関係の方々に呼びかけ、新春シンポジウム「―どうなってるの―国際化・多文化共生・日本語教育」を開催しました（資料④）。これには教育委員やPTA関係の方々、区議会議員、有識者、等にもご参加いただきました。その後、議会でも取り上げてくれた議員もいて心強く思いました。

さらに同年、文部科学省が学校での日本語教育を「特別な教育課程」として位置付け発表したことは、私たちの取り組みに対しての大きな後押しとなりました。

また、この年には区の小学校長会でも大藏守久先生を招いての研修会が実施されました。「帰国・外国人児童生徒の政策と日本語指導について考える」がテーマでした。教育委員会が本格的に動き、校長会も認識を深めてくれるようになりました。

2016年11月には、かつしか区民大学講座（生涯学習課主催・金町地区センター）パネルディスカッション＆ポスターセッション「子どもの生きづらさを乗り越えて―子ども支援をどうするか？」の中で、外国につながる子どもたちの声や現状を発表。これには、教育長にもご参加いただき、具体的な支援に向けた大きな一歩になりました。

区内で生きづらさを感じつつも頑張ろうとしている子どもたち親たちをさまざまな場で支援・応援している「かつしか子ども若者応援ネットワーク」（「なかよし」も参加）でも、外国につながる子どもたちの声を直接聞くなどの講座を企画し、参加者区民の理解を深めることができました。

3.3　見えてきた課題

「なかよし」の諸事業での活動や定例会等で話題になって

きた悩みや課題は、対象が「子ども」であることから生じていることが多いと思っています。より良い関わりをしようとするならば、どうしても家庭や学校、担任の先生との関係も必要になってきます。さらに行政、教育委員会との連携も、自然の流れとして欠かせなくなります。活動していく中で徐々に解決の方向に向かうものもありますが、ボランティアにとって、これらのハードルはとても高いものです。

3.3.1　家庭との関係

　家庭と連絡を取り合うことの難しさは、家庭状況により千差万別です。日本の子どもたちと同様、親の教育に対する意識の高低浅深は、子どもの学習や言葉の成長・発達に大きな影響があります。私たちは家庭にどこまで関われるのか、関わる範囲の広がりに不安も感じます。

　現在、家庭との間で必要な連携、情報交換、話し合いは、時間的制約の中きわめて不十分ではあるものの、個々の子どもと関わりの深い会員を通して何とか行っています。特に学校で通訳として関わっている会員の力が大きいと思いました。

3.3.2　学校との連携

　学校との連携の大変さは、家庭との連携の比ではありません。今まで特別な日本語教育をしている学校は少なく、週に1回か2回、2時間（年間60余時間）ぐらい通訳の補助がある程度です。私たちがボランティアで関わっている児童生徒の状況と、学校での様子をお互いに伝え合えたら、子どもにとって大きなプラスになるはずです。一日も早く、この辺りのシステムができればと願ってきました。今のところ、これも通訳に関わっている会員のお蔭で、学校と必要な連絡がある程度取れる時もあり、活動を支えてくれています。

3.3.3　行政・教育委員会との関わりの中で

　学校以上に行政（葛飾区教育委員会学校教育部）との関わりは、民間の団体・グループにとっては難しい課題です。しかし、教育委員会生涯学習課が実施した区民大学の講座への参加を通じ行政との関係が身近なものとなり、それが講座終了後に発足した私たち「なかよし」の活動の大きな力となりました。そして現在、ステップアップ教室の支援員として外国につながる子どもたちの学習に加わることができ、学んだことの実践をさせていただいています。

3.4　「なかよし」の今後

3.4.1　ステップアップ教室支援員としての「なかよし」

　来年度（2019年度）本格実施に向けて、というより今後とも一にも二にも指導力（支援力）向上、研修・学習を重ねていくことにつきると考えています。特に、当面、特別に支援の必要と思われる子どもへの関わり方や、学習の定着に差が出てきた際、子どもたちへの関わり方をどのようにしたらよいか等が課題となると思われます。

　また、文科省の省令改正（25文科初第928号2014年4月施行）によって、小中学校と中等教育学校・特別支援学校の小中学相当課程に日本語指導が位置付けられ、教員（常勤または非常勤）及び指導補助者の配置、標準授業時間が年間10〜280単位時間が設定され、指導計画の作成及び学習者評価が導入されました。「なかよし」は、NPOとしてこれらの施策が軌道に乗り確実に実施されていくよう区教委との協力・協働を継続していきます。

3.4.2　子ども日本語・学習支援「なかよし」として

　葛飾区としてのステップアップ教室や日本語学級が公的機関としてスタートしたことにより、外国につながる子どもたちへの十分な手当ての方向性が見えてきたことは確か

です。「これで私たちのボランティアとしての子ども日本語・学習支援は終わりにしてもいいのでは……」という意見も出てきました。また「いや、これからが大切と思う。公教育では担えない、‘民間’だからこそできることがあるはずです」などの意見も出ました。種々議論し考え、今後も子どもたちへの日本語・学習支援を続けていこう、ということになりました。

土曜日（または日曜日）の（幼）小・中学生への日本語教室は、言葉の壁と学校からの宿題等で悩む子どもたちへの支援となっています。中学校卒業後も三季休業中に開いている日本語学習教室やイベントには進路問題等の「生（行）き方」を相談できる「居場所」として来る子どもたちもいます。まだまだ「なかよし」のやるべきことはあります。

さらに「なかよし」で学び交流し合った子どもたちが、近い将来、学んだ日本語と母語等を駆使し国際舞台で活躍する姿を夢見て、様々な事業を続けます。私たち自身が、あの子この子たちの笑顔に励まされ喜びを与えられてきたことを忘れまいと、「なかよし」の原点を確認し合いました。

4 ｜ 行政・教育委員会の取り組み

葛飾区の外国人住民は、2007年11月に3％を超え、2018年4月には4.5％となりました（「葛飾区住民基本台帳」（2018区政情報））。日本語指導の必要な児童生徒の在籍数も増加しています。葛飾区教育委員会は、「教育振興基本計画」に基づき、独自予算を組んで通訳派遣や日本語学級を設置していました。しかし、増加を続ける在籍者、文科省施策の進展、区民世論の高まり（提言やシンポジウム開催）等から、「日本語指導の在り方検討委員会」を設置しました。その概要は、以下の通りです（葛飾区教育委員会指導室提供）。

〈学校支援総合対策事業（にほんごステップアップ教室等の設置）の経緯について〉

1 「日本語指導の在り方検討委員会」の設置

（1）設置の目的

　これまでの日本語学級の取り組みや日本語通訳派遣事業などの成果や課題を検討し、葛飾区における今後の日本語指導の在り方について協議し、次年度以降の体制整備に資する。

（2）委員等の構成

【委員会】

教育委員会学校教育担当部長（※ 委員長）

教育委員会事務局指導室長（※ 副委員長）

教育委員会事務局学校教育支援担当課長

教育委員会事務局学務課長

教育委員会事務局生涯学習課長

地域振興部文化国際課長

小学校校長会代表

中学校校長会代表

中学校副校長会代表

学識経験者

【事務局】

・統括指導主事

・指導主事

・総合教育センター担当係長

・総合教育センター管理係長

・学務課学事係長

2 取り組み状況

【平成25年度】第8期 葛飾区社会教育委員の会議 提言（平成25年1月）

・「国際化、グローバル化する社会を生きる子どもの育成

について〜違いを豊かさに〜」
【平成26年度】
①検討委員会（区日本語学級視察、組織づくり、日本語学級の現状と課題）
②視察（すみだ国際学習センター視察）

【平成27年度】
①視察（すみだ国際学習センター視察）
②事務局会（日本語指導の現状把握）
③事務局会（有識者による今後の取り組みへの助言）
④検討委員会（日本語指導の現状と今後の取り組み、「多文化共生センター」の設置）

【平成28年度】
①視察（東京都板橋区立第六小学校視察）
②検討委員会（多文化共生センター（仮称）の設置、日本語学級の設置）
③検討委員会（日本語学級の設置、（仮称）「多文化共生センター」の名称）
④視察（神奈川県藤沢市立長後小学校・神奈川県立地球市民かながわプラザ視察）
⑤検討委員会（葛飾区における日本語が必要な児童・生徒への学習支援体制）
⑥視察（多文化共生センター東京荒川校視察）
⑦検討委員会（JSL評価参照枠＜全体＞、来日から「にほんごステップアップ教室」開始までの流れ、初期指導の在り方）
⑧区日本語学級指導員への学習支援体制の説明会（「にほんごステップアップ教室」等の進捗状況）

【平成29年度】
①検討委員会（4月）
②日本語指導教員等研修会（希望制）（5月）
③作業部会（6月）
④検討委員会（6月）

⑤日本語指導教員等研修会（希望制）（6月）

⑥作業部会（7月）

⑦作業部会（8月）

⑧検討委員会（10月）

⑨検討委員会（1月）

【平成30年度】（2018年）

・「にほんごステップアップ教室」試行開始⇒葛飾区立総合教育センター内に設置

・日本語学級設置（東京都申請）

・各小中学校に日本語コーディネーター設置

3　その他

(1)「かつしか子ども多文化センター」（仮称）の設置⇒「にほんごステップアップ教室」

(2) 平成27年度トップヒアリング

(3) 葛飾区中期実施計画（平成28年度〜平成31年度）

　　・計画の概要を「夢と誇りあるふるさと葛飾の実現にむけて」の計画事業より抜粋したものです（資料⑤）。

5　教育委員会「にほんごステップアップ教室」発足

　教育委員会（指導室）は、「日本語指導が必要な児童・生徒の増加や来日直後等の初期指導、保護者への通訳派遣、さらには現在の通訳派遣制度における派遣人数や派遣時間が不十分であることなどさまざまな課題へ対応していくため、有識者を中心とした検討委員会において検討を行い、平成30年度試行実施の際、「多文化共生センター（仮称）」を、初期入門期指導の場として分かりやすくするため、名称を「にほんごステップアップ教室」として設置する。また、現在区で設置している日本語学級を東京都公立小・中学校日本語学級設置要綱に基づく日本語学級として設置

し、指導の拠点として充実を図る」と記しています。

5.1　「にほんごステップアップ教室」（教育委員会指導室提供）

・平成30年度試行年は、当初4教室において小中学生40余名でスタート。日本語指導員（兼通訳）と支援員で指導に当たる。指導員と支援員の「指導者会議」を定期的に行い、より良い授業の在り方を学び合う。

・区内全小中学校に日本語コーディネーター配置・日本語学級（小学校2校、中学校1校）設置。⇒学期1回の研修会・情報交換会の開催

※ステップアップ教室における日本語習得までの流れ等のしくみ

参照「葛飾区のにほんごステップアップ教室・日本語学級」（資料⑥）

5.2　「なかよし」としての関わり

　葛飾区の教育ビジョンの流れに従い発足した「ステップアップ教室」。まずは「試行年」として2018年5月、スタート。本格実施の次年度（2019年度）に向け、私たち「なかよし」のメンバーは日本語指導の「支援員」として、各教室の「指導員」とともに外国につながる児童・生徒に関わっていくことになりました。

　当然のことながら、他でもさまざまな活動に参加しているメンバーだけでは、月曜日から金曜日まで、午前中3時間、午後2時間、4教室にまんべんなく入るように都合をつけるのは困難でした。ここで力になったのが、「講座」で学び合った仲間でした。時間的に難しく「なかよし」のメンバーとしては活動に参加していませんでしたが、こうして教育委員会の事業として日本語支援が始まったのを喜び、「支援員」としてお手伝いに加わるようになってきました。

6 ｜ センター教室と各日本語学級の現状と課題

　「ステップアップ教室」で日本語支援に関わってきた支援員の月1回の定例会で機会あるごとに出されたこと、そして「なかよし」の定例会や日本語学級の担任（指導員）との懇談の中から出された内容を、課題として以下にまとめてみました。

6.1　日本語指導のセンターとしての「ステップアップ教室」

　試行年としての2018年度当初の5月は、4教室でスタート（登録小中学生40余名）。その後徐々に増え、さらに夏季休業を終えた9月になると、各小中学校からの入室希望者が30余名あり、面談をしました。急きょ初期入門期のためのプレ教室を臨時に増設せざるを得なくなりました。このプレ教室は2か月程で閉室し、ここで集中的に入門期指導を受けた子どもたちは、その後各4教室に編入し学習を続けました。

　2018年1月1日の区の人口統計では、外国人7歳〜15歳人口は約1,000名（「住民基本台帳による葛飾区の世帯と人口」（2018区政情報））。全てが日本語指導を必要とする小中学生ではありませんが、ステップアップ教室の存在が周知されれば、日本語学習を求める児童生徒は今後も増え続けることは十分に予想されます。

　今年度は本格実施前の試行年です。ここで見えてきたいくつかの課題を「当面の課題」と「その後の課題」に分けて下記に列挙（順不同）します。

6.1.1　当面の課題

・ステップアップ教室と学校長、担任、日本語教室教師や各校に配置した日本語コーディネーターとの連絡会・情報交換会の時間がなかなか持てない。

・子どもたちの通級中や教室での安全や事故、トラブル対応等のマニュアルが不十分である。
・小学生の通級には保護者が付き添うことが安全上原則になっているが、それができず通えない児童がいる。
・ステップアップ教室へ通級し始めてから、4週間で一応の修了となるわけであるが、個人差があり対応に苦慮する。
・個人差に応じた教材の開発、作成の時間がなかなか取れない。

6.1.2　その後の課題
・15時から開設されている午後の教室は、午前中のステップアップ教室の参加者や学び終えた者等、幅広く通ってくる。ここでは日本語学習と同時に教科の学習を求める児童生徒も多い。支援者にとっては、教科を通しての日本語学習をどう進めていくかが喫緊の課題となっている。
・児童生徒の想定外の急増への対応で、急に支援員を増やしてほしいとの依頼に十分応えられなかった。支援員の増員、育成が課題となってくる。
・教科書（主教材）はあったものの、足りず、コピーが多かった。やはり学習者も支援者も双方に教科書が必要である。
・通級してくる子どもたちの中には、日本人同様、特別の支援を要する児童生徒や学習に困難を有する児童生徒もいるように思われた。このような場合の対応の仕方を学んでいく必要があると思われる。
・午後、通級してくる生徒の保護者との会話で、就学前の子どもの日本語学習や高校入学後の子どもの心配がよく語られる。しかし、このような情報を交換する場がなかなかつくれない。

※令和3年（2021年）7月より、この葛飾区の「にほんご
ステップアップ教室」は、運営主体が「葛飾区教育委員
会」から民間団体(株式会社グローバルラング)に委託移
行された。私たち「なかよし」も支援を外れることにな
り、新しいスタートを切った。「なかよし」が産みの苦し
みを楽しみつつ味わい支援してきた組織機構である。様々
な課題山積であるが、あの「子どもたちの笑顔のため」
に、教育委員会とのタッグよろしく、また「学校」という
現場の声をしっかり受け止め運営に反映させながら、より
良く発展進化しゆくことを祈りたい。

6.2　各校の日本語学級

資料⑥のように、区内3校（2小学校・1中学校）やステッ
プアップ教室と連携を取りつつ、自校内・外の通級者に日
本語指導をしている。現在、小・中学校設置された日本語
学級は30人超えとなってきている。

6.2.1　小・中学校共通課題

・指導上、日本語担当教諭も一人一人への対応がどうして
　も希薄になりがちである。週1、2回の通級では十分な
　日本語指導には困難がある。
・区独自の非常勤等の人事配置が予算化されていない。東
　京都人事による児童数に応じた定員（日本語担当教諭）だ
　けでは、よりきめ細やかで十分な対応ができない。
・日本語学級には常駐の通訳はいない。必要な時に母語通
　訳者と日本語担当教諭とが連絡を取り合う等の連携の在
　り方がシステムとして構築されていない。

6.2.2　小学校

・ステップアップ教室同様、他校から通級する小学生は原
　則保護者引率が条件となっていて、通級を諦めざるを得

ない児童もいる。

6.2.3　中学校

・中学校は中3で「高校入試」があり、進路指導や学習言語を意識した日本語指導に腐心している。該当生徒の担任や学年・学年主任との有効な連携が欠かせないが、なかなかその機会が少ない。

7 ｜ おわりに

　「2020年五輪、東京開催が決定　56年ぶり　アジア初の2度目」これは、2013年9月8日付朝刊見出しです。「東京オリンピック」開催決定。そして最近、外国からの来日者激増のニュース等、「時」が大きく「日本語教育（学習）」の後押しになりました。

　「時」も「機」も待つだけでは来ませんよ、と先輩に諭されましたが、一方「待てば海路の日和あり」という人もいました。「'思い'は諦めなければ叶う」。これは真実でした。日本語指導をNPO等外部の組織に全てを任せることなく、葛飾の行政（教育委員会）自らが、外国につながる児童生徒のための機構をつくりました。本当に嬉しいことでした。しかし、先日の「平成30年度文化庁の日本語教育大会」に参加し、種々有意義な情報を得ることはできましたが、一方で、大人の生活日本語の教育に比べると「子ども（年少者）のための日本語教育」はまだ緒に就いたについたばかりであり、今後さらなる充実が求められている、という思いを再認識しました。

　先見の明を持って船出した教育委員会「にほんごステップアップ教室」です。そこでの支援員として、また公教育の一端を担う一人一人として、教育委員会のご指導をいただきながら今まで以上に学び、先の諸課題解決に向けて指

導法等の力を高めていくことを忘れずにいきたいと思います。

　また「なかよし」独自の活動についても常に課題は山積ですが、メンバーそれぞれの立場、経験、培った人生の智慧を出し合いながら、未来に生きる子どもたちの笑顔のために、センターや関係諸機関との連携を密にしながら努力していきたいと思っています。

　　※〈補足〉葛飾区教育委員会が運営してきた「かつしかステップアップ教室」は、その後2021年7月より民間団体に運営を委託され、現在に至っている。

資料①

資料②

資料③

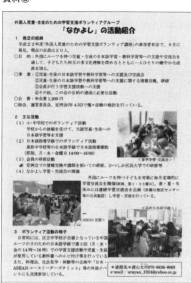

資料④

資料⑤

学校支援総合対策事業 ((仮称)多文化共生センターの設置)		新規	指導室

・5つの主要課題との関連　　1　子どもが元気に育ち、豊かな人間力を育む環境づくり

日本語指導が必要な児童・生徒の増加や来日後の初期指導、保護者への通訳派遣、さらには現在の通訳派遣制度における派遣人数や派遣時間が不十分であることなど様々な課題も発生してきたため、指導者を中心とした検討会において委員も含めた検討を行い、(仮称)多文化共生センターを設置します。
また、現在区内に設置する日本語学級を東京都公立小・中学校日本語学級設置要綱に基づく日本語学級として設置し、指導の拠点として充実を図ります。

活動指標(平成28～31年度)		28年度	29年度	30年度	31年度
①多文化共生センターの設置 ※委託も視野に入れた検討・設置 ②日本語学級の設置　3校		①検討 ②検討・準備	①設置準備 ②東京都へ設置 申請(3校)	①試行実施 (総合教育 センター) ②設置	①設置 (総合教育 センター) ②実施
事業費(百万円)		0.1	38	61	41

	指標	指標の算出方法・説明または出典	現状値	28年度	29年度	30年度	31年度
成果指標	日本語指導が必要な児童・生徒・生徒の1年後の解消率(%)	日本語が必要な児童・生徒の受入状況等に関する調査 (文部科学省)	44.0	50.0	52.5	60.0	65.0
成果指標	日本語学級、多文化共生センター利用者数(人)	在籍数調査及び教育課程調書 (指導室)	現状値	28年度	29年度	30年度	31年度
成果指標			57	60	65	70	70

http://www.city.katsushika.lg.jp/_res/projects/default_
project/_page_/001/010/890/02-3mokuhyou3.pdf

資料⑥-1

資料⑥-2

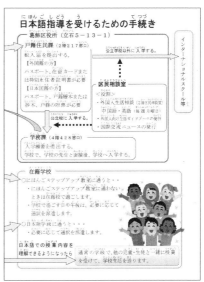

アタッチメント理論の概略

横山文夫

　　ヒトの子どもは、生理的早産と呼ばれる状態で生まれ、他者から守ってもらわなければ生きることも成長もできません。乳児は、強い不安や恐れを感じると特定の人に近づき、そしてそれを維持しようとします。こうした行動とそれをもたらす心の働きを、ボウルビィは「アタッチメント（attachment）」と呼びました（Bowlby 1969）。このアタッチメント行動は、主として養育者に対して向けられますが、徐々に対象が明確になっていくと考えられています。

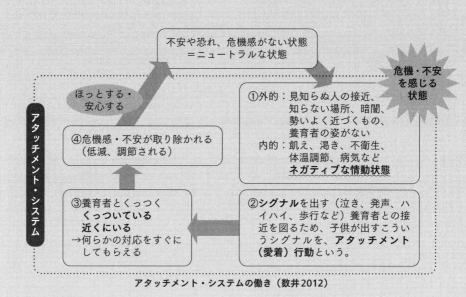

アタッチメント・システムの働き（数井2012）

アタッチメントとは、子どもと養育者との関係性で結ばれる深い情緒的な絆と説明され、基本的な信頼関係形成の基礎となります。子どもの具体的行動としては、自らの安全を確保するために、アタッチメントを抱いた対象への接近や接触、後追い行動、微笑、発声、泣く等の行動をとります。また、乳幼児の心理的特徴として、好奇心や探索心も旺盛です。

　幼児期に入ると、養育者から離れて行動する機会も増え、子ども自身も、自立や自律が周囲から期待されていることを認識して、それに応えようとします。また、表象能力が発達してきて、不安な状況に置かれたときに、目の前に養育者がいなくても、養育者とのやりとりを心の中でイメージすることで情緒的な安定が得られるようになります（数井2005）。こうして、アタッチメントに基づく行動は、心の中に取り込まれ、人間関係に関する認知的な枠組みが形成されていきます。ボウルビィは、これを「内的ワーキング・モデル」と呼んでおり、乳児期以降のアタッチメントの個人差は、この内的ワーキング・モデルの違いとして捉えることができます（Bowlby 1969）。

　子どもは、自分が置かれた環境、特に養育者の特質（対応の仕方）に応じて、養育者への接近の方略および養育者との関係のスタイルを調整しなければならなくなります。そして、乳幼児が、主要なアタッチメント対象者に対してどのようなアタッチメント行動を向け、またその対象者をいかに安全基地[1] として利用し得るかということが、乳幼児のアタッチメントの個人差として表出されます。個人差に関するエインズワース（Ainsworth）の分析によれば、①回避型、②安定型、③アンビヴァレント型の3タイプに分類され、のちに④無秩序・無方向型が加わりました（数井2005）。子ども（大人も）にとって、安全基地があることで多くの探索行動ができ、学習活動が育まれます。

参考文献　小此木啓吾他編（2002）『精神分析事典』岩崎学術出版社

数井みゆき・遠藤俊彦（編著）（2005）『アタッチメント—生涯にわたる絆』ミネルヴァ書房

数井みゆき（編著）（2012）『アタッチメントの実践と応用—医療・福祉・教育・司法現場からの報告』誠信書房

ボウルビィ, J.（黒田実郎・大羽蓁・岡田洋子・黒田聖一訳）（1976）『母子関係の理論I—愛着行動—』岩崎学術出版社

注　　　　［1］安全基地（英：Secure Base）：子供は親との信頼関係によって育まれる「心の安全基地」の存在によって外の世界を探索でき、戻ってきたときには喜んで迎えられると確信することで帰還することができる。現代においては子供に限らず成人においてもこの概念は適用されると考えられている（小此木他編2002）。

第II部
外国籍児童生徒に対する
教室での学習支援の実践

第5章

兵庫県神戸市の国際教室での実践

村山勇

キーワード：子どもの日本語支援、国際教室、子ネタ・子技、生活言語と学習言語、リライト

1 はじめに

　兵庫県の人口は、550万2,987人、外国人は10万5,613人、比率は約2％、神戸市の人口は154万4,200人、外国人は4万7,609人、比率は約3％です（法務省「在留外国人統計2017」）。

　全国で日本語指導が必要な外国籍の児童生徒は3万4,335人です。また日本語指導が必要な日本国籍の児童生徒は9,612人です。兵庫県で日本語指導が必要な外国籍児童生徒は、967人で、中国語とベトナム語を母語とする子どもが三分の二を占めます。日本国籍で日本語指導が必要な児童生徒は247人で、中国語、フィリピノ語、英語を母語とする子どもがとても多いです（文部科学省2016）。

　神戸市内の公立小中学校には平成29年5月1日現在、8万6,680人の児童生徒が在籍しており、外国籍の子どもは1,094人です。そのうち、外国籍で日本語指導を必要としている児童生徒は388人です。中国語やベトナム語、フィリピノ語を母語とする児童生徒が多いです（外国人児童生徒支援団体との情報交換会より）。神戸市は、都会も田舎も海も

117

山もあり、よく日本の縮図と表現されます。国際的で進んだ教育政策をしているようなイメージがあるかもしれません。しかし、私は神戸市の小学校の中の3校の国際教室で19年間、日本語指導を担当してきた現場経験者として、いろいろと思うことがあり、以下に私の実践と提案を記します。

2 ｜ A小学校での実践——主に初期指導

　私は42歳まで普通学級の担任として勤務していました。初めて国際教室の担当になったのはA小学校で、1995年4月（平成7年）から2001年（平成13年）3月までの6年間、「ワールドルーム」と呼ばれた国際教室で日本語指導を担当しました。この小学校の校区内に県と市の留学生宿舎があり、留学生の子どもが毎年10人ほど初来日で編入学してきました。また10人ほどが帰国のために転学していきました。来日外国人児童の在籍の総計は50人ほどであり、国籍は中国、韓国、イラン、パキスタン、エジプト、オーストラリア等で多様でした。親の留学期間に合わせて2年から4年間ぐらいで帰国していく児童が多かったです。そのため、日本語の初期指導に力を注ぎました。

　子どもたちが、自分の学級の国語や社会科の時間にワールドルームへ移動して日本語学習をするというシステムで、「取り出し指導」と呼んでいました。初期の児童は週に15時間位やって来て、徐々に減っていくのです。国籍も年齢も学年も日本語力も異なる子どもが常に10人ほど、別々の学習をしているという状況です。教員には普通学級での一斉指導とは異なる別の能力が必要です。子どもたちは、初期には手厚く指導を受けますが、徐々に自分で積極的に学習していく態度が求められます。

この頃は、まだ「子どもへの日本語の指導方法」が全国的にも確立していない時期でした。前任者は指導事項を並べたカリキュラムを編成し、手作りの教材を製作していました。しかし、国語教材からの流用が多く、日本語教材としては疑問でした。その時、『外国語としての日本語　その教え方・学び方』（佐々木1994）を読み、「国語ではない日本語」という概念があり「国語指導と日本語指導は違う」ことに気づかされ、目から鱗が落ちる思いがしました。この考えを児童の日本語指導にも取り入れようと決め、カリキュラムや教材を見直しました。初来日でゼロ初級の児童には必修のテキストとして、『日本語学級1』、『日

資料1　〈日本語テキストの使用・進度の一例　A小学校国語教室〉

〈日本語テキストの使用・進度の一例〉

① （サバイバルレベル）
『日本語学級 1』（単語、ひらがな、カタカナ）
30課85P（凡人社）

② （短文レベル）『日本語学級 2』
50課193P（凡人社）

③ （小学校中学年向き）
『ひろこさんのたのしいにほんご　1』
50課155Pテキスト・問題集（凡人社）

④ （小学校中学年向き）
『ひろこさんのたのしいにほんご　2』
51～95課160Pテキスト・問題集（凡人社）

⑤ （小学校中・高学年向き）
『学校生活日本語ワークブック』
33課129P（凡人社）

〈A小学校国際教室〉

CD『にほんごをまなぼう』
（文部科学省）

在籍学年以下の教科学習は、母語と日本語対訳を使用（日本語表現の練習に重点）国語の各単元には、日本語と母語での穴埋め、質問と解答集を用意

在籍学年相当の教科学習は、母語翻訳物を使用（内容理解に重点）理科や算数の母語対応カードで語彙定着をはかる。国語の各単元には、母語での穴埋め質問と解答集を用意

他に「小学校高学年・中学生向き」として、『続わくわく日本語』（大阪市教育委員会）等も利用できます。

適宜、『こどもといっしょに！日本語授業おもしろネタ集1、2』（凡人社）、『JSLカリキュラムの授業作り』（スリーエーネットワーク）等を使用

119

本語学級2』、『ひろこさんのたのしいにほんご　1』、『ひろこさんのたのしいにほんご　2』を用いるカリキュラムを組みました。ただ児童の能力差が大きかったので、早い児童で3カ月、遅い児童では2年間で終えるようにしました（資料1参照）。

2.1　教材考察

　国際教室での教育活動は、初来日で初めて日本語を学ぶ児童への支援です。しかし、これらの子どもたちは、心身ともに発達途上です。ほとんどの児童は基礎言語（L1）が母語ですが、それが確立している訳ではありません。時には母語と日本語のどちらも中途半端になって、考える言語が確立していない児童もいます（ダブルリミテッド）。また、認知発達や母国の学習進度も個人差が大きいですし、保護者の意向も関係してきます。そこで個別の柔軟なカリキュラム作成が必要です。

　言語能力には、場面への依存度が高く主に生活場面で使う生活言語能力（BICS）と、場面や文脈への依存が少なく認知的要求の高い学習言語能力（CALP）の2つの側面があるとされます。また、初期指導では、成人とは異なり「見て、聞いて覚える」という体験的習得を重視します。この能力を高めつつ、読み書き能力を平行して獲得し、さらに学習言語能力を付けていけるような指導を行います。

　そこで、国際教室に入ってくる子どもたち一人ひとりのアセスメントを行い、個別に対応できるよう個人ファイルを作り、日々の教材プリントをファイルにまとめていくことにしました。こうした中で共通して活用できる教材として検討したのが、前掲のテキストです。

　以下に使用テキストについて、①このテキストを選択した理由、②利用した結果、その効果等はどうだったのか、③そのテキストの課題等を列挙しますので、参考にしてい

ただきたいです。

・『日本語学級1』『日本語学級2』（凡人社）
　①「まずはカタコトで意思疎通を可能に」という方針と豊富なイラストがゼロ初級にはぴったり合います。②どこの国の子どもでも興味を持って取り組み、よく覚えます。ゼロ初級の大人にも使えます。③先に、ひらがなを書けるようになっている方が、学習は進みやすいです。書く量がかなりあり、奇数番のみ書いて偶数番は宿題にする等の工夫ができます。

・『ひろこさんのたのしいにほんご　1』『ひろこさんのたのしいにほんご　2』（凡人社）
　①動詞が国語文法ではなく、さりげなく日本語教授法にのっとって「①、②、③グループ」で提示してあり、児童にも抵抗なく日本語文法が身に付くようになっています。②内容が小学生の生活に合っており、親しみやすいです。但し高学年や中学生にはイラスト等は不向きでした。③後半になると文法事項が多くなり、やや厳しいです。付属の『ぶんけいれんしゅうちょう』も使って定着を図るのが良いと思います。

・『学校生活日本語ワークブック』（凡人社）
　①学校生活や学習に関することがイラストと共に示されていて、教科学習への橋渡しになります。②日本語文法で提示してあり、これまでの学習が活きます。③これ1冊で復習に使ったり転入してきた子どもの力を測ったりするのにも使えます。

・『こどもといっしょに！ 日本語授業おもしろネタ集1、2』
（凡人社）

　①子どもたちがゲームを通して日本語に慣れるのに役立ちます。②楽しくてすぐ使える技が満載です。③コンパクトで使いやすいと思います。

・『JSLカリキュラムの授業作り』（スリーエーネットワーク）

　①授業の実践事例が多いので参考になります。②個別指導に使える例が多く役立ちます。③他の実践が分かって良いと思います。

　全て市販のテキストなので児童が転出する際には、このテキストのこのページまでは学習済みとメモをつけて送り出しました。近年各地で独自のテキストが開発されていますが、ゼロ初級や初級レベルは市販のものが十分使えますし、児童が転出した時には市販テキストの学習履歴を添えてやれば、学習が継続できます。中級以降のテキストは、地域独自で開発されたテキストで良いと思います。ただどの市販テキストも高価ですので、教育委員会から新しい転入生に貸し出すシステムを作ってほしいものです。

　担当になった初年度には、民間の「日本語教師養成講座420時間」の受講を始めました。この「国語ではない日本語」という概念は、大学の日本語学科や日本語教師養成の専門学校では一般的ですが、当時もまた27年後の現在も小学校の現場ではほとんど知られていないことが残念です。

　指導に当たっては、子どもの関心を引き付けるように材料や技法を工夫し、ゲーム性のある「子ネタ・子技（子ども向けの内容、子ども向けの技法）」を開発しました。これを「子ネタ・子技51連発」としてまとめ、各地の研修会等で発表しています（写真1、2、3参照）。

　さて、日本語ができるまで教科学習をしないという訳に

写真1　文作りさいころ

写真2　反対語すごろく

写真3　形容詞で絵描き

写真4

この中には、日本語文法を子ども向けに分かりやすくした動詞のカードも入れています（写真4参照）。これらの子技の実施の様子をビデオで「日本語の教え方」としてまとめたものが神戸市教育委員会の映像教材コンテストで入選しました。

はいきません。児童の理解力に合わせて、基礎的な文型に難しい単語も入れていきます。つまり「これは、本です。」、「これは算数の教科書です。」、「これは、正比例です。」のような段階を踏んで、できる子どもにはどんどん学習言語を入れていくようにします。日本語指導と教科指導は螺旋状に同時並行で指導していくと良いでしょう。

　校内では、「外国人児童を学級で活かす手立て」を作成し、学級担任との連携を進めました。校内研修会では、「来日時期と日本語力の関係」を発表しました。早期に来た子どもが、日常会話をペラペラ話すのに学力がついてこ

ない理由について、抽象的概念の獲得時期や生活言語と学習言語の違い、ダブルリミテッドの懸念等と関連して話しました。他の教員への啓発にもなり継続しました。また全校の児童向けに毎月「国際だより」を発行し、国際教室の様子を伝え、外国人児童が自然に受け入れられるよう努め、校内での多文化理解の推進を図りました。

　それから「外国人保護者のための日本語教室」を開設しました。これはある外国人児童の母親から「私も、子どものように日本語の学習をしたいが機会がない」ということをきかされ、地域の日本語教師の方や校長に相談したところ、学校の空き教室を利用し始まったものです。これは27年たった現在も続いています。

　校外の活動では、平成10、11、12年度に文部科学省の「マルチメディアにほんごをまなぼう」の開発委員として協力しました。この時に開発した教材は、インターネット上でも利用できます。もっと普及させ、活用していただきたいです。また、子どもの日本語指導者の全国的なあるメーリングリストに、「初めて日本語学級担当になられた方へ」を投稿し、これまで培ったノウハウを提供しました。

　さて、学校では外国人児童の呼び方で困惑していることがあります。来日してすぐ区役所の窓口で、係りの人が児童の名前にカタカナをふり就学通知票に記載します。それが公文書となります。しかし、そのカタカナが日本語の意味や響きとして不適切なものが多々あります。例えば、「チン、コウ」等、下品な意味や卑猥な感じのする呼び名をつけられても、日本語の日常会話のできる保護者でも気がつきません。その名前のためにからかいやいじめが発生します。また児童によっては習慣、宗教名等で長い名前になりますが、父方・母方双方の姓だけを記載されている場合もありました。関係者皆さまの国際感覚の向上を望みます。そのための研修会を市教委でも行うことが期待されます。

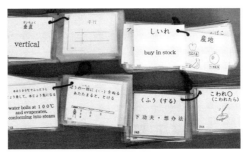

写真5　兵庫県国際交流協会のホームページからの7カ国語学習言語教材

3 ｜ 教科指導

　　2番目のB小学校では、2001年4月（平成13年）から
2010年3月（平成22年）まで9年間勤務しました。ここで
は、「国際教室」と呼び、同様に取り出し授業をしまし
た。児童は、ペルー、ブラジル、フィリピン、中国、イン
ドネシア、日本国籍の帰国児童等多彩でした。保護者の大
多数は日本定住の意思が強い人たちです。

　　初期日本語の指導は前任校のノウハウを活かしました。
しかし、教科指導は高校進学も見据えてさらなる工夫が必
要でした。まず各教科の語彙力を増強しようと、生活科、
算数、理科、社会科の教科書から学習言語を各400語抽出
し、それにイラストと翻訳語をつけました。翻訳言語は、
英語、スペイン語、ポルトガル語、中国語、タガログ語、
ベトナム語、韓国・朝鮮語であり、それぞれの翻訳者に依
頼して完成させました。どれもA4から8枚とれるサイズ
で、ラミネートをして丈夫にしました。また小学校で使う
漢字の使用例を示し、これにも7言語の翻訳をつけまし
た。これらは、兵庫県国際交流協会のホームページからダ
ウンロードできるので、ぜひ活用して頂けたらと思います
（写真5参照）。

　　また、以下のような強化指導の手立てを決め、ボランテ

ィアと共に指導しました（資料2参照）。

資料2

教科指導の手だて

　　　　（「漢字に<u>るび</u>をふれば，子どもが内容を理解できる」訳ではない。）

・時を表す言葉を補う。（今日、昨日、○月○日　等）
・順番を表す言葉を補う。（はじめに、次に、それから、さいごに、とうとう）
・<u>単文化</u>した区切りの線を書き込む。
・不必要情報を<u>消す</u>。
・キーワードを<u>強調する</u>。
・絵や図をかく。
・辞書形を書き込む。（子どもが自分で辞書で調べる習慣をつける）
・難しい言葉を言い換える。（<u>教科特有の言葉は言い換えない</u>）
・母語翻訳をつける。

★日本語が分からないのか、教科の内容が分からないのか見極める。

　読解力の養成のために、教科書本文の**リライト**（目的に合わせて原文を短く書き直すこと）を進めました。同時に、教科書よりもイラストの数を増やして（模写して）児童の理解を助けました。児童は原文の大意を把握し、自信を持って在籍学級の授業に参加できるようになっていきました。この実践は、私が兵庫教育大学大学院で学んだことがベースになっており（平成19年度から21年度夜間主体コース）、修士論文「JSL児童のためのイラスト付リライト教材の開発とそれを用いた授業実践─小学校国語の物語教材を中心にして」（2010）に詳しくまとめました。これも大学のライブラリーで公開されているので参考になると思います（資料3、4参照）。

　学級担任と話すと、日本語指導やリライトの実践は、通常学級の児童にとっても内容理解を進める効果があると言う人が多いです。開発したカードや教材を通常学級でも使ってみるなど、交流も進みました。

　校内では、外国人児童が母国の文化に誇りが持てるように、様々な取り組みをしました。例えば運動会で「世界の

126

資料3

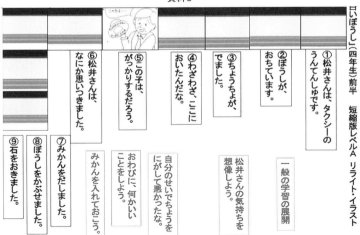

『白いぼうし』（四年生）前半　短縮版レベルA　リライト・イラスト

①松井さんは、タクシーのうんてんしゅです。

②ぼうしが、おちています。

③ちょうちょが、でました。

④わざわざ、ここにおいたんだな。

⑤この子は、がっかりするだろう。

⑥松井さんは、なにか思いつきました。

⑦みかんをだしました。

⑧ぼうしをかぶせました。

⑨石をおきました。

一般の学習の展開

松井さんの気持ちを想像しよう。

自分のせいでちょうをにがして悪かったな。

おわびに、何かいいことをしよう。

みかんを入れておこう。

資料4

リライト文「三年とうげ」　（レベル1初級用あらすじ版）

(1) むかしです。三年とうげがありました。
　　春や秋は、とてもきれいでした。

(2) 言いつたえがありました。
　　「三年とうげで、ころんではだめです。三年で、しにます

(3) おじいさんが、三年とうげで休んでいました。

写真6

言葉で応援しよう」を始めました。これは、外国人児童に
応援の言葉を教えてもらい、学年でそのプラカードを作
り、大声で連呼するものです（写真6参照）。

　「国際だより」も毎月発行し、外国人児童の母国の童話
等を連載しました。また外国人児童の保護者に、母国紹介
の発表を定期的にしてもらいました。これで、校内におけ
る外国人に対するアレルギーや偏見のようなものは、かな
り軽減したと思います。また近隣の甲南女子大学と提携
し、学生さんが空き時間にボランティアとして国際教室に
来て、児童への指導補助をしてもらえるようになりまし
た。同様に、地域に住む主婦等を中心にして日本語教師志
望の方数名がボランティアとして来てくれるようになりま
した。大学との提携や校内の職員の同意を得るまでの根回
しは大変でしたが、これで児童一人一人にきめ細かく対応
できるようになりました。

　校外では、平成13年から平成17年にかけて文部科学省
の「JSLカリキュラムの開発委員」として、トピック型、
教科志向型の指導案の作成や授業実践をしました。これら
は、文部科学省のホームページで公開されているので、ぜ
ひご活用ください。

　平成15（2003）年より「県立芦屋国際中等教育学校」が開

校されました。これは、全国初の公立の国際中等教育学校（中学高校一貫校）で、新入学生80名のうち、30名は外国籍で、日本語の理解が不十分な者を選抜し育成するという制度です。外国から来た児童にとっては、日本語の理解が不十分でも公立高校に進学できるというメリットがあり、人気になりました。国際教室では、ここを目指し、作文と面接の練習をして毎年数名ずつが合格しています。後の「C小学校」や「灘わくわく会」からも合格者が途切れることなく続いています。

　個人的には、深江地区で平成14年「こうべ子どもにこにこ会」という民間ボランティアの子どもの日本語支援グループを立ち上げました。その後、平成19年に自宅の近くで「灘わくわく会」という子どもの日本語や宿題の支援をする民間ボランティアグループを立ち上げました。これらは現在も継続しています。

4 ｜ さらなる工夫

　3番目は、C小学校で、平成22（2010）年4月から平成26（2014）年3月まで4年間、国際教室を担当し、定年退職を迎えました。ここの校区には中華街があり、中国、台湾、フィリピン等の子どもがたくさん在籍していました。ここでも「国際教室」で、取り出し指導をしました。永らく『ひろこさんのたのしい　にほんご』を愛用してきていました。これには、テキストの他に問題集があり使いやすかったのです。しかし、『ひろこさん2』になると、本文がやや難しく、問題集についていけない児童も見受けられました。そこで、本文に関する基礎的な質問を作り、まずそれに答えさせてから問題集を使うようにしました。

　テキストに関しては、いずれも高価であり、数年間、何人もの子どもが使いまわすという状態です。日本の子ども

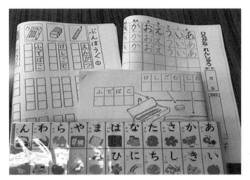

写真7　初期セットの例

　ならば、転校してきてもすぐに教科書が支給されます。し
かし、外国から来た子どもには、日本語学習の教科書は支
給されません。国なり県なり市なりが独自の日本語教科書
を作り、必ず支給されるようにならないものでしょうか。
また外国から子どもが転入してきた学校は何を用意してい
いか分からず、大慌てで国際教室へ問い合わせてくること
が多かったです。その都度ひらがなの表や学校用語集を送
っていましたが、その労力は大変大きなものでした。これ
らは、「ようこそ神戸へ」というような初期セットとし
て、教育委員会で制作し転入時に渡すように提案いたしま
す（写真7参照）。

　教科指導に関しては、まず算数から始めることが定着し
てきました。知っている内容なら、言葉を置き換えるだけ
で理解ができ、分かったという喜びが次の学習を促しま
す。この4年間で、カード教材の拡充、リライト教材の作
成、問題作成を進めました。

　この頃から日本各地で教科書を翻訳することが増えてき
ました。そこで各地の翻訳教材を収集しました。母語があ
る程度確立している児童や中学生は、理科や社会の用語な
どは置き換えるだけで覚えていけるという効果がありまし

子ども向けの初級テキストの指導に当たって

1. 問題を読ませる。
2. 答えを言わせる。
3. アトランダムに指して、素早く言わせる。
4. 書かせる。(この時、字の書き順や形を指導する)
5. 答えを指で隠して言わせる。(少し見えるくらいが良い)
   アトランダムに指して、素早く言わせる。(子どもの能力に応じて)
6. 指導者が関連する応用問題をすぐ作って、子どもに問いかける。
   (いい・だめの学習なら、鉛筆を逆さまに持って、「これは、いい？　だめ？」)
7. 子どもに、関連する問題を作らせる。

た。しかし、国語の物語教材は翻訳物を読むだけでは内容を理解しにくいということもみえてきました。そこで、内容理解のための質問を10問作り、翻訳に添えて解答させるようにしました。本文と質問のセット化です。また文を集中して読み取り、自分の言葉で再現する活動も始めました。再話という技法です。これも内容理解の向上につながります。

　また近隣の山手大学と提携し、学生ボランティアの派遣もしてもらいました。ただ学生さんを無条件で入れるのではなく、事前に心構えや指導の方法等簡単な研修が必要でした。心構えとしては、児童のことで知り得たことを他所で話さず個人情報の保護に努める等です。指導の方法に関しては、以下のように子ども向けに噛み砕いて、内容を楽しくするようお願いしました（資料5参照）。

　時折、学生さんの方が多く話していることもあったので、子どもの発言を促すことが大切であると伝えました。

　校内では、毎年「ふれあいフェスティバル」が開かれます。これは、外国人児童の保護者や地域の外国人の方々に、母国の文化を紹介してもらうものです。各クラスにきていただくので、40人くらいのゲストが必要です。中には日本語が覚束ない方もいるので、私がパワーポイントの

写真8

作成を手伝ったこともよくありました。

　ここでも「国際だより」を毎月発行し、子どもたちの様子や各国の文化紹介、物語の紹介を続けました。個人的には、これまで収集した各国の民族衣装が100着になり、学級ごとに全員が衣装を着てみるという体験を毎年行いました。また海外旅行で収集した世界の童話の本を落語に作り変え、演じるようになりました。「世界屋童話」という芸名で、フィリピン童話「ゴーヤは、どうしてぶつぶつになったのか」等を演じています（写真8）。

　さて現在小学校、中学校、高校における日本語担当の教員については、明確な位置づけはありません。オーストラリアでは、IECs（Intensive English Centres 英語を母語としない子どもたちのための通年コース）があるとききました。またアメリカやオーストラリアでは、Englishの先生とE.S.L.（第2言語としての英語）の先生がいます。移民が増えると英語ができないための犯罪が増える、それで犯罪者を増やすより英語を教えて納税者にした方が社会の負担が減

る、という論理のように思われます。

　日本もこれから定住外国人が増えていくでしょう。大学の教員養成課程に「日本語指導」あるいは「日本語教育」を入れ、国語とは別の「日本語の教員免許」を設けるべきです。日本語指導を知る教員が増えることは、一般の児童生徒にとっても授業が分かりやすくなる、ということを経験的に確信しています。

5 神戸市の施策とそれに対する提案

　以下は平成30年度「公立学校における帰国・外国人児童生徒に対するきめ細かな支援事業」に係る報告書の概要（神戸市）の図解のみを抜粋したものです（資料6参照）。

資料6

●このような日本語指導の体系ができ上がったのは、素晴らしいことだと思います。母語の分かる支援員による母語教室も有効だと思います。この政策に対する私の具体的提案は、以下の通りです。

5.1 日本語指導教室には、どの学校にも日本語指導の専任教員をおき国際教室を設置し、正規の時間内に実施するよう期待します。日本語指導の教材や指導方法の開発、制作、蓄積、貸出もしていかなければならないと思います。

5.2 中学生にとって日本語指導を受けることができるのは嬉しいことだと思います。ただ中学校でも国際教室を設置して正規の時間の中で専任教員が行うのが本来の形ではないでしょうか。大阪市には多数あります。センター校として中学生向けの日本語指導の教材や指導方法の開発、制作、蓄積、貸出もしていかなければならないと思います。さらに広い神戸市で1校だけでは少ないです。行きたくても遠くて行けない生徒も多くいます。さらなる拡充を望みます。

5.3 学校では種々の連絡文章の母語翻訳を「子ども多文化共生サポーター」に頼むことが多いです。これは各学校で同じようなものをそれぞれのサポーターが翻訳しています。毎年使うものも多いためダウンロードできると効率的です。（保健関係で一部そうなってきています。）この制度では、来日後1年までは週に3回、2年以内は2回、3年目は1回と派遣回数が減ります。また1言語に付き1名までですので、同じ言語の子どもが多数いても派遣は

１名のみです。現場では、回数も人数も現状に合っていないと困惑しています。是正を望みます。

5.4 サポーター個人の能力差が大きいので、言語別に集まり情報交換する等、交流研修の機会を望みます。

5.5 就学支援ガイダンスは、元は「兵庫日本語ボランティアネットワーク」が始めたものです。日本の高校進学事情をよく知らない外国人保護者や中学生から説明をして欲しいと要望があり、すぐに開催しました。その後、兵庫県教育委員会が主催し拡充して県内三箇所で行うようになっています。大変充実してきていると思います。

5.6 「NPO団体と学校との情報交換会」は、民間ボランティア団体の支援者と学校の担任との情報交換会です。互いに子どもの知らない面を発見したり、共通の指導ができたりと有意義です。ただ、９月に来る子どもも多いので、現行の年１回よりも増やすことを望みます。

6 おわりに

　以上のように私は兵庫県において主に国際教室での実践に関わってきました。しかしながら、近年、国際化が進展する中、各地で教材や指導法等の研究が進んでいます。私も多方面の方々と連携を取りながら、さらなる研鑽を積んでいく必要を感じています。
　阪神淡路大震災の折に、被災したベトナムの人たちへの炊き出しボランティアを行った時、ベトナム人と日本人と

の間で言葉が分からないために誤解している現場に遭遇しました。こうした問題を解決するために、「兵庫日本語ボランティアネットワーク」の立ち上げに参加し、現在も日本語ボランティアの活動をしています。

　退職後も、学校や教育委員会、国際交流協会の研修会、日本語ボランティア養成講座、大学の留学生の日本語講座等の講師を担当することもあります。

　私の夢は日本語指導の伝道師として47都道府県で講師をして、私のノウハウを伝えることです。ボランティアベースでどこへでもまいりますので、声掛けをお願いします。また幸いなことに、外国人のスピーチコンテストの審査員等を務めることもあります。これもひとえに、国際教室における日本語指導に出会えたからです。今後も、ライフワークとして関わっていきたいと思っています。

参考文献　池上摩希子・大蔵守久（2001）『こどもといっしょに！ 日本語授業おもしろネタ集』凡人社
池上摩希子・大蔵守久（監修）（2005）『こどもといっしょに！ 日本語授業おもしろネタ集2』凡人社
大蔵守久（1999）『日本語学級〈1〉初級必修の語彙と文字』凡人社
大蔵守久（1999）『日本語学級〈2〉基本文型の徹底整理』凡人社
佐々木瑞枝（1994）『外国語しての日本語　その教え方・学び方』講談社
日本語ぐるりっと（編著）（1999）『学校生活にほんごワークブック―高学年児童・中学生用教材』凡人社
根本牧・屋代瑛子（1986）『ひろこさんのたのしいにほんご（1）』凡人社
根本牧・永田行子・屋代瑛子（1995）『ひろこさんのたのしいにほんご（2）』凡人社
法務省（2017）「在留外国人統計2017」
文部科学省（2005）『JSLカリキュラムの授業作り』スリーエーネットワーク

参考サイト（1）：本文中で紹介したサイト（アクセス日：全て2018年10月）
　　①「マルチメディアにほんごをまなぼう」平成10、11、12年度　文部科

第Ⅱ部　外国籍児童生徒に対する教室での学習支援の実践

学省 http://www.tokorozawa-stm.ed.jp/d_base/nihongo/
②「子ども ML」（中国帰国者定着促進センター）　情報交流サイト https://
www.kikokusha-center.or.jp/shien_joho/ml/kodomo/kodomo_mail.htm
③「七言語対応学習言語教材」　兵庫県国際交流協会 ⇒ 多文化共生社会づ
くりを支援する方へ ⇒ 教える・学ぶための教材 ⇒ 学習支援教材 http://
www.hyogo-ip.or.jp/torikumi/tabunkakyose/kyozai/gakushu.html
④ JSL 児童のためのイラスト付きリライト教材の開発とそれを用いた授業
実践―小学校国語の物語教材を中心にして　村山勇　兵庫教育大学大
学院　データーベース
http://hdl.handle.net/10132/3462
⑤「学校教育における JSL カリキュラムの開発について」（最終報告）小学
校編
http://www.mext.go.jp/a_menu/shotou/clarinet/003/001/008.htm
⑥学校教育における JSL カリキュラム（中学校編）
http://www.mext.go.jp/a_menu/shotou/clarinet/003/001/011.htm
⑦平成 28 年度「公立学校における帰国・外国人児童生徒に対するきめ細
かな支援事業」に係る報告書の概要（神戸市）文部科学省 HP
http://www.mext.go.jp/a_menu/shotou/clarinet/003/001/1385727.htm

参考サイト（2）（アクセス日：全て 2018 年 10 月）
①文化庁　日本語教育
http://www.bunka.go.jp/seisaku/kokugo_nihongo/kyoiku/
②やさしい日本語研究グループ
http://www4414uj.sakura.ne.jp/Yasanichi/
③日本語教育コンテンツ総合情報サイト
http://www.nihongo-ews.jp/
④にほんごえじてん　文化庁
http://www.bunka.go.jp/seisaku/kokugo_nihongo/kyoiku/nanmin_
nihongokyoiku/kyozai_1/
⑤ Japanese Learner's Dictionary（日本語学習者辞書）
http://dictionary.j-cat.org/JtoE/index.php
⑥みんなの教材サイト　国際交流基金
https://minnanokyozai.jp/kyozai/top/ja/render.do;jsessionid=250F845C7E
31FDE3AE3F1A74CA4FEA38
⑦多文化共生のまちづくり　自治体国際化協会（クレア）
http://www.clair.or.jp/j/multiculture/index.html
⑧海外子女教育、帰国・外国人児童生徒教育等に関するホームページ
CLARINET　文部科学省
http://www.mext.go.jp/a_menu/shotou/clarinet/main7_a2.htm
⑨かすたねっと　児童・生徒の学習を支援する情報検索サイト　文部科学省
https://casta-net.mext.go.jp/

⑩日本語教育学会

http://www.nkg.or.jp/

⑪こどもの日本語ライブラリー　JYL Project（年少者日本語学習資料開発・普及事業）

http://www.kodomo-kotoba.info/

⑫子ども多文化共生センター　兵庫県教育委員会

http://www.hyogo-c.ed.jp/~mc-center/

第6章

三重県内小中学校における実践と
ラテンの子どもたち

藤川純子

キーワード：外国人教育、ブラジル人、国際理解教育、外
国人材受け入れ、多様性（ダイバーシティ）

1 はじめに

　2020年末現在の三重県内の外国人住民数は5万4,854
人（前年比354人、0.6％減）である。2020年はわずかに減
少したものの、2014年から6年連続で増加しており、過
去2番目に多い人数となっている。県内総人口に占める外
国人住民の割合は、3.05％である。国籍別では、ブラジル
1万3,219人、ベトナム人9,156人、中国7,390人、フィ
リピン7,266人、韓国4,218人となっている。市町別の外
国人住民数では、多い市町から順に、四日市市1万618人
（外国人住民の割合3.14％）、津市8,894人（同3.22％）、鈴鹿
市8,764人（同4.40％）、四日市市の外国人登録者数1万
618人のうち国籍は、ブラジル2,369人、ベトナム人
1,560人、中国1,509人、韓国1,425人である[1]。
　私は県内に住む外国人が現在ほど多くなかった25年ほ
ど前から、公立小中学校で、主にブラジルなどラテンの子
どもたちに関わってきた。今も三重県最大の外国人集住地
の小学校で教諭として在籍している。現在に至るまでの自
身の思いを振り返りながら、彼らのよりよい将来を支える

139

教育者の一人として、何ができるかを考えてみたい。

2 | 国際学級の担当者として
——教えることより教えられることのほうが 多かった5年間

　大学卒業してから、津市内の中学校で臨時講師として数学と社会科を教えていた。1年が経った1996年3月ころ、教え子の一人から「センセイ、おはようはBom dia」と小さい字で書かれた手紙をもらった。日本名を名乗っていた彼女が日系ブラジル人であることを、私はずっと知らなかった。他学年にも数人ブラジルからの転入生が入ってきたが、その頃は「なんか最近外国から来る子増えたな」「日本語のわからない子は大変そう」と思っているだけだった。当時の日本語指導は、倉庫のような場所で、学年の先生たちが空き時間を工面してあたっていた。

　学校長から「来年、国際学級ができる。あんた受け持ってみやへんか?」と打診され、好奇心で引き受けたものの、国際学級での毎日は波乱万丈だった。予算はない、資格はない、教材はない、指導方法も何もわからない中で、「日本語教師」としての私のキャリアはスタートしてしまった。おそらく「英語ができるから何とかなるやろ?」という感覚で任されたのだと思う。

　当時その中学校には8名のブラジル人生徒と1名のボリビア人生徒が在籍していた。英語が通じる子は一人もいなかったが、彼らは個性豊かで素晴らしく、ちょっとしたトラブルやユニークな行き違いも含め、毎日何かが起こって、わくわくした。面白くなってきた。指定された教科書を使って講義形式で教えるのとは違い、何もないところからのスタートだったため、何もかも自分たちの頭で考えた。ひとつの教室をもらったことが嬉しかった。自分たちの居場所ができた生徒たちも嬉しそうだった。

写真1 「みえこさんのにほんご」表紙

　はじめは、小学校1年生のワークブック等を使って、ひらがなを指導した。当時は近くに三重県国際交流協会（MIEA）があったため、放課後はそこに出かけて、よく教材を見せてもらうようになった。当時できたばかりの日本語教材「みえこさんのにほんご」（写真1）は、県内のどの学校にも無償配布されており大変ありがたかったが、初期指導を終えた子にはそれだけではまだまだ足りず、名古屋の大きな本屋さんに出向いて私費で10万円分くらい辞書や教材等を買い込んだ。学校から出る教材の予算は当時年間で4,200円だったので、いちばん安い辞書1冊すら予算内では買えなかったのだ。

　国語の指導と日本語指導とは違うということを初めて知り、通信教育で日本語教育の勉強を始めた。「学級日誌」を作り、生徒たちは日本語で、私はポルトガル語で書いて、毎日、新聞スクラップをしたり添削しあったりした。当時まだ珍しかったパソコンを教室に持ち込んで、英語教科書に対応したポルトガル語・英語・日本語の辞書をいっしょに作ったこともある。

　楽しかった。でも楽しいだけでいいのだろうか、と思うようになった出来事がいくつか起こった。生徒たちに対する差別事象やいじめもあった。職員の中にさえ「あいつら

写真2　文化祭での国際学級の展示の様子

就学義務ないんやで、そんなに一生懸命にならんでもいい
やんか」と言う人がいた。

　1997年に愛知県小牧市で起こったエルクラノ君リンチ
殺害事件（コラム参照）は、一生忘れられない。私にとって
彼らはもう「外国から来た誰か」ではなく、毎日を共にひ
とつの教室で過ごすうちに、「守り愛すべき大切な存在」
になっていた。「外国人だから」という理由だけで、駅前
で突然襲われて拉致され、誤殺されてしまったエルクラノ
君が、自分が教えている生徒と重なって見えた。

　とつぜん加配が切れ、学校を離れなければならなくなっ
たとき、生徒の一人は、私に離任式の花束を渡すことを拒
み、「別れるのはいやや」と泣き崩れてしまった。全生徒
が見守る中、私たちはただ抱き合って号泣するだけだっ
た。なぜ日本語指導途中の子を置いて、学校を去らなけれ
ばならないのか。臨時教員という私の立場は弱いのだと初
めて知った。「マイノリティな教員がマイノリティな生徒
を教えているうちは、何にも変わらん」と思った。でも教
員採用試験には何年も落ち続けていた。この分野に一生関
わっていくために何ができるのか、私は考え始めていた。

3 二つの国を眺めてみて

　ポルトガル語が少しわかるようになってきたせいだったのか、次の異動先もブラジル人児童生徒が40名ほど在籍する小学校だった。やはり問題は山ほどあった。経済的な理由で修学旅行に参加できない子が何人もいた。外国人向けの人材派遣会社が一度に8人もの子どもを伴って突然来校し、学校としての支援体制が十分に整わないままに日本語ゼロの子たちの受け入れをしなければならないこともあった。初期の日本語指導のあとは教科指導、差別、いじめ、母語保持、進路保障……。

　その頃の私は「彼らの国や文化をもっと知りたい」「ポルトガル語をもっと勉強したい」という気持ちが強くなっていた。翌年、JICA（国際協力事業団）のボランティア事業のひとつである「日系社会青年ボランティア」を受験し、合格。2000年から2年間、サンパウロ州内陸部のフロリダパウリスタという町に日系日本語学校教師として派遣されることになった。

　町には小さいながらも日系人のコミュニティがあり、「日本から来たセンセイ」を大歓迎してくれた。ブラジルの日系社会は子弟の継承語としての日本語教育にとても力を注いでおり、JICAの支援だけではなく国際交流基金や日本語普及センターなどの専門機関もある。独自の教材もいくつか開発されていた。ブラジルは広いので移動が大変だったが、各地の教師研修会にも多く参加した。時間的な余裕もあったせいか日本の公立校で一人四苦八苦しているときより、子どもに対する日本語指導について仲間とともにじっくり勉強することができた。

　ブラジルでも「デカセギ」に翻弄される多くの子どもたちに出会った。両親だけが渡日し祖父母に預けられて暮らす子、長期にわたって滞日していたためポルトガル語を忘

れ、帰国後本国に慣れることができず苦労している子など、いろいろなケースを見てきた。

　二つの国を行き来し様々な経験をする中で、その経験を自分のキャリアとしてきちんと形成していくことができる子もいれば、そうでない子もいる。その差はどこにあるのだろうか……個人の努力だけに帰するものではない。「センセイと出会えてよかった」と言ってくれる子がいる反面、熱心に関わってくれる教師や支援者に「たまたま」出会えなかった子はどうなっていくのか、と考えるようになった。

　私自身は、在伯した2年の間、地元の公立中学校の夜間部へ聴講生として通うことができた。地元の日系人の方に付き添ってもらって教育委員会を訪問し、教育長に直接「学校に通わせてください」と頼むと「いいわよ。今から校長に会いにいきましょう」とあっさり受け入れてもらった。

　ブラジルの多くの公立学校は、午前部・午後部・夜間部の3部制になっている。私は昼間に自分の日本語学校で教える仕事があるので、公立学校の夜間部で勉強をした。ここでは、十代の生徒の他、小さいころ十分に学習するチャンスのなかった働く大人たちもたくさん学んでいた。私はここでポルトガル語だけでなく数学やブラジルの歴史、地理や英語などを友だちといっしょに学んだ。そのほかに公

写真3　ブラジルで教えていた子どもたち

文教室のポルトガル語にも通うことができた。渡伯して1年後には、隣町の私立大学（教育心理学科）に合格するまでになっていた。

　二つの国を眺めてみて印象的だったのは、ブラジルのシステムのおおらかさだ。そして努力した者、学習したいと望む者にチャンスが開かれていることだ。たとえば国立大学の学費は無料。人種は非常に多様で、白人／黒人／黄色人と明確に分けられないほど混血が進んでいる。「みんな同じ」ではなく「みんな違う」ことが大前提。日本にルーツを持つ者は、「非常に努力する民族で信頼できる」と評価され、尊重されていた。理屈で「人権」を学ばなくても、センスで分かり合えている。

　日本のほうが、教育のシステムはきちんと整っている。でも人と人がつながりあえている感じがしないときがある。「わたし」「あなた」の間で分かり合えていない。個人で動こうとしたときに、制度や法律に守られている反面、そのシステム自体の壁によって阻まれている何かがあるように思った。それは、ブラジルのような大らかな文化圏からやってきた子どもやその家族にとっては、簡単に慣れることができない大きな壁なのではないだろうか。

4 多文化共生社会実現のために何ができるのか

　2002年3月に日本に帰国してからの1年間は、教育の現場から少し離れ、三重県国際交流財団（MIEF）で外国人生活相談員としてポルトガル語で電話相談を受ける仕事をした。そして相談事例の多かったものの中から、税金、交通安全、自動車保険、年金、医療、高校進学などのいくつかのテーマについて、通訳つきの説明会を日曜日に開催した。行政や警察、民間企業と協働で行った。

　いっしょに企画を立てた行政マンや企業の方たちは非常

に優秀な方々だった。それぞれの分野についてのプロ意識が高いことにも驚いた。行政や民間企業が外国人のために何もやってくれないわけではない。知らないだけ、きっかけがないだけだ。このような協働の企画を行うことから「外国人も県民」「すべての人に情報提供を」「人権の保障を」という観点を持ってもらうことができる。私の役割は外国人県民が現実に困っている「声」を吸い上げ、真面目にきちんと仕事をしようとしている行政マン等につなぐことだ、と思った。

最も力を注いだのは、県内３カ所で開催した「多言語進路ガイダンス〜学校へ行こう！〜」だ。各地域の諸団体が中心になって、教育委員会や学校教員と連携し、地元の高校についてのデータや日本の教育システムについてポルトガル語だけではなくスペイン語、英語、タガログ語、中国語など多言語に翻訳したものを作って配布した。そして実際に県内の高校に進学を果たし、夢をかなえようとしている先輩の体験談を語ってもらった。

その後、このガイダンス開催の動きは県内の多くの自治体に広がり、現在は、伊賀市、津市、松阪市、亀山市、四

写真４ 「都道府県立高校（市立高校の一部を含む）における外国人生徒・中国帰国生徒等に対する2021年度高校入試の概要」表紙

日市市、鈴鹿市、桑名市の七つの市で行われている。地域の日本語教室のボランティアや学校教員などが声をあげて始まったガイダンスだが、徐々に必要性を感じていただけるようになり、すべての地域で市教委主催となっていった。高校の先生方には、毎年このガイダンスへの出席を呼びかけ、各ブースで外国ルーツの小中学生と直接話をしてもらっている。まだまだ進んでいない高校の先生たちの意識も徐々にではあるが変わってきているように思う。

外国人生徒の入試制度については、都道府県によって大きな差がある。またルビなどの特別措置や外国人特別枠などをじゅうぶんに活用しきれていない（制度が実態に合っていない）という問題もある。日本生まれの子どもも増え、定住化が進み、高校だけでなく大学に進学を希望する子も多くなった。

単に「日本にいるんだから日本語を」という感覚で"させる"のではなく、この国で希望や夢を持ち自己実現していく過程で学習を"したい"と自ら思えるような働きかけ、支援を行っていきたいものだ。そして、どの子にもチャンスが開かれた「日本」にしていきたい。本当の多文化共生社会とは、外国から来た人を単なる「労働力」として利用するのではなく、「にんげん」として受け入れ、関わり、自身も含めて共に地域づくりに参画し新しい価値観とともに変わっていける社会なのだから。

5 外国人集住地の日本語教育、今までとこれから

最近になって「特別の教育課程」[2] が導入されることになったが、日本語ゼロの子どもに特別な課程で日本語指導を行うべきなのは、彼らを目の前で見ている現場にとっては当たり前で、そんなことは20年も前から学校や自治体が取り組んできていた。

国としては、国内の労働力の不足から1990年に入国管理法を改正し日系の外国人労働者に門戸を開いたが、当然のように愛する家族を伴って来日した人々も多かった。しかし学校にとっては「ある日突然、日本語の話せない子が転入してきた」「どうしよう、どうしよう？」という状態からスタートしたわけで、現場から声をあげつつ、通訳できる人材を探したり、経験のない教員が急に「国際学級」「日本語教室」等の担当にさせられたりして、四苦八苦してきた。つまり生活者としてやってきた外国人住民をどうするかについては各自治体に任されてきた。

　日本語指導のシステムや外国人教育に対するコンセプトについては地域によってずいぶん違いがある。冒頭に津市で外国人児童生徒の受け入れや日本語指導が始まった1990年代の様子を書いたが、四日市市ではまた違う状況があったようだ。当時、指導に関わられた先生方に様子を伺い、ふりかえってみることとする。

　はじめは市中心部の中部東小学校と橋北中学校が日本語指導拠点校だった。1995年に中部東小と納屋小が統合し、中央小に。中学校の拠点校は2002年に中部中学校に移った。次第に外国人集住地である笹川の小学校で外国人児童が増加したため、バスに乗って中央小まで越境通学していた子どもたちと当時の担当教員が笹川東小学校に移ってきた。そのとき開設されたのが「つばさ」教室である。

　私は2005年から笹川東小学校に勤務した。外国人児童は当時、ブラジル人を中心に、80名ほど在籍しており、新規に来日する子もとても多かった。私は「つばさ」で主に低学年の子どもや初期指導を担当していたが、ここではブラジルで培った経験がとても役に立った。歌やダンス、ゲーム、人形なども取り入れて、小さな子どもが日本や日本語を好きになってくれるように配慮しながら学習を進めた。

　2006年には、笹川西小学校に初期日本語適応指導教室

「いずみ」が開設され、原則として市内の小中学校に在籍する初期指導が必要な子どもはここで4カ月〜6カ月ほど通級し、その後在籍校に戻るシステムになった。「いずみ」は7年間、笹川西小学校に置かれたが、2013年に、市中心部の中部中学校へ移設された。

その後、笹川西小学校には、「まなび」教室という名称の日本語初期適応教室ができた。日本語がまったくわからないままで編入してくる子は、ここでひらがな・カタカナ・小学校2年生までの漢字を4カ月くらいでマスターし、次に「じっくり国語」（少人数）の教室で、該当学年の学習にほぼ準じた指導を受ける。そこでやり残した漢字や文法事項の復習をすることもある。算数についても5〜8名程度の少人数で学習できるようになっている。笹西では、外国人だからという理由で「じっくりコース」に取り出すのではなく、少人数で学習したほうが適している児童を取り出していたので、日本人児童も混在していた。授業は原則として日本語で行っているが、私は、重要語句の意味調べや漢字の宿題のプリントなど、必要に応じて英語やポルトガル語など母語も活用していた。

2019年度より、笹川西小学校と笹川東小学校は統合され、児童数は500名近くになった。日本語指導の体制も大きく変わった。四日市市では「外国人幼児児童生徒等教育検討委員会」が設置され、多岐にわたる課題が検討されている。受入体制や指導体制づくりについて話しあうほか、「特別の教育課程」の導入に関して、本市に適する形での導入に向けての検討も行っている。

このように、外国から来た子どもたちの教育をどうしていくのかは、今まで各学校や市町村に任されてきたため、地域や学校間の格差が大きく、在籍数に伴う変化も激しい。ここで少し視点を変えてみよう。

私は5年間ほど特別支援学級の担任も経験させてもらっ

たのだが、特別支援教育の世界は、一人ひとりの子どもたちが違うことを前提にされていて、よりよい教育・支援を行うためには人手も予算もかかるということが理解されているように思う。なんといっても「特別支援教育」については学校教育法の中に位置づけられ、各学校にコーディネータがつけられている。特別支援学校教諭等免許状もあり、特別支援学級初任者研修もある。その他の各障害に応じた研修も充実しており、市教委支援課の中に担当部署がある。通級教室もいくつかある。そして障害種別ごとに分けられた児童1～8人につき常勤の担任1人が保障されている。校内コーディネータや地域コーディネータが機能することによって、校内委員会、通級教室や療育機関、医療との連携も整いつつある。

　それに比べて外国人教育の世界はどうだろう？　担当者の中には非常勤や臨時講師も多く、待遇やシステムは不安定で脆弱だ。担当が定まらず毎年変わっている学校もあると聞く。また「母語ができないと、日本語は教えられない」という誤解があるからか、日本語教師としての役割と通訳としての役割はごちゃ混ぜにされていて、兼務している人も多い。私は「日本語教育能力検定試験」に合格しているが、日本の学校現場ではあまり重要視されない。大学等で日本語教育を学んだ教員も同様である。日本語指導に関する研修も少しはあるが、十分とはいえない。

　なぜシステムが整わないのか。保護者に選挙権がないからか。「いずれは帰る」とまだ思われているからか。彼らも大切な一人ひとりの子どもであり、社会の財産なのに。

　私のようにいきなり外国人担当になったセンセイや、外国語がわかるというだけでほぼ何の研修もなしに適応指導員や通訳の仕事を任された人は、ただもう個人の努力で、目の前の子どもたちを助けたい熱意だけで、プライベートの時間も費やし、必死に取り組んできた。地域の日本語教

室等にボランティアで関わる人々もそうだ。それでどうにかこうにかやってきた時代は、そろそろ終わりになるだろう。「外国人材」受け入れの流れを受け、国の政策や世の中の動きは、今後大きく変わってくると期待したい。

　いまだに「日本語ゼロの子が転入してきた。何も通じない。どうしたらいいの？」と悲鳴に似た現場の先生からの連絡を個人的に受けることがある。今までに培ったネットワークや情報を利用して、そんな先生方の相談に乗ったり資料を提供したりしているが、こんな役割をする人が、せめて外国人集住地の各市教委にいればいいのにと思う。教育委員会に外国人教育に特化したコーディネータを置いてある自治体は、全国でもまだ数カ所しかない。

　特別支援が必要な外国ルーツの子どもが増えているのも気になっている。2018年5月6日の京都新聞の記事（写真5）によると「特別学級は通常学級よりも人数が少なく、きめ細かな指導ができるメリットがある。ただ専門家は、学校側が外国人児童を特別支援学級に誘導しがちな背景には、生活習慣の指導や保護者への多言語対応など負担が増す担任へのサポート不足があるとみる」とある。もちろんすべての学校がそうであるとはいえないが、多忙な教育現

写真5　「京都新聞」2018年5月6日

場では記事に書かれているような「誘導」も出てくるのか
もしれない。

　外国人の子どもの受け入れのみならず、学校現場の今日
的な課題にはチームで対応していかなければならない。日
本語指導の担当者や学級担任だけでなく、地域の支援者や
スクールカウンセラー、通訳、児童相談所、市行政の福祉
の担当者など異職種連携が必要になるケースも出てくる。

　本校区の特別支援学級にも外国にルーツを持つ子は多い
が、どの子も一人ひとり違うことを前提として、職場の仲
間や家庭、諸機関と綿密に情報交換しながらチームで関わ
ることで、見えてくるものがたくさんあった。それぞれの
子に成長のペースがあり得意と不得意がある。子どもたち
の自尊感情を高めるための取り組みや見通しを持たせるた
めの配慮など工夫できることがたくさんあることを知っ
た。

　制度上の問題だけでなく、現場での具体的な支援・指導
の方法においても、外国人教育の世界が特別支援教育の世
界から学ぶべきところは大きいと感じている。

6 | 彼らの良さをみんなの良さに──国際理解教育の可能性

　本校区の子どもたちを見ていると、小さいころからいろ
いろな人種や言葉の子がいる中で育っていることが、強み
になっていると思う。トラブルやけんかはもちろん日々あ
るが、極端で陰湿ないじめは、あまり見受けられない。特
に教師から指示がなくても、「〇〇さんはまだ日本語勉強
中だから、ゆっくり話してあげよ」「〇〇さんは豚肉食べ
ないから、給食のとき抜いておかなあかん」等、子どもた
ち同士で自然に声を掛け合う。日本語学習中の外国人児童
に対してだけではなく、障害のある子、学習に課題がある
子にも優しく関わり合うことができる。図工の時間には、

自分の肌の色をそのままに、隠したり他の子の真似をしたりせず生き生きと表現することができる。

　ただし、「違いを良さとして」気づかせていくためには、大人による丁寧な価値づけが必要だ。「二つの言葉話せるのって素敵やん！」「ブラジルも日本もそれぞれいいとこあるよね」などと、意識的に声をかけている。私は通訳する場面だけでなく、雑談の中でも彼らの母語を使って話すことがある。ポルトガル語を話す日本人の先生は珍しいので、子どもたちの多くは私を日系ブラジル人だと思っている。「センセイはなにじん？」と尋ねられると、「んー。日本で生まれたけど、心はブラジル製かな？」と答えて笑う。「アイデンティティってイコール国籍、ではない。何かひとつに決めなければならないモノでもないし、だんだん変わっていってもいいもの」と、高学年の子どもたちには伝えるようにしている。

　本校区に勤務しはじめたころから少しずつ「もっとせかいをしろう」というテーマで、生活科または総合学習の授業実践を行っている。ブラジルから持ち帰ったものや現地の写真等を黄色いスーツケースに詰め込み、いろいろなクラスでブラジルの紹介をしたりする。中国やペルー等いろいろな国について保護者や職員からゲストティーチャーを呼んで、自分にとっても未知なことを子どもとともに学習

写真6　「もっとせかいをしろう」の授業風景

することもある。

　2018年度は、6年生といっしょに、ブラジルやフィリピン、ペルー、アルゼンチン、インド、アメリカ等について学習した。ブラジル出身の母親やペルー出身の父親をゲストティーチャーに招き、母国の紹介や地域の課題について話し合うことができた。児童からは、「いつかブラジルに行ってみたくなった」「ぼくも自分のルーツについてしっかり考えてみたい」「もっとほかの外国のことも本を読んだりして勉強したい」「将来、青年海外協力隊に参加したい」「日本語のわからない子を助けていこうと思う」等の感想があり、とても嬉しく思った。

　今でも低学年とはブラジルとペルーのいろいろなグッズ（アルパカのぬいぐるみやブラジルのインディアカなど）を用いて、楽しく外国文化に触れる機会を持っている。今後もこのような実践を続けるとともに、広げていきたい。

7 ｜ 終わりに

　私がよく読み聞かせをする絵本『私の国は海のむこう』を紹介したい。本の冒頭からずっと「私の国は海のむこう。海のむこうから日本に来た」というフレーズが繰り返される。主人公は、周囲の無理解からいわれなき差別に出会う女の子。自分の言葉を否定され、食文化を否定され、本名まで否定された彼女は、ある出来事をきっかけに母文化への愛や郷愁に気づく。ラストはこんな言葉で締めくくられる。

　「日本のことを、もっと聞きたい。もっと知りたい。そして私の国のことも、もっと話したい。そうしたら、二つの国に橋がかかる。そして、二つが三つに、三つが四つにと、世界中に橋がかかる」。

　外国ルーツの子どもたちをエンパワメントするだけでな

く、すべての子どもたちにとって「力」になる国際理解教育が必要だ。「ただ違う」だけでは溝しか生まれない。「違うからいい」「多様性が豊かさ」というメッセージを、すべての子どもに、あらゆる場で伝えていきたい。そして、目の前の大事な子どもたちが「異なる」ものへ思いを馳せることのできる心豊かな人間に育ってほしい。橋を架ける子、橋を渡る子、橋を彩る子……広くて多様な未来の世界をのびのびと豊かに自由に、そして共に手を取り合って、美しいものに作りあげていってほしい、と心から願う。

注　　　　[1] 三重県環境生活部ダイバーシティ社会推進課多文化共生班（2021）「R2外国人住民数調査結果詳細資料」 http://www.pref.mie.lg.jp/TABUNKA/HP/index.htm
　　　　　[2] 文部科学省（2014）「学校教育法施行規則の一部を改正する省令等の施行について（通知）」参照

参考文献　西野瑠美子（1999）「エルクラノはなぜ殺されたのか」明石書店
　　　　　外国人生徒・中国帰国生徒の高校入試を応援する有志の会（2020）「都道府県立高校（市立高校の一部を含む）における外国人生徒・中国帰国生徒等に対する2021年度高校入試の概要」https://www.kikokusha-center.or.jp/shien_joho/shingaku/kokonyushi/other/2020/202103houkokushoA4.pdf（2022.04.01参照）
　　　　　京都新聞「外国人児童5％が特別学級」2018年5月6日
　　　　　秋間恵美子（2008）「私の国は海のむこう」東京図書出版会

＊四日市市の日本語指導システムが始まった時期の執筆にあたっては、鈴木恵子先生、田中真弓先生に取材させていただきました。

エルクラノ事件から学んだこと

藤川純子

　私は、中日新聞の記事（1997年10月）で、「エルクラノ事件」を知りました。14歳の日系ブラジル人の少年エルクラノ君が、愛知県小牧市の駅前で車に乗せられて拉致され酷いリンチを受け、バタフライナイフとバットで痛めつけられ、殺されてしまったのです。傷だらけで病院のベッドに横たわった彼は最期に「お父さん、お母さん、ぼく、何も悪いことしてない」と言い残して、息を引き取ったそうです。私は、はじめはなぜそのようなことが起こったのかよく理解できませんでした。ただ亡くなった14歳の少年の恐怖と痛み、ご両親の心に思いを馳せ、涙があふれました。そしてすぐE君のことが頭に浮かびました。

　E君は当時、エルクラノ君と同じ14歳。私が勤めた中学校で初めて出会った日系ブラジル人でした。小3で来日してから、勉強をとてもよくがんばり、保護者の協力もあって、ポルトガル語も日本語もよくできる生徒でした。「先生、ブラジルでは結婚式は体育館くらいの広い部屋で何百人も招待して盛大にやるよ」「4月には、オーヴォ ジ パスコアっていう卵の形のチョコレートがもらえるんやで」……ブラジルの言葉や文化や風習について興味深い話をたくさん教えてくれました。もしもこのE君や国際学級の生徒の誰かが地元の駅前で同じ目にあったら……。居ても立ってもいられない気持ちになりました。私は、勇気を出してエルクラノ君のお母さんに電話をかけることにしました。

その前に国際学級で話し合いをしました。こんな酷い事件がお隣の愛知県で起こってしまったこと、二度と日本でこんなことが起こってほしくないということ、そしてあなたたちは絶対私が守る……ということを伝えました。そして「エルクラノ君のお母さんにお悔やみの言葉を言いたい。ポルトガル語を教えて」と頼んだのです。ある女子生徒が涙を流しながら「センセイ、「エストウ コン ドール ジ コラサォン」（心が痛む）って言ってあげて」と、教えてくれました。私は、その後、お母さんに直接お会いするチャンスを得ました。彼女は、ぎゅっとアブラッソ（ハグ）をしてくれました。私たちは、しばらく泣きながら抱き合っていました。

　二度と差別で子どもの命が失われることがあってはならない。暴力で命が失われるようなことは、被害者にも加害者にも不幸しか生まない。そのために自分にできることは何だろうと考えました。そして、『エルクラノはなぜ殺されたのか』（1998年、西野留美子、明石書店）が出版されたころ、エルクラノ君事件のホームページの日本語版を作りました。そしてこの本を、たくさんの方に販売し、事件を知らせる活動を行っていました。「あなたたちは私が守る」という約束は、ずっと心の中にありました。

　2018年3学期、四日市市立笹川西小学校の6年生を対象に、総合的な学習の時間、社会科、外国語活動等の時間を横断的に使って国際理解教育の実践をするチャンスを得ました。単元名は「Think Globally, Act Locally─世界の中の日本とわたしたち─」。6年生54名のうち外国にルーツのある子どもは約46％もいます。ブラジル、フィリピン、ペルー、中国、アルゼンチン、ボリビア。彼ら自身の思いや経験を活用したいと計画しました。自分や家族に関わりのある国について調べみんなの前で発表した児童がいました。自分の親を呼んできて母国紹介や地域の取り組み

157

コラム　エルクラノ事件から学んだこと

を知らせるチャンスを作った児童もいました。「フィリピンのおいしい食べ物ベスト3」を発表したことをきっかけに、「シニガン」という酸っぱいスープについて調べてきた児童もいました。家庭科の先生の協力を得て、「シニガン」をみんなで作って食べました。英語で書かれた手書きのレシピの一つひとつの言葉に悩んだり、わいわい言いあったりしながら、とても楽しそうでした。そして、「私たちはなぜthink（考え）、act（行動する）のか」というテーマで、この単元の最後の授業を行いました。

　直前まで、私はこの事件について取り上げることをまだ躊躇していました。しかし、私を動かしたのは、ほかでもない6年生の子どもたちの真剣な取り組み方でした。「もっと知りたい、なんでも受け止める、自分も何とかしたい」という眼差しに応えたいと思いました。私は子どもたちの前で静かにエルクラノ君の事件について伝えました。そして『エルクラノはなぜ殺されたのか』の中の、ご両親のメッセージを引用し、読んで聞かせたのです。

　　なぜ、ブラジル人というだけで何も悪くない十四歳の
　　子どもがこのような被害に遭うのでしょうか。日本人
　　もブラジル人も等しく人間です。

　ご両親からのメッセージを、彼らはじっと聞いていました。自分の身に置き換えて思いをめぐらしている子、辛い表情の子、何かを考えこんでいる子、小さくうなずいている子、涙をぽろぽろ流している子……。子どもたちがいかにこの学習を「自分ごと」として受け止めてくれたかが、授業後の振り返りカードからもよくわかります。以下一部を抜粋して掲載します。

　　エルクラノくんのことを話していた、じゅんこ先生

は、かなしそうな目でした。エルクラノくんの母さんも父さんもつらいし、じゅんこ先生もつらい。エルクラノくんを、殺した人は、なぜブラジル人がやったのか、考えて行動したのか、わからないけど、自分もそうなるかもしれない、かもしれない、そうなりたくもない、だからこれからも考えて行動していきたいです。

ぼくはエルクラノくんのことをみたこともないどんな人かわからないけど、ぼくもブラジル人として、悲しかった。エルクラノくんは何もしてないのに殺されたのは、エルクラノくんをころした人は差別はよくないことはわからなかったと思います。きっとその人たちが差別の勉強していたら、エルクラノくんは殺されなかったと思います。純子先生がブラジルへ行って、ポルトガル語の勉強もがんばってくれてありがとうございました。純子先生のおかげで今の6年生全員は差別はよくないことがわかった。いつか世界に差別がなくなったらぼくはとてもうれしくなります。

最初、純子先生が一生懸命ポルトガル語を覚えたわけは失礼やけど、自分が覚えたかったからだと思いました。けど、そんな簡単なことではなかなか覚えられないのではないかと、私も中国語をしゃべれるようにと思っても難しいのでちがうだろうなとは思いました。そして、今日悲しい話を聞いて、しかも、純子先生はACTができていました。私がその場にいてもACTが難しい・できないと思います。そんな中でACTができたのはすごく大切ですごく良いことだと思います。差別があってはならないと分かっていても、ニュースとかで見ると軽く感じます。そんな私を今日、エルクラノくんの話を聞かせていただいて、変わったような

気がします。エルクラノくんの『差別で命を落とすことがある』ということを知り、やっぱり差別はいけない‼と改めて思ったし、私もそういうのをなくしたいです。日本語しかしゃべれなくて、他の国の人が困っていても助けられなかったり、助けたいけど自分にはできないことがあるとき、力不足だなと感じます。でも、純子先生は他の人と協力して気持ちを伝え、支えになったところは私にはできないと思います。けど、今回、勉強したので一人ではなく他の人をたよるのもいいし、今からでも他の国の言葉を勉強したいと思います。内容がぐちゃぐちゃしていますが、純子先生のおかげで何かスイッチが入った気がするしボランティアや差別を少しでもなくすことが自分にできることだと思います。

　授業の最後に、私が初めて出会ったブラジル人の生徒、E君のその後について紹介しました。エルクラノ君と同じ14歳だったあの少年です。彼は現在、三重県内の企業に正社員として採用され、忙しく働いています。日本人の女性と結婚し、かわいい盛りの息子さんの父親でもあります。
　「生きている命はつながるんだよ」そして、「エルクラノ君の命はつながらなかったけど、あなたたちの命を、大切に使ってほしい」と伝え、単元を終えました。
　1997年にエルクラノ君リンチ殺人事件を知ったときの衝撃、中学校の国際学級の生徒たちに伝えた「あなたたちは絶対私が守る」という約束を、今日まで忘れたことはありません。教育の現場から、差別を受けて傷つく子どもも、差別で人を傷つけてしまって一生の道を誤る子どもも出してはなりません。国際理解教育、多文化共生教育は、そんな子どもを二度と生み出さないために行う教育です。私自身も、子どもたちと共に考え行動を続けていきます。

第 III 部
NPO法人による
子どもサポート

第7章

「たぶんかフリースクール」の現状と課題
外国にルーツを持つ子どもたちの学び

栃木典子

キーワード：教育を受ける権利、学齢超過、学びの場の保障、
　　　　　　情報取得、高校進学、入試制度、行政担当部署、
　　　　　　教育予算

1 はじめに

　1990年代以降、勤務していた小学校のクラスにも多様な外国籍の子どもたちが編入してくるようになり、日本語指導の知識や体制もない中、教室では日本の子どもたちと同じ授業を受ける状況がありました。個別での時間外の指導は限界があり適切で十分な指導をすることはできませんでした。加えて、子どもたちの中には、日本で生まれ、日本語で育ってきたにもかかわらず、保護者のビザの問題で国に帰らざるをえない厳しい状況の子どももいました。外国籍の子どもたちの学びが十分に保障されていない現実は、教育に携わってきた者として重い課題でした。その後、2006年に既に設立されていた多文化共生センター東京と学齢超過の子どもたちと出会いました。「たぶんかフリースクール」は、子どもたちの学びへの思いとその思いを受けとめた多くの会員、企業、行政、講師、運営事務局などさまざまな人の力でなりたち継続しています。その歩みと現状を伝えたいと思います。

2 | 設立の経緯

　多文化共生センター東京では、2001年より外国にルーツを持つ子どもたちへの教育支援の活動を続けてきました。団体設立時の2001年当時は、日本の学校で日本語の困難を抱えながら学ぶ外国にルーツを持つ子どもたちの存在自体が、ほとんど知られていない状況がありました。特に学齢の15歳を超えて来日した子どもたちについては、9年の義務教育期間を終えているということで、中学校での受け入れはなく子どもも保護者も学ぶ場を探し求めている状況でした。

　学齢を超えた子どもたちの受け入れについては、文部科学省は、「学齢を超えた者が公立中学校に就学することについては、入学させることができないという規定はない」「その者がこれまで国内の中学校を卒業していない場合にはその就学を許可して差し支えない」[1]との見解を示しています。しかし、学齢超過の子どもたちの受け入れは、ほとんどありませんでした。さらに、こうした子どもたちに学びの情報を提供できる場所もほとんどなかったため、「学校に入りたい、学びたい」という切実な相談が当センターには多く寄せられていました。

　「たぶんかフリースクール」は、学びを求める外国にルーツを持つ子どもたちの声を受け、その学びを保障するために、2005年に荒川区西日暮里の2DKのアパートで、毎日通える学びの場、居場所として始めました。現在は荒川区と杉並区に、荒川本校、杉並校の2校のフリースクールを開設しています。

3 | 「たぶんかフリースクール」の子どもたち

　開設当時、数人から始まった「たぶんかフリースクー

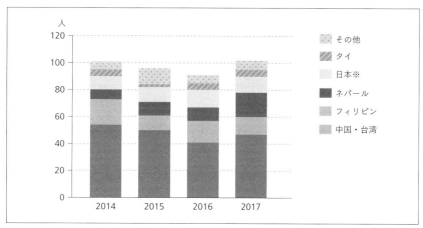

人

	その他
	タイ
	日本※
	ネパール
	フィリピン
	中国・台湾

図1　たぶんかフリースクール国籍別生徒数

ル」は、年々その生徒数が増え、2014年以降、年間延べ人数は90名を超えています。また毎年度末在籍の卒業生総数は、過去15年間で700名以上となっています。そのルーツは、図1からもわかるように中国、フィリピン、ネパール、タイ、ベトナム、ミャンマーなどアジアの国々からの子どもたちが多くを占めていますが、近年は、コンゴ民主共和国、エチオピア、エジプト、チュニジア、ロシア、アメリカ、スペイン、インド、バングラデシュ、コロンビア等々、世界のさまざまな地域の子どもたちが学んでいます。

　ほとんどが来日して1年から半年以内で、相談日の数日前に来た子どももいます。年齢は、15歳〜18歳くらいの異年齢の子どもたちで、大多数が日本に定住し、日本の高校へ進学を希望しています。日本語は、ひらがな、カタカナからの文字を初めて学ぶ子どもたちが大半です。

　なお、フリースクールでは、小中学校に編入前や不登校になった子どもたちも学んでいます。2017年度は、学齢超過生以外に17名の学齢期の子どもたちが学びました（表1）。

フリースクールへの入室は、年間を通して随時受け入れています。4月から新年度が始まる日本の学校とは異なった時期に母国の教育課程を修了して来日したり、あるいはそれぞれの家庭の事情によったりと、さまざまな状況で来日する子どもたちであるため、9月以降に生徒数は一気に増えます（図2）。その多くが、翌年4月に高校へ進学することを希望する学齢超過生です。

表1　2017年度たぶんかフリースクールの子どもたち

フリースクール在籍生		人数	備考（入室期間）
学齢超過生	フリースクールのみの学齢超過生	74名	通年
	夜間中学校へ通う学齢超過生	6名	通年
学齢児童・生徒	昼間の小中学校在籍者	15名	夏期期間
	小中学校編入予定者	2名	編入まで2～3か月

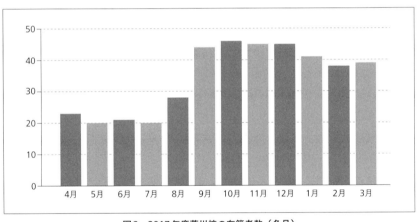

図2　2017年度荒川校の在籍者数（各月）

3.1　学齢超過生

　母国で9年の学校教育を修了していると、中学校既卒生として扱われるため中学校には入れず、学ぶ場所を探すことから始まります。情報が少ないため学ぶ場所につながることが難しく、「たぶんかフリースクール」に来た時は、数カ月間、ほとんど地域と交流することもなく家庭で過ご

してきたと話す子どもたちが多くいます。日本の高校へ進学し、将来は、大学、専門学校、就職と長く日本で生活していこうと考えていますが、将来の道筋がわからず不安を抱えて過ごしています。高校進学には入学選抜試験があり、日本語が十分でない中、日本人と同じ問題を解かなければならないなど、多くの困難あります。

3.2　小・中学校編入予定者

　当センターの教育相談の中には、義務教育年齢の子どもで小中学校へ入ることができないという保護者からの相談があります。行政の窓口や学校から「日本語がほとんどできないのでは、学校生活は難しい。日本語ができるようになってから考えてください」「1週間後までにひらがな、カタカナやある程度の会話ができるようにして、もう一度来て」等々、日本語の不十分さを理由として受け入れに難色を示され、時には明確に拒否をされ困り果てての来所です。本来、義務教育校への編入は、外国籍であっても希望すれば拒まないということですが、実際には、日本語力が十分でないということで義務教育年齢であっても就学できず、あきらめて家にいたり、学習塾に通ったりしている子どもたちがいるのです。「たぶんかフリースクール」では、こうした子どもたちを短期で受け入れ、ひらがな、カタカナからの文字指導や簡単な会話から始まる初期指導を実施し、その後は、受け入れ先の学校に一緒に相談に行き、早期受け入れの働きかけも行っています。

3.3　通学区域

　学齢超過の子どもたちが学ぶ場所は、都内や近県でほとんどないため、フリースクールの通学区域は都内全域、近県の広範囲となっています（図3）。

たぶんかフリースクールの子どもたちの居住地域
（2013年度から2016年度）

フリースクール所在区 ■

その他の地域
埼玉県／千葉県からも通学
特に埼玉県からの生徒増

東京都

図3　たぶんかフリースクールの子どもたちの居住地域

＊「たぶんかフリースクール」は学校教育法第一条に規定する学校ではないため、
　フリースクール生は、通学定期発行の対象にならず、保護者の経済的負担は大きい。

4 「たぶんかフリースクール」のプログラム

　「たぶんかフリースクール」では、随時入室する生徒に
できる限りレベルにあった内容での授業を提供するため、
レベル別クラスを編成し、1クラス6〜10人程度での授
業を実施しています。授業日及び時間数は、週4日（火曜
日〜金曜日）20時間（1日5時間）で、同年代の友達と接す
る機会の少ない子どもたちが、言葉の壁はあっても、学校
のように互いに交流し合い成長する場となるようにしてい
ます。

　学習教科は日本語、数学、英語で、夏休み期間には社

表2　たぶんかフリースクールの時間割

曜日・時間	火曜日	水曜日	木曜日	金曜日
10：00～10：50	日本語	日本語	日本語	日本語
11：00～11：50	日本語	日本語	日本語	日本語
11：50～12：40	お昼休み・昼食			
12：50～13：30	日本語	日本語	日本語	日本語
13：40～14：30	数学	英語	数学	英語
14：40～15：30	数学	英語	数学	英語

会、理科を中学生も含め実施しています。来日して、日本語の文字指導から始まる子どもたちには、最初の1カ月半くらいは、日本語のみの授業を集中して受け、その後、数学や英語、作文、面接なども勉強します。この年代の子どもたちへの日本語指導については、系統だったテキストや指導法が十分にないため、試行錯誤をしながらのテキストや計画作りをしています。入室してくる生徒は、年度によって人数、国籍、年齢も違い、また、母国での学習内容も違うため、子どもたちの状況に合わせた計画や教材作りがその都度必要となっています。

　例えば、非漢字圏の子どもたちにとっては漢字学習の壁は大きく課題となっています。また、数学や英語は、既に母国で学習していますが、国によっては、数学の関数分野が未習だったり、英語ではない言語を外国語として選択していたりする場合もあります。日本語での教科学習は、難しい学習用語が多く、対訳の学習用語集や電子辞書などを使用しています。高校進学を目指す子どもたちにとっては、作文や面接などの授業も必要で、12月以降は、こうした内容も時間割に入れ、対応しています。

たぶんかフリースクール授業風景

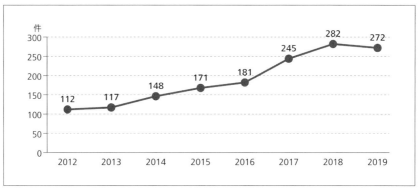

図4　たぶんかフリースクール教育相談件数

5 ｜ 「たぶんかフリースクール」の役割と課題

5.1　学びへ繋がる教育相談の充実

　　多文化共生センター東京では、外国にルーツを持つ子ど
も、家族に対して多言語での教育相談を実施しています。
来日した子どもたちにとって最初に必要となることは、日
本の学校制度や日本語を学ぶ場所などの教育情報の取得で
す。電話や来所での相談を随時受けていますが、年々増加
し、近年は、250件を超える相談数となっています（図4）。

　　相談内容は、「学齢を超えているので、教育委員会でも
対応してもらえず、学習場所を探している」「子どもが日
本語を学ぶ学校のような場所はないか」「高校へ進学する
ためにどのようにしたらよいか」「小中学校入る前に短期
間でいいので日本語学習をさせたい」などです。資料1の
「たぶんかフリースクール保護者、生徒の声」からもわか
るように教育情報を求めて、さまざまな場所を訪ね歩いて
いる状況です。

　　相談者の言語は中国語や英語が多いですが、多国籍化に
より多様な言語での対応も必要となっています。相談の中

には、在留資格や学校でのいじめや不登校、経済的困難等の深刻な相談も多く、行政書士やスクールソーシャルワーカー、カウンセラーのような専門性のある人材との連携も必要となっており、緊急なケースにも対応できる、より適切で充実した教育相談のためのネットワーク作りが課題となっています。また、行政の窓口からの紹介や問い合わせもあり、公的機関との連携はますます必要となっています。

資料1 「たぶんかフリースクール保護者、生徒の声」①[2]

　私の息子は1年半前に日本に来ました。息子は中国でずっとおばさんと一緒に住んでいました。私は一緒に住んでいなかったので、教育について何もできませんでした。ですので、早く日本に呼んで一緒に暮らしたいと思いました。息子が日本に来て、まず市役所の教育委員会に相談しました。それで家に一番近い中学校に入ることになりました。中学校に行ったら、「中学校3年生にしか入れないけれど入りますか」と聞かれました。卒業まで4カ月間しかありませんでしたが、どうしても勉強させたかったので入れることにしました。でも、息子は日本語が全然できませんでした。中学校で日本語はできませんでしたから、日本語学校に通わせました。息子は授業が終わった後で、すぐ日本語学校に行って日本語を勉強しました。日本語学校は交通費も入れると1カ月10万円くらいかかりました。とても高くて、大変でした。私の給料はほとんど子どもの学費になりました。

　息子の中学校3年生の成績は、先生に「日本語ができないので、中学校の試験は受けなくていい」と言われました。試験を受けていませんから、成績もありませんでした。成績がなかったので、息子のレベルもわからなくて高校も選べませんでした。先生には日本語を1年勉強してから、高校に行った方がいいと言われました。その時はとても悔しくて悲しかったでした。そして、中学校を卒業した後、日本語学校に行かせることにしました。でも、私の気持ちはいつも焦っていました。何か情報があれば、すぐに聞きに行きました。毎年、蕨市で一回だけやっている埼玉県国際交流協会の高校進学ガイダンスに参加しました。その時に会った友だちから多文化共生センター東京（以下多文化）を紹介してもらいました。もっと早く知りたかったですが、こんな学校があることをその時まで全然しりませんでした。去年の12月にやっと多文化で息子は高校に入るための勉強ができることになりました。多文化の学費はとても安くて、高校の情報をたくさんもらいました。息子のレベルを知るための模擬テストがあること、高校受験のこと、いろいろ教えてもらいました。たくさんのボランティアの先生がいて、びっくりしました。もっと早く多文化を知りたかったです。息子が中学校を卒業して、すぐ多文化に行ったら、昼の高校に入れたかもしれません。悔しいですが、仕方ないです。もし、多文化を知らなかったら、定時制の高校にも入れなかったかもしれません。高校に入れてよかったと思います。

（保護者　出身中国）

「たぶんかフリースクール保護者、生徒の声」②

　私は5年前にネパールから日本に来ました。今日本で働いています。最初は1年2年働いて、自分の国ネパールに戻るつもりで来ました。でも、日本の環境が好きになって、ここで家族と一緒にもっと長く住もうと考えています。そのために今がんばっています。家族と一緒にもっと長く住もうと考えています。家族とここに住むために子どもたちの勉強を一番、最初に考えました。私たちみたいに海外から日本に来て、普通に働いている人にとって日本語がとても難しいのはみなさん知っていますが、日本にどんな学校があるか情報を探すのはもっと大変です。今までは友だちや知り合いからしか高校や大学の話は聞けませんでした。1年半前に家族と一緒に日本に住みたいですので、子どもを二人日本に呼びました。最初は高校に相談に行きました。高校の人から「日本語がわからないと大変です。日本語を勉強してからまた来てください」と言われました。そして、友だちの子どもが夜の中学校で勉強していると聞いたので、中学校に電話しました。中学校の人に「あなたの子どもは中学校を卒業していますから、中学校に入れません」と言われました。そして、多文化共生センター東京を紹介しました。多文化に行って、子どもたちは日本語を勉強して、いろいろ相談しました。多文化のおかげで、今、私の17歳の娘は高校に通っています。20歳の息子は今年の4月から専門学校に通っています。多文化のような学校は日本語を教えてくれて、学校の相談もしてくれるので私たちのように海外から来た人にとって必要です。私のように普通に働いても、日本で日本語を勉強するために学費を払うのは難しいので、ボランテイアで日本語を教えてくれるのは助かります。私の子どもが多文化に通って、高校に入った後で、友だちは私にいろいろ教えてくれましたから、私も多文化を友だちに紹介しました。友だちの子どもたちも今、高校に通っています。私の知っている人もですが、それ以外のいろいろな国の人も多文化で勉強して高校に行っていると思います。そして、多文化のような学校がこれからもずっとあってほしいと思います。

（保護者　出身ネパール）

「たぶんかフリースクール保護者、生徒の声」③

　私は友だちから、多文化のことを教えてもらいました。去年の11月多文化で勉強をし始めました。最初、誰も知らないので寂しいですが、でも勉強のことがすごく楽しかった。友だちもできたし、本当にここにきて良かったと思います。18歳になった時、私はまだ高校に入っていなかった。1年の間に2回、試験が不合格になって、心身的に受け入れられない程の辛さをずっと独りで我慢していました。でも、本当に高校に入りたいので、自分の日本語レベルを上げるため、アルバイトを始めた。半年を過ごしてどんどん上手く話せるようになりました。また、毎日高校受験のために、毎日頑張って勉強してきました。面接と作文の試験だけれど、でも私は誰よりも強くと信じました。本当にここにきて良かった。
＊来日して1年目は、前期試験不合格、後期出願日は、書類不備で受験不可

（生徒　出身中国）

5.2　高校進学の壁

　中学校を卒業した子どもたちの来日後の目標は、日本で高校進学し、その先の未来を切り拓いていくことです。しかし、外国にルーツを持つ子どもたちにとっての高校入試は、日本語の問題があり、多くの困難があります。2016年以降、第1次入試の全日制都立高校が、全て5教科（国語、社会、数学、理科、英語）入試となった影響は大きいといえます。そのため、図5からもわかるように、5教科で受検する生徒は、全体の11％と少なく、1月実施の作文・面接による在京外国人特別枠を受検する生徒が増えました。特別枠入試が不合格の時は、5教科受検はせず3教科で受検できる定時制を選択する生徒が増え、外国籍生徒の高校の選択肢がさらに少なくなってしまったといえます。日本語の壁はあっても母国で学んできた学力が評価されるように、特別枠入試では、作文のみの入試方法の改善が求められます。また、高校進学後の日本語指導体制を整えていくことも重要な課題です。

5.2.1　東京都都立高校在京外国人生徒対象入試について

　「たぶんかフリースクール」の生徒が多く受検する在京

図5　たぶんかフリースクール都立高校受験状況（2017年度）

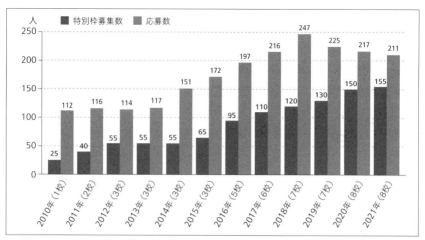

人

■ 特別枠募集数　■ 応募数

図6　在京外国人枠校の定員と応募者数の推移

枠入試では、その主な資格要件は、「外国籍を有し、日本における9年の義務教育相当の課程修了見込み、あるいは修了した者で入国後の在日期間が入学日現在原則として3年以内の者」「保護者とともに都内に住所を有する者又は入学日までに住所を有することが確実な者」[3] としています。在京枠校は、10年前は都立国際高等学校1校のみでしたが、2020年には8校となり、4月入学定員は155名（2019年度定員は130名）と増えていますが、受検者数も年々増加しており、2018年度の倍率は2.06倍と都立校全日制普通科の1.45倍をはるかに超えています（図6参照）。コロナ禍で、やや減少していますが、今後も外国にルーツを持つ子どもたちの増加が見込まれます。異なった教育制度の中で教育を受けてきた子どもたちが、より公平で適切な方法で評価されるように更に論議を進めていく必要があります。

5.3　多言語教材の作成

多文化共生センター東京では、2016年度三菱財団社会

福祉事業・研究助成を受け、『多言語中学学習用語集』を作成しました。中学校で学ぶ数学で使われる用語の多言語訳と、その用例と説明をわかりやすく図を入れて作成しました。多文化共生センター東京のホームページ上に英語、中国語、タイ語、ポルトガル語、ベトナム語5カ国語版をダウンロード用教材として公開しています。これは、フリースクールで数学を教える先生たちが、授業の中で子どもたちが理解を深めるために、図表なども入れて、もっとわかりやすく、母語で対応した用語集があったらという願いでできあがったものです。ホームページからダウンロードされた数は8カ月で2,400件以上にのぼり、全国からアクセスがあります。年少者の日本語や教科の教材はまだまだ少なく、難しい学習用語理解への助けになる教材作成が今後も必要です。子どもたちが、「わかった！　日本語での教科学習も楽しい」と思える教材作りをしていくことも課題の一つです。

5.4　送り出した卒業生について

　2005年以来「たぶんかフリースクール」が送り出した卒業生は、700人を超えています。その多くは高校を卒業し、専門学校や大学へ進学あるいは既に社会人として、日本で働き始めています。こうした卒業生からは大学や専門学校進学の手続き、就労相談、資格取得方法などについての悩みが寄せられています。特に家族滞在ビザのまま家族と住み続けている卒業生は、保護者が帰国した場合は、一挙に生活が不安定となり、将来の見通しも持てなくなる深刻な状況です。日本で高校進学し、数年に渡って生活している彼ら彼女らは、日本語もでき、多言語、多文化な背景をもって育ってきています。母国と日本をつなぐ豊かな可能性を持ち、二つの国をつなぐ夢を語る生徒もいます。子どもたちの持つ多様性がいかされ、社会で活躍できるよ

うな、安定した仕組み作りが必要です。

6 多言語高校進学ガイダンス

多文化共生センター東京では、2001年より「日本語を母語としない親子のための多言語進学ガイダンス」を春、夏の2回実施しています。このガイダンスは、高校受

多言語進学ガイダンス

験を目指す外国ルーツの生徒やその保護者を対象としたもので、多言語通訳者が入り、都立高校や受験に関する情報提供などを目的として開催しています。この多言語高校進学ガイダンスは多言語高校進学ガイダンス東京実行委員会として、地域のNPO団体やボランティア団体が参加し、各地域で年間6回のガイダンスを実施しています。2019年春実施のガイダンスでは、170名を超える参加がありました。情報取得が困難な生徒や保護者にとって、多言語でのガイダンスの果たす役割は非常に大きいといえます。就学機会を保障するこうした取り組みは、本来行政がすべきものですが、現在は都教育委員会の後援のみとなっています。場所の確保や多言語資料作成などは支援団体が担っています。行政と連携した取り組みが求められています。

7 おわりに

「たぶんかフリースクール」開校以来、15年以上が経過していますが、学齢超過の子どもたちについての行政での担当部署は依然としてありません。また、学校教育の中に日本語が十分でない子どもたちが入り、共に学ぶことが想

定されていないため、学齢児童生徒であっても日本語がで
きないとすぐには学校へ編入できなかったり、あるいは編
入しても十分な日本語指導が受けられていなかったりとい
う状況が依然として続いています。
　「たぶんかフリースクール」の活動からより明確になっ
ていることは、増え続けている外国にルーツを持つ子ども
たちに実効性のある教育施策が進んでいないという現実で
す。全国自治体で最も多い50万人超の在住外国人が生活
する東京都は、東京都教育ビジョン（第3次一部改定）を発
表しており、その中の主要施策4「豊かな国際感覚を醸成
する取組の推進」では、「グローバル化の進展に伴い、異
なる文化との共存や国際協力が求められており、様々な国
や地域の人々と共に未来を切り拓いていこうとする態度・
能力を育成することが求められている」としていますが、
この中には、教室にいる多様で多文化なルーツを持つ子ど
もたちと共に学び合うことについては触れられていませ
ん。東京都の令和2年度公立学校統計調査（学校調査編）で
は、公立小、中学校、高校等に在籍する外国籍児童生徒
は、17,700名を超えています。学校の同じ空間、時間の
中に多文化、多言語な子どもたちが共に過ごしている現実
は、もう20年以上にわたって続いているのです。
　学ぶ場所を求める外国にルーツを持つ子どもたちはさら
に増え続けており、「たぶんかフリースクール」を始めと
した地域のNPO団体、ボランティア団体はこうした子ど
もたちの学びを保障する場として、その役割を担い続けて
います。学ぶ場所の確保や運営面での行政との連携は日々
成長する子どもたちにとって喫緊の課題です。しかし、専
門性のある担当部署がないため相談先を探すことから始め
なくてはなりません。外国にルーツを持つ子どもたちの教
育を所管する責任ある部署が早期に設置されることは、日
本で暮らす外国にルーツを持つ子どもたち、保護者、地域

の団体の切実な願いです。同時に多文化な子どもたちへの
教育予算が十分に確保されることを望みます。

注　　　　　　［1］文部科学省ホームページ就学事務Q＆A
　　　　　　　　　　www.mext.go.jp/a_menu/shotou/shugaku/detail/1309971.htm
　　　　　　［2］多文化共生センター東京（2014）『外国にルーツのある子どもたちの
　　　　　　　　　高校進学に関する実態調査報告書』
　　　　　　［3］東京都教育委員会東京都立高等学校入学者選抜実施要綱・同細目

参考文献　　　東京都教育委員会（2020）「令和2年度　公立学校統計調査報告書【学校
　　　　　　　調査編】」

第**8**章

不登校児童生徒の学習権保障
フリースペースの活動から

青島美千代

キーワード：教育機会確保法、不登校、子どもの権利、
　　　　　　公教育、フリースペース、児童生徒理解・
　　　　　　教育支援シート、マスプロ教育

1 ｜ はじめに

　2003年、小学5年生だった我が子がいじめにあい、学校へ行かなくなった時の衝撃は、今でも忘れられません。学校へ行かないことによって私の不安は大きくなり、みんなと一緒に歩いていたコースから自分と子どもだけが違う方向へ外れてしまったような気持ちになりました。夜になると「明日は行く」と時間割をそろえ、朝になると玄関で座りこみ泣きじゃくる子どもを目の前に、これからどうしたらよいか分からなくなっていました。そんな時に同じ不登校の子どもを持つ「親の会」に誘っていただきました。この出会いから、私は長い時間をかけて、自分の価値観を振り返ることになります。

　休みながらも登校をしていたある時、子どもに「給食袋がゴミ箱に落ちていたから洗ってほしい」と言われ、給食袋が捨てられていたことを知りました。私は、少なからずショックを受け、「そんなことをされてまで学校へ行く必要があるのだろうか」と強く感じ、それまで疑いもせずにいた「学校へ行く」という考えは、疑問に変わっていきました。

そこで本稿では、フリースペース[1] の設立と活動、「教育機会確保法」を含む公教育の問題についてレポートします。

2 | フリースペース「たんぽぽ」

2008年5月、不登校の子どもを持つ親たちが、横浜市鶴見のマンションの小さな一室に、子どもたちの居場所「フリースペースたんぽぽ」（以下、当会）を開設し、2018年（執筆時）10年になります。

「学校は苦しい、学校はいやだ」と、心と体で必死に訴えた子どもたちに応えるものは、楽しく通え、安心して休める学校である必要があります。そして、学校へ行かないことも認められる社会、子ども一人ひとりが大切にされ、子どもの権利が守られる社会が求められています。

いじめを受けていたお子さんが「一度でいいから友達と一緒にマクドナルドに行ったりしたかった」と話していたということを聞きました。その子どもの思いを聞いた時、涙が止まりませんでした。友達と楽しい時間を過ごしたいという子どもたちのささやかな、そして切実な願いです。

図1　教室の看板

しかし、学校はその子どもたちの思いに反して、ますます厳しい環境になっているように思います。

当会で出会った子どもたちからも「何のために勉強するの？」とよく聞かれました。その時、私はすぐに答えられませんでした。「将来のため」などという答えは「テストや成績のための勉強だ」と日々痛感している子どもたちの中では、とても嘘っぽく説得力を持たなかったからです。学歴が人生で最も重要だった時代からは、今はもう変化してきていると

思います。しかし、それでも、「いい学校」から「いい会社」への競争は続いています。

2.1 フリースペースの活動 〈学習〉

　当会では、できるだけ子どもの声を大切にしたいと思い、運営してきました。10年経過し、不登校を体験した子どもたちも若者になっています。義務教育を修了した子どもたちの選んだ道はそれぞれです。一度も学校というところに行かず税理士を目指して大学に行った者、家で9年間過ごしている間に料理好きになり調理師になった者、広島旅行で歴史に興味を持ち史学科目指して勉強する受験生、漫画、作曲、デザインとそれぞれ好きなことに取り組む者など、さまざまです。

　しかしながら、全員が順調に進んだかといえば、そんなわけでもありません。学校に行っている人たちと同じように、つまずいたり、悩んだり、そんな日々を当会で一緒に過ごしています。バイトや就職先での悩み、奨学金の返済、ジェンダーの問題など、当会の子どもたちも多くの問題に直面します。親の高齢化も含め、経済的なことなど、家庭状況が厳しいこともあります。

　当会は、現在の生きづらい社会の中で、大人も子どもも肩肘をはらず、笑ったり、泣いたり、一緒に悩んだり、ゆるやかにつながっている場所です。効率が優先される社会の中で、そうではないものを大切にしたい人たちの場所だと思えます。

　大学受験を決めて、そのために必死に掛け算を覚えている子もいました。本の好きな子は、たくさんの本の他に、広辞苑も楽しい読み物だったようで、読みな

図2　タイヤ公園（2015.3）

第8章　不登校児童生徒の学習権保障

がらよく笑っていました。パソコンが好きだった子は、パソコンを使って作曲したり、絵を描いたりして、あっという間にパソコンに詳しくなり、大人にパソコン操作をいろいろ教えてくれました。自分がなりたいものや資格を取りたいと思ったら、その時、そのための勉強を始めます。大人が先回りしてもいけません。大人は、子どもが何か始めようか、どうしようかとちょっと思ったところで、先に準備してしまい、よく失敗しました。子ども自身が「〇〇になりたい」などと自分で夢や目標を見つけることが大切だと思います。そうして子どもたちは、その夢や目標に向かって進んでいきます。

　また、当会では、子どもの状況を一人でも多くの人たちに知ってもらいたいと活動しています。そのため2016年度には、2冊の小冊子「知っていますか？ 子どもと精神医療の実態」と「知っていますか？ 不登校と子どもの権利」を作成しました。内容は、心理カウンセラーやフリーライターなどの講演会や自分たちで学習した内容をまとめたもので、「子どもの権利条約」や「教育機会確保法」のこと、不登校当事者の声も掲載しています（図3）。

図3　小冊子『知っていますか？ 子どもと精神医療の実態』
『知っていますか？ 不登校と子どもの権利』

2.2 フリースペースの活動 〈相談〉

　文科省が不登校と認定する30日（年間）以上欠席した小中学校の児童生徒数は、2017年度集計で、14万4,031人（前年度比1万348人増）と、統計開始以降、初めて14万人に達し、過去最多を更新しました[2]。少子化が続き、子どもの数が過去最低となる中で、不登校の子どもたちは増え、過去最多となりました。しかし、学校の構造や国の教育政策は問われることなく、学校へ行かない子どもやその親が問われる図式は変わりません。

　また、マスコミで大きく取り上げられるほど、夏休み明けの子どもの自殺も、深刻な問題となっています。2017年の未成年者の自殺は567人です[3]。毎日、日本のどこかで子どもが命を絶っているような状況を思うと心が痛くなります。

　そして、ここ数年でも、子どもたちの状況は、大きく変わっています。フリースペースに相談に来られる保護者のお話を聞いていても、向精神薬を服用する子どもが確実に増えています[4]（資料3）。学校のカウンセラーや担任からすすめられ、医療につながるケースも増えています。発達障害者支援法[5] が成立（2004年12月）して以降、今では発達障害という言葉は日常的に使われるようになりました。

図4　バーベキュー

最近では発達障害が原因で不登校になっているといわれたりもしています。
　不登校の理由は、本人もはっきり分からないことも多く、説明できないことも多々あります。その中で、発達障害という診断が不登校の原因とされ、学校自体は問われないまま、解決の方向が「子どもの治療」になっていく状況が作られています。それは、投薬へとつながっていきます。治療として使

われている向精神薬は、依存性が高く、自分で簡単にやめることもできません。成長途上にある子どもの脳への影響もはっきり分かっていません。薬は、子どもの命に関わるときもあり、全てを否定するものではありませんが、副作用でさらに薬が増えたり、入院や電気ショックを行ったりするケースの相談もあり、深刻になっています。

3 見えてきた課題

　当会の一番の課題は、維持・運営のための財源です。寄付金やバザーなど、活動資金を集めるために多くのことを行っています。そのため、スタッフもみんなボランティアで参加しています。そして、各フリースクール、フリースペースなどが子どもの立場に立った取り組みを進めてきています。しかし今後、国の教育政策や「教育機会確保法」が現場で進んでいく中で、どのような影響を受けるのかが心配されます。その一つが、教育の市場化に結び付きかねない、ビジネスとしての民間教育産業の参入です。不登校や発達障害の子どもたちに対象を広げていくことが懸念されます。子どもたちへの経済的支援が広がる中、大阪では、子どもの居場所や塾などへのバウチャー制度[6] が始まっています。

　子どもには、学びや発達などの権利があり、学校で学ぶ主体は子どもたちであるはずです。フリースペースの子どもたちと過ごし、「学ぶ」ということが、筆者自身にとっても新鮮に感じたことがあります。子どもたちは、勉強が自分にとって必要だと思った時には、乾いたスポンジが水を吸い込むように吸収していきます。そして、そのスタートは、学校での「1年生は○○、2年生は○○」などといったカリキュラムの枠にとられることなく、知りたいこと、興味のあることを入口に活動しています。そして、その知

図5　広島平和公園（2016.11.6–8）

りたいという気持ちは、日々の楽しい子どもの遊びや生活の中から生まれてきています。このように、子どもたちにとっての遊びとは、大人の娯楽とは異なると思います。「遊び」は、子どもの権利条約（第31条）で保障されていますが、それは「やってみたい」という自主的動機から出発します。そして、さまざまな遊びの中で試行錯誤を繰り返しながら心身ともに成長・発達していくのだと思います。そうしたことから、子どもたちにとって、遊びという時間と空間の重要さが理解できます。こうした「遊びの権利」を保障するのも大人の役割、社会の役割ではないでしょうか。

　子どもたち一人ひとりには、個性があり特性も異なり多様です。そうしたものを大切にした教育が求められ、教育の目標の一つになっていると思います。そうであればこそ、公教育が多様な子どもたちが共生できる場になることが重要ではないでしょうか。しかしながら、実態がそうなっていないことを文科省や教育委員会が認識する必要があります。そのうえで、子どもたちが安心して通える学校、教育改革の実行を求めたいと思います。

4 | 学校教育と「教育機会確保法」

　国は、教育基本法の改定（2006年12月）を行い、教育振興に向けた施策を総合的・計画的に進めるための教育振興基本計画を作り国会に報告しました。また文科省は、この教育基本法に従った学習指導要領を作成しました。そして、小中学校等の各学校は、この学習指導要領にのっとったカリキュラムによる一律的なマスプロ教育を行っています。こうした効率本位の公教育の中で、児童生徒たちの中には、学習についていけないなど、ストレスが蓄積していく者も多々見受けられ、それが、いじめ、不登校、非行、自殺の発生につながっているものと推察されます。政府は、議員立法によって「いじめ防止対策推進法[7]」を制定（2013年6月）、同年9月28日に施行しました。また、同様に議員立法によって「義務教育の段階における普通教育に相当する教育の機会の確保等に関する法律」（平成28年法律第105号／以下、「教育機会確保法」）が2016年12月に成立し、同時に一部が先行施行されました（2017年2月完全施行）。

　学校でつらい経験をした不登校の子どもたちにとって、この法律は、その思いに応え得るものかどうか、今後、見守っていく必要があります。この法律の制定過程を振り返りつつ、今までの経験や学んだこと、子どもたちから教えてもらったことを通して、この「教育機会確保法」と今の学校や教育について考えてみたいと思います。

　ある「教育機会確保法」に関する学習会の場で、長年「障がい児を普通学校へ」と取り組んでこられた方たちが参加され、「この法律は、障がいのある子どもたちが、特別支援学校へ分けられていった時（1979年・養護学校義務化）と同じだ」と発言されました。養護学校義務化は、障がい

のある子どもたちを地域の学校から排除し、その状態を固定化しました。この法律においても、不登校の児童生徒を新たにカテゴリー化するものとなり、それがやがて差別や能力主義教育の強化をもたらすのではないかと危惧されます。

　筆者は、「今まで常識だと思っていたことは違うのかもしれない」という大切な気づきを子どもたちから教えてもらいました。しかし、同時に、今まで、知ろうとしなかった自分自身の姿勢が、子どもたちを苦しめる側になっていたということに気づくことにもなりました。命を削ってなお学校に通い続けなければならない子どもたちが後を絶たない中で、私たち一人ひとりが今、教育や学校がどうあるべきなのかを考えなければいけないと思います。

4.1　学校教育の現状と「教育機会確保法」

　「教育機会確保法」は、2015年、超党派フリースクール等議員連盟の立法として検討されてきましたが、途中から、別に進められていた夜間中学等義務教育拡充議員連盟と合同の立法チームになり進められました。これは、異なる課題を同じ法律にした点で問題です。

　この法律は、第1章（総則）、第2章（基本指針）、第3章（不登校児童生徒等に対する教育機会の確保等）、第4章（夜間その他特別な時間において授業を行う学校における就学の機会の提供等）、第5章（教育機会の確保等に関するその他の施策）及び附則から成っています。そしてその第1条には、「この法律は、教育基本法（平成十八年法律第百二十号）及び児童の権利に関する条約等の教育に関する条約の趣旨にのっとり、教育機会の確保等に関する施策に関し、基本理念を定め、並びに国及び地方公共団体の責務を明らかにするとともに、基本指針の策定その他の必要な事項を定めることにより、教育機会の確保等に関する施策を総合的に推進することを

目的とする」と記されています。

　しかし日本は、批准した「児童の権利に関する条約」を誠実に遵守（憲法第98条2）しているのでしょうか。遵守するためには、国内法を整備し、さらに、それを監視するための独立した機関を設置すべきです。また、条約内容を周知する（児童の権利条約第42条）ための教員研修や学校教育のカリキュラムへの取り入れ、保護者等への広報の強化が求められます。

　国連児童の権利委員会（以下、CRC）から日本政府に対し、「過度の競争に関する苦情が増加し続けていることに懸念をもって留意する。（中略）また、高度に競争的な学校環境が、就学年齢にある児童の間で、いじめ、精神障害、不登校、中途退学、自殺を助長している可能性がある」と指摘され、改善勧告が出されています（第3回総括所見／2010年）。したがって、日本政府がこの勧告を真摯に受け止めて改善していくための国内法として、この「教育機会確保法」の不登校対策に関する条項の重要性があると思われます。これらを受けて、政策として迅速な制度整備が図られるべきです。

　「教育機会確保法」の当初案では、「保護者が任意で作成する個別学習計画を市町村教育委員会が認定する」ことを条件に、不登校の子どもの「保護者が学校以外の場でも就学義務を履行できる」ようにするというものでした。しかし、さまざまな批判を呼び、法案から削除されました。そして、不登校は「学校における集団の生活に関する心理的な負担その他の事由のために就学が困難である状況」（第2条3号）と規定され、教育委員会が設置する教育支援センター（旧称「適応指導教室[8]」）が不登校支援の中核と位置づけられ（第3章）ました。また、国等による財政措置は努力義務に留まりました（第6条）。

図6　みんなで餃子づくり

4.2　学校教育の中で何が起こっているか

　文科省による「平成29年度児童生徒の問題行動・不登校等生徒指導上の諸課題に関する調査結果について」(2018年10月25日)には、調査項目が8種あり、暴力・いじめ・不登校・自殺等について調査結果が掲載されています。この中の「(4) 小・中学校の長期欠席(不登校等)(国公私立小・中学校、都道府県教育委員会、市町村教育委員会)」では、不登校児童生徒の割合(2017年度)で小学校3万5,032人＝0.64%(185人に1人)、中学校10万8,999人＝3.26%(31人に1人)、計1.47%(88人に1人)と上昇傾向がみられます(資料1)。

　また、内閣府による「平成27年版自殺対策白書の関係記述」にみる18歳以下の日別自殺者数によれば、「夏休み明けの9月1日に最も自殺者数が多くなっているほか、春休みやゴールデンウィーク等の連休等、学校の長期休業明け直後に自殺者が増える傾向があることが分かる。学校の長期休業の休み明けの直後は、児童生徒にとって生活環境等が大きく変わる契機になりやすく、大きなプレッシャー

や精神的動揺が生じやすいと考えられる。このような時期に着目し、彼らの変化を把握し、学校や地域、あるいは家庭において、児童生徒への見守りの強化や、児童生徒向けの相談や講演等の対応を集中的に行うことは効果的であろう」と記され、そのグラフも掲載されています（資料2）。

　以上のことからも、子どもの人口が減少傾向にある中で、多くの子どもたちが苦しんでいることが分かります。そのことから考えても、今の学校が子どもにとって命をも脅かされるところになっているという現実を重く受け止めなければなりません。多様な子どもたちがいて、それを包摂してこそ、学校教育の内容が豊かになっていくはずです。にもかかわらず、このまま公教育の抜本的改革が進まなければ、この「教育機会確保法」が、学校になじめない子どもを排除し、今の学校をさらに厳しいものへとしていくことにもなりかねません。

4.3　子どものプライバシーは守られるのか

　2016年9月、文科省は、「不登校児童生徒への支援の在り方について」（通知）の中で「児童生徒理解・教育支援シート」の作成とそれを活用した組織的・計画的支援をあげています。一度不登校（連続欠席7日〜）になった場合、個人のシートが作成されます。それは、23歳までと長期に保管され、関係団体、進学した学校（民間も）にも共有されることになっています。警察への情報提供も含むとしています。不登校の子ども、障がいを持つ子ども、外国籍の子どもについてはメインストリームの子どもと区別され、プライバシーを長期に管理されることになります。家庭状況や病歴などの個人情報が、「支援」という名のもとに共有されたり、長期に保管されたりと、プライバシーが脅かされてもよいものでしょうか。

　また、シート作成は、継続的な学習活動や助言、指導の

ためとされています。しかし、今でも忙しすぎる学校現場で、教職員には、その作成やケース会議などにさらに多くの時間を割くことが求められます。それに、人は誰でも、場所や相手やその場の雰囲気によって態度や言葉を変えたりもします。一方的な見方になることも考えられ、シートに書かれた内容が正確な情報とも限りません。親自身も不安を抱える中で、助言や指導に協力させられたり、従っていくことを要請されたりすれば、子どもを追い詰める側にもなりかねません。そして、「保護者や本人の同意が原則」となっていますが、フリースペースに相談に来られる方たちと話しても、ほとんどの親は、個人シートがあること自体知らされていないのが実態です。今では、いろいろな福祉医療分野でも、インフォームド・コンセントが定着し、本人不在のところで方針を決めないという考え方が主流になっています。そうしたことから鑑みて、この個人シートは、慎重な取り扱いはもとより、プライバシーの観点から長期の保存、共有や情報提供は廃止されるべきです。

5 おわりに

　今や学校は、児童生徒にとって安心して学習できる場でなくなっています。学校教育において、教育を受ける権利が、マスプロ教育についていけるメインストリームの子どもたちだけに目を向け、対象にするのではなく、多様な学習者を砲摂し、安心して学習できる学校にしなければなりません。経済協力開発機構（OECD）「Education at a Glance 2015（図表でみる教育2015年版）」[9] には、「政府は持続する教育格差に取り組み、教育制度における効率の改善に焦点を当て、全ての子どもがその出自にかかわらず、能力を十分に発揮し、教育の恩恵を受けられるようにする必要がある」と記されています。

この環境を整備するのは、国家の義務であり、早急な対策が求められます。OECDインディケータ「図表でみる教育（Education at a Glance 2018）」（9月11日発表／パリ現地時間）には、「学級編成数が、小学校教員1人あたりの児童数は、チリの1教員あたり30名に続き、日本は1教員あたり27名と、OECD加盟国で2番目に規模が大きいことが分かった。教員の労働環境について見ると、小中学校の教員1年あたりの労働時間は1,883時間に及び、小中学校ともにOECD平均から200時間ほど多い。しかしながら、労働時間のうち授業にあてている時間はOECD平均よりも少なく、これは日本の教員が授業時間以外の児童生徒に対するカウンセリングや一般事務作業・校務などに時間が取られているからだと見られている」と記されています。この指摘から、公立義務教育諸学校の学級編制及び教職員定数の標準に関する法律（昭和33年5月1日法律第116号）を改正し、公立義務教育諸学校の学級編制及び教職員定数の適正化が必要であるということは明らかです。つまり、早急に学級編制及び教職員定数をイギリスやドイツ同等の上限30名に1人に改正すべきでしょう。

　また、国内総生産（GDP）のうち小学校から大学までの教育機関に対する公的支出の割合は、日本が2.9%で最下位でした（OECD加盟国平均4.2%）。この調査では、日本の子ども1人あたりの教育にかかる費用は、小学校から大学までに1万2,120ドルかかることが明らかになっており、教育に関わる費用が公的資金で賄われる割合が低く、高い学費を家庭が負担していることがわかります。

　そしてまた、日本政府は、1979年に批准した「中等・高等教育の漸進的無償化」（国連人権規約A規約）を長い間留保してきましたが、2012年9月に留保を撤回しました。これは、国際公約であり、教育の段階的無償化を確実に実行する責任があります。

前掲4.2で明らかになったように、学校が、命を絶つ子どもがいるほど、深刻な状況になっています。こうしたことに関して、CRC第1回総括所見パラグラフ43、同第2回総括所見パラグラフ50及び社会権規約委員会総括所見パラグラフ58で、条約の規定・原則をふまえた教育制度の包括的見直しを求めています。しかし日本政府は、子どもの権利を基盤としたアプローチをとらずに、グローバル化への対応や愛国心の育成といった特定の政策目的に奉仕する手段として学校教育を位置づけています。

　私たちは、今も苦しむ子どもたちをそのままにしておくことはできません。そのためにも、フリースペースの子どもたちや我が子のつらい体験、またそこから共に学んだ数多の経験を基に、子どもの権利を保障するために、安心できる学校づくりや具体的な問題の解決、居場所の改善などを国や自治体に求めていきたいと考えています。それと同時に、教育改革の過程においては、子ども、保護者、教職員、NPOなどの実効的な参加の保障を求めたいと思います。

　以下、参考までに、当会に参加した子どもたちの「感想

図7　「たんぽぽ」10周年記念講演会―子どもから大人たちへ

文」などを掲載します。なお、著者の承認を得たうえで個人が特定されないよう、一部を変更していますのでご了承ください。

当事者の声

〈子どもから大人へ—たんぽぽ10周年講演会で話された子どもの意見から〉①

　今年で高校1年になります。高校は通信制です。月1回スクーリングに行って、卓球部の練習にも月2回くらい通っています。僕は小学4年生から学校に行かなくなりました。いじめられたり、環境になじめなかったりしたのがきっかけでした。

　小学4年生の時に「たんぽぽ」に初めてきました。「たんぽぽ」に来たら、誰も強制しないし、僕の気持ちを分かってくれるので、安心しました。周りの子どもたちもすごく優しくて、毎日一緒に遊んでくれました。毎日来るのが楽しかったです。たんぽぽでは、みんなでゲームをしたり、公園で運動したり、工作でステンドグラスや明かりや紙粘土で未来の自分像を作ったりしました。とても楽しかったです。勉強は、小学校4年生から6年生ぐらいまで、ほとんどしませんでした。

　それから、中学の授業も1日も行きませんでした。でも、卓球が好きだったので、卓球部には行きたいですと先生に言ったら、勉強をするなら来ても良いと言われました。

　僕は、卓球部の練習に参加できるならと思い、母が用意してくれた小学生レベルのプリント学習を提出して卓球部に行っていました。

　中学の勉強をしていない僕は、中学3年生の時に、高校の勉強についていけるか、とても心配でした。ですが、卓球部に入りたかったので、高校に行こうと思いました。

　不登校の時は、学校に行くだけで精神的にも辛い状態です。

　そういう時に親が学校に行かせよう、勉強させようとしたり、厳しく怒ったりしてしまうと、安心できる場所がなくなり、どんどん追い詰められてしまいます。ですが、僕は、自分の好きなことが学校に行くきっかけになったし、今は勉強をやってみようという気になっています。

　僕は学校に行けなくなった時、強制されず自由にやりたいことをやらせてくれたり、周りの人たちが自分の気持ちを分かってくれたりしことが良かったので、他の子にもそうしてあげてほしいです。

（15歳）

〈子どもから大人へ―たんぽぽ10周年講演会で話された子どもの意見から〉②

　私が学校へ行かなくなったのは、小学3年生の頃からです。正直、行かなくなった理由に「これだ！」というものはありません。
　全く行かなくなってからは、外に出るのが怖いと思うこともありました。人の視線に敏感になり「普通じゃない」「おかしな子」とみられているような感覚に陥りました。私がその視線を強く感じるのはいつも大人の前でした。クラスメイトや学童での友達は「学校こないの？」「何で休んでるの？」「ずるいずるい」と真っ直ぐに気持ちをこちらに向け言葉にしていた分、まだマシでした。もちろん全ての人ではありませんが、何も言葉にしない大人の視線はとても冷たく感じました。それが、行かなくなった当初、とても辛かったことです。
　でも、たんぽぽに行くようになり、同世代で同じように学校へ行かない子と過ごし、また、そんな自分を受け入れてくれた大人たちがいるのだと分かると、学校へ行かないことがだんだんどうでもよくなりました。そして街を歩くことも怖くなくなりました。学校へ無理して行っていた頃よりも私は私らしく人に接することができるようになりました。
　今は留学制度のある大学へ行こうと、勉強もがんばっています。人よりスタートは遅いけれど、私にとってそれは重要なことではありません。これから他にやりたいこともたくさんあるし、前に進もうとする気持ちを持てること自体が今、一番、私は嬉しいです。落ち着ける、自分らしく居られるそんな場所があれば、無理に学校に行く必要はないと思っています。
　　　　　　　　　　　　　　　　　　　　　　　　　　　（19歳）

〈不登校体験者からの思い―たんぽぽ発行小冊子『知っていますか？　子どもと精神医療の実態』から抜粋〉

　私が学校に行けなくなった時に、親がドクターショッピングをしました。
　最初はお腹が痛くなったので内科。どこも悪くないと言われると、あっという間に精神科。そこに辿りつくまで1カ月とかかりませんでした。病名は忘れましたが、投薬が開始されました。でも、薬を飲んでも学校に行けるわけではありません。その後閉鎖病棟に入院させられました。どんどん自分がダメな人間に思え、死にたくて実際に首を吊ったこともあります。当たり前ですよね。周りの人たちからまともな扱いを受けず追い詰められ、10代半ばだった私は、逃げる術も開き直る術もなかったのですから。
　そんな、誰にも理解されず、独りぼっちだと思っていた私が救われたのは、私と同じような不登校の人たちとの出会いでした。「私だけじゃないんだ」と思えたことが、とても大きかったのです。同時に、その人たちのことを支えている人たちとも出会いました。「何がおかしいの？　あなたはあなたのままで良いじゃない」って言ってくれる人と出会えたことで本当に変わりました。でも私はそうは言いながらも、薬を飲み続けていました。
　ある時、「何で薬を飲んでいるの？」と聞かれ、答えられない自分に気づいてパタッと薬を止めました。問題はありませんでした。不思議ですよね。

195

でもね、決してムリをしないでください。
　あなたにはあなたのペースがあると思います。それから、周りで
支えている方を専門家だからといって全て信用しないで、よく見き
わめてください。私のことを「あなたのままでいいんだよ。」と言わ
れるまでに、病気扱いした専門家もいるのです。
　学校に行こうが行くまいが、人としての価値は何も変わりません。
私が私でいいように、あなたもあなたのままでいいんです。
　そして支えている方は、追い詰めないでください。もし支えてい
るあなたもしんどいなら、どうぞゆっくり一緒に休んでください。
ムリをしないで。エネルギーが貯まったら、また動き出せます。人
生は人と比べる競争じゃありません。各々の時間を過ごしましょう。

（40代）

注

[1] フリースペース：
フリースクールとともに不登校などの子ども用の民間の受け皿となっ
ている団体または組織。既存の学校のような固定的なカリキュラムや
時間割を持たず、毎日をどう過ごすかは子どもの自主性にゆだねられ
ていることが多い。フリースクールと区別する明確な基準はなく、そ
れぞれがどう自称するかによって決まる。出典：フリー百科事典『ウ
ィキペディア（Wikipedia）』https://ja.wikipedia.org/wiki/フリースペ
ース（アクセス：2022年2月17日）

[2] 出典：平成29年度　児童生徒の問題行動・不登校等生徒指導上の諸課
題に関する調査結果について　文部科学省初等中等教育局児童生徒課
http://www.mext.go.jp/b_menu/houdou/30/10/__icsFiles/
afieldfile/2018/10/25/1410392_1.pdf（アクセス：2018年10月25日）

[3] 出典：平成29年中における自殺の状況　厚生労働省自殺対策推進室
警察庁生活安全局生活安全企画課
https://www.npa.go.jp/safetylife/seianki/jisatsu/H29/H29_
jisatsunojoukyou_01.pdf（アクセス：2018年10月25日）

[4] 出典：子どもに向精神薬処方増　全国初調査　2015/01/13読売新聞
（以下、引用）
子どもへの向精神薬の処方件数が増加し、13歳〜18歳では、2002
年〜04年と08年〜10年との比較で、注意欠如・多動症に使う
ADHD治療薬が2.49倍、統合失調症などに使う抗精神病薬が1.43倍
になったことが、医療経済研究機構と国立精神・神経医療研究センタ
ーなどによる初の全国調査で分かった。一人の子どもに異なる向精神
薬を複数処方する例が多いことも判明した。抗うつ薬を処方された
13歳〜18歳の子どもの58％に抗不安薬・睡眠薬が、36％に抗精神
病薬が併用されていた。処方増の背景に、精神疾患症状が表れる子ど
もが増えていることなどがある。同センター薬物依存研究部の松本俊

彦室長は「向精神薬の多くは、子どもを対象とした大規模な臨床試験が国内では行われておらず、長期的な効果や安全性が十分確認されているとは言えない。早急に臨床試験や詳しい実態調査を行うべきだ」と話している。

[5] 発達障害者支援法（平成16年法律第167号）：
平成17年4月に「発達障害者支援法」が施行されました。これは、これまで既存の障害者福祉制度の谷間に置かれ、その気付きや対応が遅れがちであった自閉症・アスペルガー症候群、LD（学習障害）、ADHD（注意欠陥多動性障害）などを「発達障害」と総称して、それぞれの障害特性やライフステージに応じた支援を国・自治体・国民の責務として定めた法律です。本文は平成28年6月3日に改正されました。なお、この法律は、超党派の議員連盟によって提案された時限立法であるが、2011年7月時点で、本法の改正は未実施であり、そのまま延長されている。出典：発達障害情報・支援センター http://www.rehab.go.jp/ddis/system/ddact/（アクセス：2022年2月17日）

[6] バウチャー制度（教育バウチャー）：
教育バウチャーは、私立学校の学費など、学校教育に使用目的を限定した「クーポン」を子どもや保護者に直接支給することで、子どもが私立学校に通う家庭の学費負担を軽減するとともに、学校選択の幅を広げることで、学校間の競争により学校教育の質全体を引き上げようという私学補助金政策である。ちなみに、学校選択制（School choice）という言葉は日本では公立学校の学区の緩和を意味するが、国際的にはバウチャーの支給によって私立学校への選択を容易にさせるという政策も含めた文脈で使われることが多い。近年、日本においては学校教育だけでなく、塾、予備校、習い事、文化活動、スポーツ活動などに利用可能な学校外教育バウチャーの取り組みも行われている。出典：フリー百科事典『ウィキペディア（Wikipedia）』https://ja.wikipedia.org/wiki/教育バウチャー（アクセス：2022年2月17日）

[7] いじめ防止対策推進法：
大津市の中2男子が2011年にいじめで自殺した事件を機に、自民、公明、民主など6党が法案を共同提出して成立した。被害者が苦痛を感じるものを全ていじめと定義。複数の教職員や専門家が情報共有して対応する「対策組織」の学校での常設や、自殺や不登校などは第三者委員会で調べることなどを義務づけた。（2016年10月6日 朝日新聞 朝刊 教育1）

[8] 適応指導教室：
不登校が長期化した児童生徒に対し、その学校復帰を支援するために相談、指導に携わる施設。1990年（平成2）に事業が始まり、2003年度（平成15）から正式名称を教育支援センターとした。子どもは従来通っていた学校に籍を置きながら適応指導教室に通い、教科学習や運動、創作体験などを通じて、学校や社会への復帰を目指す。適応指導教室は都道府県や市町村の教育委員会が学校以外の場所に設置

し、定員10人に対して少なくとも2人を目安に指導員を配置する。指導員は児童生徒の在籍校や関係機関と連携しながら、児童生徒それぞれの実態にあわせて、集団生活への適応や、情緒の安定、基礎学力の補充、基本的な生活習慣の改善などを目的に相談を受け、これに対する適応指導を行う。なお、適応指導教室に通った日数は、在籍校の出席日数として扱われる。2015年（平成27）における全国の適応指導教室はおよそ1300か所で、2014年度に指導を受けた児童生徒は約1万5000人であった。

不登校児童生徒の数は、1990年代に急激に増加し、2013年度の小中学校の不登校児童生徒は11万9617人となっている。　出典：コトバンク日本大百科全書（ニッポニカ）の解説　https://kotobank.jp/word/適応指導教室-182796（アクセス：2022年4月13日）

[9] OECDインディケータ「図表でみる教育（Education at a Glance ○○）」：「Education at a Glance」は、1992年以来ほぼ毎年刊行されている資料。2002年版からは日本語版も出版されており、2022年2月現在、2020年版がOECD本部のWebサイトで公開されている。
OECD本部ホームページ：カントリーノート　図表で見る教育2020年版　https://www.oecd-ilibrary.org/docserver/5958c52c-ja.pdf?expires=1645089266&id=id&accname=guest&checksum=BEFD7B4EF734948133CE26ED6273DF74

参考文献　　内田良（2015）『教育という病―子どもと先生を苦しめる「教育リスク」』光文社

オープンダイアローグ・ネットワークジャパン（ODNJP）（2018）「オープンダイアローグ対話実践のガイドライン―第1版」『精神看護』21(2), pp.105-132.　医学書院

荻上チキ・内田良（編著）（2018）『ブラック校則―理不尽な苦しみの現実』東洋館出版

教育文化総合研究所（2016）『教育と文化85―季刊フォーラム 特集：子どもを「支援」するということ』アドバンテージサーバー

桜井智恵子（2018）「公教育における別々の「教育機会確保」という問題―1980-90年代岡村達雄の「養護学校義務化」・「不登校政策」論をてがかりに」『教育と文化』91, pp.56-72.

嶋田和子（2003）『ルポ　精神医療につながれる子どもたち』彩流社

嶋田和子（2013）『発達障害の薬物療法を考える』彩流社

相馬誠一・花井正樹・倉淵泰佑（編著）（1998）『適応指導教室―よみがえる「登校拒否」の子どもたち』学事出版

中村文夫（2017）『子どもの貧困と教育の無償化―学校現場の実態と財源問題』明石書店

日本医事新報社（2015）「子どもへの向精神薬処方、有効性と安全性の確立

を［お茶の水だより］」『週刊日本医事新報』4734, p.11. https://www.jmedj.co.jp/journal/paper/detail.php?id=3109（アクセス：2022年4月13日）

沼田稔（2000）「医薬ジャーナル論壇　幼小児への向精神薬投与増と精神発育への懸念」『医薬ジャーナル』36(4) (424), pp.39–41.

樋口くみ子（2016）「教育支援センター（適応指導教室）の「整備」政策をめぐる課題と展望」『〈教育と社会〉研究』26, pp.23–34.

福井市教育委員会適応指導教室同人編集（1996）『変わろうよ！ 学校―適応指導教室のチャレンジ』東洋館出版社

〈参考URL〉　外務省　児童の権利条約
https://www.mofa.go.jp/mofaj/gaiko/jido/index.html（アクセス：2022年4月13日）

文部科学省　不登校児童生徒への支援の在り方について（通知）
http://www.mext.go.jp/a_menu/shotou/seitoshidou/1422155.htm（アクセス：2022年4月13日）

文部科学省　教育支援センター（適応指導教室）整備指針（試案）
https://warp.ndl.go.jp/info:ndljp/pid/11293659/www.mext.go.jp/b_menu/shingi/chukyo/chukyo3/siryo/06042105/001/006/001.htm（アクセス：2022年7月3日）

義務教育の段階における普通教育に相当する教育の機会の確保等に関する法律の公布について（通知）
http://www.mext.go.jp/a_menu/shotou/seitoshidou/1380952.htm（アクセス：2022年4月13日）

適応指導教室（学校支援センター）の取り組みについて - 文部科学省 PDF
https://www.mext.go.jp/b_menu/shingi/chousa/shotou/108/shiryo/__icsFiles/afieldfile/2015/06/10/1357554_03.pdf（アクセス：2022年7月3日）

資料1　平成29年度児童生徒の問題行動・不登校等生徒指導上の諸課題に関する調査結果について（適宜抜粋）

出典：http://www.mext.go.jp/b_menu/houdou/30/10/1410392.htm

不登校児童生徒数の推移

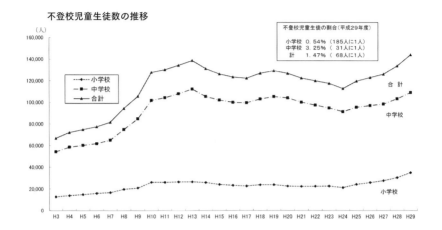

不登校児童生徒の割合の推移（1,000人当たりの不登校児童生徒数）

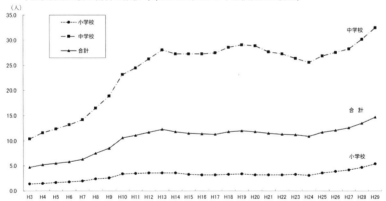

（注）調査対象：国公私立小・中学校（小学校には義務教育学校前期課程，中学校には義務教育学校後期課程及び中等教育学校前期課程，高等学校には中等教育学校後期課程を含む。）

学年別不登校児童生徒数

①小学校 (人)

区分	1年	2年	3年	4年	5年	6年	計
国立	4	5	4	20	24	30	87
公立	1,685	2,700	4,415	6,217	8,940	10,775	34,732
私立	3	9	18	35	59	89	213
計	1,692	2,714	4,437	6,272	9,023	10,894	35,032

②中学校 (人)

区分	1年	2年	3年	計
国立	107	148	172	427
公立	26,779	37,819	39,697	104,295
私立	1,106	1,540	1,631	4,277
計	27,992	39,507	41,500	108,999

学年別不登校児童生徒数

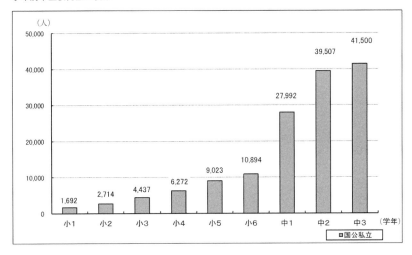

第8章　不登校児童生徒の学習権保障

資料2　平成27年版自殺対策白書（内閣府作成）の関係記述

出典：https://www.pref.oita.jp/uploaded/attachment/2000956.pdf

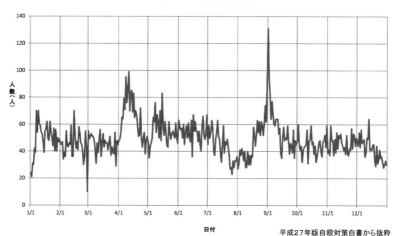

18歳以下の日別自殺者数

平成27年版自殺対策白書から抜粋
（過去約40年間の厚生労働省「人口動態調査」の調査票から内閣府が独自集計）

資料3　子どもへの向精神薬処方が増加…抗精神病薬1.43倍、抗うつ薬1.37倍

出典：https://s.resemom.jp/article/img/2015/02/12/22859/94839.html?amp=img-b02

表A　6〜12歳における向精神薬処方の経年変化

向精神薬の種類	処方件数（レセプト百対）			オッズ比 （95%信頼区間）
	2002〜2004年 （n＝29,629）	2005〜2007年 （n＝26,424）	2008〜2010年 （n＝25,383）	
抗精神病薬	0.15	0.24	0.23	1.58（1.06, 2.34）*
抗うつ薬	0.06	0.07	0.07	1.04（0.54, 2.01）
ADHD治療薬	0.2	0.19	0.37	1.84（1.33, 2.56）*
抗不安・睡眠薬	0.24	0.21	0.16	0.67（0.46, 0.99）*

表B　13〜18歳における向精神薬処方の経年変化

向精神薬の種類	処方件数（レセプト百対）			オッズ比 （95%信頼区間）
	2002〜2004年 （n＝19,989）	2005〜2007年 （n＝17,223）	2008〜2010年 （n＝16,097）	
抗精神病薬	1.21	1.65	1.71	1.43（1.20, 1.70）*
抗うつ薬	0.71	1.06	0.97	1.37（1.09, 1.72）*
ADHD治療薬	0.08	0.1	0.19	2.49（1.34, 4.62）*
抗不安・睡眠薬	1.75	2.12	1.94	1.11（0.95, 1.30）

子どもへの向精神薬処方の経年変化に関する研究について
―9年間の処方変化、13〜18歳への抗精神病薬が43%、抗うつ薬が37%増加
医療経済研究機構　　2015年1月13日発表

コラム

多文化な子どもが花開く時
発達障害が心配された子どもの学習や行動の変化

近田由紀子

　　多文化な子どもを支援する方々から、発達障害について心配する声が上がり始めたのは、いつだったろうか。もう随分前から、見立てはどうすべきか、どのように支援に結びつけたら良いか等、関心のある支援者の間で協議され模索されてきた。最近は、一般社会でも発達障害や合理的配慮等についての認知が高まり、その認知度に比例するかのように、多文化な子どもの発達障害の課題についても注目度が高まってきた。そのためか、多文化な子どもの学習や行動の困難さを、発達障害と結びつけて考えようとする傾向も目立ってきた。

　しかしながら、皆が求めるような適切なアセスメントは、国内外の研究を見ても、今も確立されていない。日本人の子どもでも判断が難しいとされる発達障害。多文化な子どもにしてみれば一層難しくなるのは当然といえよう。単に、診断において通訳者を介することでバイアスがかかるという問題もあるが、それ以前に、言語習得状況や文化的背景、社会経済的状況なども含め、あまりに多様な要因が複雑に絡み合っているためである。

　　例えば、多文化な子どもを受け入れる地域や学校の教育環境もあるだろう。彼らが学年相応の学習言語能力を向上させるには、一般的に5〜7年、あるいは10年かかるとも言われている。そのため、子どもたちが学校生活への適応

204

や学習言語能力を向上させている過程において、発達障害のような表れ方をする時がままある。在籍学級の学習に参加することが難しく、本来の力を発揮できない状況が長引けば、努力した学習の手応えや達成感が持てなかったりする。そのために、自己肯定感は不安定になり、学習意欲の低下から習得もますます困難になったり、行動にも問題が出てきたりする。また、異文化環境にあるがゆえに起こる家庭の問題について心配するあまり、授業に集中できなかったり落ちつきがなかったりすることもある。そのような時、支援者は、子どもたちの表面的な表れから「文字や九九を覚えられないのは学習障害ではないか、落ち着きがないのは注意欠陥・多動ではないか」と、支援方法の改善より先に、子どもの発達の問題へと転化することもありがちである。それが課題解決にならないことに気づかぬままに。

　私が出会った子どもたちも、一見発達障害が心配されるような困難さを表す子どもが多かった。子どもたちの困り感は何だろうか、どんな学習活動や支援をすればいいのか、試行錯誤の連続であった。時には、スクールカウンセラーやスクールソーシャルワーカーの知見も参考に、医療につなげることを視野に入れつつも、一人一人できることを考え実践した。その中でうまくいったことに目を向け、関係者と連携しながら何年間か指導・支援を続けていくと、ある時期に子どもが飛躍的な変化を見せるということがしばしばあった。このような変化について、外国人児童生徒教育に長年携わってきた仲間にも尋ねると「ある時、本当にぱっと花開くように子どもが変化を遂げる」ということは珍しいことではないという。

　では、発達障害を心配された子どもたちがどのように変化していくのか。複数の事例を統合して、A児の例として一つのケースを紹介しよう。

── A児の例 ──

　小学校1～3年生の頃、学習がほとんど定着せず、問題行動も多かった。日常会話はさほど苦労していないように見えたが、実際には本当の気持ちを日本語で伝えることは困難だった。学校も受け入れ体制をこれから構築しようという時期で、支援の手が届いていなかったり、家庭でのコミュニケーションにも支障があったりした。A児は学校でも家庭でも頑張りを認められることはほとんどなく、叱責されることの方が遥かに多かった。自己肯定感が極端に低く、傷つきやすくキレやすかった。鉛筆の持ち方一つでも指摘すると教室を飛び出してしまう子どもだった。

　そのA児が小学校卒業間近になった頃、日本語教室で突然「今日は私が先生で国語の授業をやるから、先生は生徒になって」と言い出した。唐突な提案だったが受け入れると、まるで在籍学級の担任さながらに、6年国語の授業を見事に再現してみせた。それは、まさに花開いた瞬間の姿であった。

　A児の変化が見え始めたのは小学5年の頃。その少し前、学校には、管理職をはじめとした多文化な子どもの関係者で定期的に開催する支援委員会が設置された。そこで情報を共有し次の目標や取り組みを確認していた。在籍学級担任、日本語指導担当、地域の日本語教室指導員等が、A児の情報を共有し、それぞれの支援を改善する努力を続けることができた。在籍学級担任は居場所づくりを中心に常に声かけをするとともに、昼休みには九九の個別指導もした。日本語指導担当は、日本語と教科の統合学習を中心にして学習に参加できるよう、スモールステップで個別指導を進めた。地域の日本語教室指導員は宿題の漢字書き取りを支援した。A児は文字の形を捉えて書くことが極端に苦手であった。そんなA児のために蛍光ペンで漢字を示し、A児がそれをなぞることで完成させるということを繰

り返した。保護者には、地域のNPO団体やスクールソーシャルワーカー、学校が連携して支援を続けた。

　そうこうするうちに、小さなことではあるがA児のできることが増え、できた喜びを実感したり教師に認められたりする機会も増した。A児にとって学校が安心できる場に徐々に変わっていく。それでも学習には極端な遅れがあったし、心理的に不安定な状態にあり、時には泣き出すといったことも度々あった。

　それが、6年生になると在籍学級の授業に集中し、他の子と同じペースで粘り強く最後まMAXできるようになる。驚いたことにノートに書くスピードが速く、苦手だった漢字も形が整っていた。落ち着いて人の話を聞き、自分の願いや日々湧き上がる感情を話すようになった。伝えたいことが伝えられる言語力・思考力が備わり、伝えられる場ができたのである。将来の夢も語り始めた。それまでの小さなプラスの蓄積が自信や希望につながったのだろう。このような子どもの変化は、保護者にも伝わる。色々なことに厳しかった保護者であったが、子どものよさや願いに耳を傾けるようになった。

　A児の変化を振り返ってみると、在籍学級担任、日本語指導担当、その他の教職員、地域の日本語教室、医療関係者、福祉関係者など、様々な関係者が連携・協働し、A児の可能性を信じ、定期的な会議はもちろん、日常的にも関わりながら支援の具体策を探り続けていた。それが功を奏したのではないだろうか。その結果、A児は、ゆっくりでも「小さなできた」を繰り返し経験することができ、達成感や充実感を徐々に満たし、学ぶ意欲や自己肯定感を高めたのではないだろうか。

　また、A児のケースでは、受け入れ体制が整うことで、多文化な子どもの支援と特別支援教育や福祉の知識やノウハウをうまく融合できたこと、地域の力も借りて家庭への

支援も積極的に進められたこと等もある。A児にとっての効果的な支援を、広い視野から関係者で創造し継続できたことは本当に幸いだった。

　多文化な子どもの学習や行動の困難さに対する支援には、外国人児童生徒教育、特別支援教育どちらかの視点のみでは課題解決の糸口を見つけることは難しい。多様で複雑であるがゆえに、診断の有無に限らず、領域や分野を超えて何ができるのか、探求する努力が支援者に求められているのではないだろうか。発達に課題があるとしても、環境の影響によるものであったとしても、困っているのは子ども。今後、子ども一人一人にしっかり向き合い、子どもの可能性を信じて支援を続けられるよう、「花開いた」事例を共有したり研修の機会を確保したりして、支援者へのサポートが積極的に進むことを願っている。

第IV部
地域での日本語活動を考える視点

第9章

基礎教育の保障と第一言語／第二言語としての日本語教育の重要性
実践事例や政策的観点からみた課題と展望

野山広

キーワード：基礎教育保障、日本語教育、異文化間教育、教育機会確保法

1 はじめに
——基礎教育の保障と第一言語／第二言語としての日本語教育

　　基礎教育とは「人間が人間として尊厳をもって生きていくために必要な教育で、人間の生活に最低限度必要とされる基礎的な教育」[1] とされ、国により、義務教育や識字活動（教育）の普及の度合い、修業年限など、具体的な定義は異なっています。ここでは、基礎教育の完全普及に向けた世界的な枠組みである「万人のための教育」（Education for All、以下EFA）において重要な実践課題の一つと捉えられる、就学前や初等・中等教育での第一言語／第二言語としての日本語教育に焦点を当て、その実践事例や施策の展開を踏まえて、政策的観点からみた課題と展望について考察します。

　　また本稿[2] の問題意識は、これまで外国人児童生徒に対する実践課題とされた第二言語としての日本語（JSL）の教育、外国人支援の視点から議論されてきた基礎教育分野の日本語教育支援について、国籍や背景（日本人、外国人、ろう者など）や日本語の位置付け（第一言語、第二言語、外国語、継承語、母語、国語）を超えて、その関係者が基礎教

育を保障する社会を構築することを視野に、ことばの教育の実践を展開し、より充実させていく可能性を考えることにあります。

2 ｜ 基礎教育の保障と「万人のための教育」の充実に向けて

　基礎教育の保障や充実は、例えば第2次世界大戦以降に独立した国々にとって、新しい国民形成、国家建設のための大きな課題でした。その背景には、基礎教育の現場における子どもの言語習得過程は、その人の人間形成に大きな影響を与えること、それ故に、子どもの言語教育に携わる場合、その実践の蓄積が、子どもの学習権、ひいては人権を擁護することにもつながっているという考え方が根底に存在するからです。換言すれば、こうした言語形成や人間形成と関係が深い、家族、地域社会、関連団体・機関（学会や専門家等も含まれる）、国などは、子どもの言語発達に対して目に見えない大変な責任を負っているともいえるでしょう。

　特に、その子どもが日本生まれであれ海外生まれであれ、日本語の位置付けが第一言語であれ第二言語であれ、そのほかに例えば、聾の子どもとして生まれて（耳の障がいの状況によって人工内耳を活用するかどうかは別にして）手話の位置付けが第一言語であれ第二言語であれ、日本語を第一言語／第二言語としてしっかりと学ぶための言語環境の整備・充実を図ることは重要です。また、それは異文化間教育（異文化間の交流から生まれた教育や、異文化との接触で生じた諸問題の解決を目指して行われる教育）にとっても喫緊の実践課題の一つです。

　1960年にユネスコにより開催された地域国際会議による「アジアにおける普遍的・無償初等義務教育計画案」（カラチ・プラン）では、1980年までに初等教育の完全普及

が決議され、同時に、人権としての教育とともに、人的資源の開発といった基礎教育の経済的な面からの有効性も認識されました（大安2017）。

　大安（2017）によれば、こうした流れに対する国際協力の重要な起点となったのが、1990年に国連開発計画、ユニセフ、ユネスコ、世界銀行の共催により開かれたEFA世界会議（タイ・ジョムティエン）です。この会議の報告書（WCEFA 1990）では、基礎教育が子ども・青年・成人のすべてに行き渡ることを国際的な合意とし、「拡大したビジョンと新たなコミットメント」と題した宣言文が提出されました。その中では、アクセスだけでない質の向上、学校だけでない基礎教育の手段や範囲の拡大、学習環境の向上、パートナーシップの強化、さらには財源の確保、国際協力の重要性が示されています（大安2017）。

　2000年にセネガル・ダカールで開かれた世界教育フォーラムでは、EFAに向けた進捗を評価する一方で、「万人のための教育」という目標達成には程遠く、世界の不就学児童は1億1千万人、非識字者は8億8千万人とされました[3]。

　この会議の成果文書（UNESCO 2000）では、EFAの目標として以下の6項目が目標として設定されました（大安2017, pp.10-11 引用・参照）。

1）乳幼児のケアおよび教育：最も不利な立場におかれた子どもたちに特に配慮した総合的な乳幼児のケアおよび教育を拡大し、改善する。
2）初等教育の完全普及：2015年までにすべての子どもたち、特に女子、困難な状況にある子どもや少数民族の子どもが、無償かつ義務で質の高い初等教育にアクセスし、修了することを保障する。
3）青年および成人のスキル：すべての青年および成人の学習ニーズが、適切な学習プログラムおよびライ

213

フスキル・プログラムへの公平なアクセスを通じて
満たされることを保障する。

4）成人の識字：2015年までに成人（特に女性の）識字
率の50％改善を達成する。また、すべての成人が、
基礎教育及び継続教育に対する公平なアクセスを達
成する。

5）ジェンダー平等：女子に対する質の高い基礎教育の
実現とその完全かつ平等なアクセスと学業達成を重
視しながら、2005年までに初等・中等教育でのジェ
ンダー格差を解消し、2015年までに教育におけ
るジェンダー平等を達成する。

6）教育の質：教育の質のあらゆる側面を改善し、高い
水準を確保することによって、すべての人が、特に
読み書き計算能力、基礎的なライフスキルの面で、
確認・測定可能な学習成果を達成できるようにする。

　このようにEFAでは、学齢期にある子どもを対象とし
た学校教育に限らず、幼児から大人まですべての人を対象
に、多様な場、方法による基礎教育の拡大、質向上を目指
しました。この目標1）〜6）を踏まえると、日本の現状
は、日本語の位置付け（第一言語、第二言語、外国語、継承語、
母語、国語）の如何にかかわらず、その関係者が基礎教育
の保障を視野に、教育の実践を展開、充実するという意味
では、いまだ発展途上です。その意味で、2016年12月8
日に「教育機会確保法」が日本で成立したことは大きな意
味があり、転換点となったと思われます。

3 ｜「教育機会確保法」の成立とその意義

　2016年12月8日に「教育機会確保法」が成立しまし
た。これまで義務教育を実質的に終えることができずに形

式卒業となった人々や、実質的に義務教育を修了しないまま学齢期を超えた人々が全国に多数存在します[4]。この法律により、これらの人々の教育機会を確保するために、公立の夜間中学等の義務教育を保障する学校が各都道府県に設置されることになります。なお、ここで使う「夜間中学」とは、実質的に義務教育を受けられず学齢期を超えた人々が学ぶ学校のことです。

　公立の夜間中学を持つ自治体は、2015年当時、全国で8都府県31校、25市区に存在していました。在籍する生徒数は全国31校の合計で1,849人でした（文部科学省2015a）。在籍する生徒数は全国31校の合計で1,849人です（文部科学省2015a）。公立夜間中学に通っているのは主に、小・中学校の義務教育の時期に、病気や不登校、そして経済的理由等で小・中学校へ通えなかった人です。その他、戦争等の理由で日本へ帰国できなかった中国や旧ソ連からの引き揚げ者、戦前、戦中の植民地時代に日本へ来た在日韓国・朝鮮人がいます。近年では、仕事や国際結婚等で来日したニューカマーや、その家族の人々が増えています。また、少数ですが難民や移民、その配偶者や二世、三世の人、あるいは過去に障がい等を理由に就学義務を猶予・免除された人もいるようです（学びリンク編集部2016, p.22）。

　このように、さまざまな背景を持つ生徒に対して、公立の夜間中学では、暮らしに役立つ生活基本漢字や日本語の教育に力を注いできました。こうした動きの背景には、先述のユネスコの提言等の影響も含め、次に述べる1970年代以降の国際規約の批准や採択の影響も少なからずあると思われます。

4 ｜ 子どもの言語教育に関する政策の変遷
——国際規約、条約、行政改革など

　1979年に、「経済的、社会的及び文化的権利に関する国

際規約」が批准され、続いて、「児童の権利に関する条約」が1989年に採択、94年3月に国会において批准、5月には公布されました。後者の28条には、子どもの学習権（教育の権利）に関する記述があり、29条には、「子ども自身の持つ文化的アイデンティティ・言語・価値」の尊重に関する記述があるわけですが、日本では、残念ながら、いまだ十分な対応がなされていません。この状況は、憲法98条2項の「国際法規——誠実な遵守」の記述から考えれば、大きな問題の一つです。

　このままでは、複言語環境の中で育っている日本国内の日本語を第一言語あるいは母語としない子どもたちの大半は、日本語以外のもう一方のことば、つまり母語の発達度合いについて、ほとんど何の対応もなされないまま成長していく可能性が高くなります。その結果として、子どもの母語・母文化への意識を含む自尊感情（セルフエスティーム）の確認や育成は、なかなかなされないこととなります。この状況は、子どもの言語習得環境の整備・充実という意味では、悪循環のはじまりを暗示しています。以下、基礎教育の保障に関連して、日本国憲法と政策の現状との関係についても触れておきたいと思います。

5 ｜ 外国籍の子どもや聾の子どもの「就学の義務」の重要性について

　　文部科学省の見解と国際人権に関する法律との間のズレに関して、以下、前節で既に述べたことを踏まえつつ、概観しておきます。

5.1　日本国憲法第26条の記述からみえてくること

　日本国憲法26条の記述は以下のようになっています。

　26条　すべての国民は、法律の定めるところにより、

その能力に応じて、ひとしく教育を受ける権利
を有する。

2 すべての国民は、法律の定めるところにより、
その保護する子女に普通教育を受けさせる義務
を負ふ。義務教育は、これを無償とする。

日本生まれ日本育ちの（母親あるいは父親、または、両方が
外国人で日本語ノンネンティブ）外国人児童・生徒の場合でさ
へ、日本の学校教育についていくのは大変です。特に、小
学校の3、4年生から中学校1、2年生くらいにかけて習
う、加減乗除のうちの割り算（割り切れない、余り、最大公約
数、最小公倍数等の概念の理解等）で壁にぶつかる子どもが少
なくないと各地域の学校教育の現場で指摘されています。
ここで躓くことと、言語（一つ目の言語）の能力の基盤を作
っている力とは関係が深いと推測されます。

　この基盤となる力を健やかに育成していくためにも、少
なくとも一つの言語の力で学べる学校に就学することは、
とても重要となってきます。その意味で、例えば、外国籍
の子どもの場合は「母語や第一言語」で学べる選択肢があ
ること、そして、聾の子どもの場合は（保護者が「健常者」
の場合など、家族の意識や状況にもよりますが）、基本的には第
一言語であると考えられる「手話（日本手話）」で学べる学
校に就学できる選択肢があることが、肝要と考えられます。

5.2　子どもの権利条約第28条からみえてくること

　一方、子どもの権利条約の28条（教育の権利）は、以下
のような条文になっています。

1 締約国は、教育についての児童の権利を認めるも
のとし、この権利を漸進的にかつ機会の平等を基
礎として達成するため、特に

（a）初等教育を義務的なものとし、すべての者に対して無償のものとする。

（b）種々の形態の中等教育（一般教育および職業教育を含む。）の発展を奨励し、すべての児童に対し、これらの中等教育が利用可能であり、かつ、これらを利用する機会が与えられるものとし、例えば、無償教育の導入、必要な場合における財政的援助の提供のような適当な措置をとる。（以下省略）

　文部科学省や教育の現場（地域、学校、保護者）には、こうした権利を、複言語環境にある外国籍の子どもや聾の子どもが享受できるような言語環境整備を充実、促進するための責任を果たすことが期待されているわけですが、実態としては、なかなか理想通りに責任は果たされず、必要な政策・施策はなかなか展開されることなく、環境整備も漸進していないと思われます。

5.3　子どもの権利条約29条（教育の目的）からみえてくること

　同29条（教育の目的）は、以下のような条文になっています。

　1　締約国は、児童の教育が次のことを指向すべきことに同意する。

（a）児童の人格、才能並びに精神的及び身体的な能力をその可能な最大限まで発達させること

（b）人権及び基本的自由並びに国際連合憲章にうたう原則の尊重を育成すること

（c）児童の父母、児童の文化的同一性、言語及び価値観、児童の居住国及び出身国の国民的価値観並びに自己の文明と異なる文明に対する尊重を育成す

ること。

(d) すべての人民の間の、種族的、国民的及び宗教
的集団の間の並びに原住民である者の間の理解、
平和、寛容、両性の平等及び友好の精神に従い、
自由な社会における責任ある生活のために児童
を準備させること

(e) 自然環境の尊重を育成すること

2　この条文は前条のいかなる規定も、個人及び団体
が教育機関を設置し及び管理する自由を妨げるものと
介してはならない。ただし、1に定める原則が遵守さ
れること及び当該教育機関において行われる教育が国
によって定められる最低限度の基準に適合することを
条件とする。

　これらの条文内容を踏まえると、主に集住地域に設立さ
れているブラジル人学校、ペルー人学校など、首都圏にあ
るネパール人学校、インド人学校などのほか、各地のバイ
リンガルスクール（英日のインターナショナルスクール、加藤学
園＝静岡県沼津市、群馬国際アカデミー＝群馬県太田市、中華学
校、朝鮮人・韓国人学校など）の教育内容・方法のさらなる充
実が期待されます。また、日本手話で学べる明晴学園のよ
うな学校が今後徐々に増えていくことが期待されます。以
下、日本国内の国や地域の対応について概観しておきたい
と思います。

6 ｜ 日本国内の対応

　国（政府）のレベルでは、行政改革の一環で設置された
臨時教育審議会の報告書での提言をはじめ、旧文部省（海
外子女教育課）所管（2000年までの所管）の海外子女教育セン
ター（東京学芸大学）が実施してきた調査・研究およびその

報告においては、異文化の狭間で言語生活を送る（送って
きた）子どもへの適切な対応の充実と、彼らのような二言
語・二文化の経験を積んだ人材資源の重要性について、繰
り返し指摘されて来ています。その意味で、政府がまった
く対応していないわけではないと思われます。

　2001年以降は、文部科学省（国際教育課⇒現在の総合教育
政策局男女共同参画共生社会学習・安全課）所管の国際教育セ
ンター（東京学芸大学）をはじめ、外国人集住地域（群馬県
太田市、静岡県浜松市などの日系南米人が多く居住する集住地域）
など、地域・自治体の方が国に先駆けてさまざまな対応方
策を展開してきています。具体的には、教育特区申請をし
て、バイリンガル教員の採用・活用などを積極的に行って
きた群馬県太田市、バイリンガルの支援者を配置して不就
学の児童・生徒に対する母語を使った教科補習や支援活動
などを積極的に行ってきた静岡県浜松市、日本語教育コー
ディネーターを配置しつつJSLバンドスケールを地域全体
で活用してきた三重県鈴鹿市など、先駆けとなる実践を展
開してきています。

　こうした活動と並行して、文部科学省（国際教育課）で
は、これまでの年少者に対する日本語教育の蓄積・成果を
踏まえて、JSLカリキュラムの開発を行い、2004年には
小学校編のカリキュラムを、2006年には中学校編のカリ
キュラムを完成させました。現在、その内容の理解・促進
や普及に尽力しています。一方、文化庁（国語課）では、
1990年代から実施してきた地域日本語教育推進事業の成
果や関連事業の成果を総括したものとして、地域日本語学
習支援活動の羅針盤となるような『地域日本語学習支援の
充実』（文化庁編、国立印刷局、2004年）を発行しました。

　この経緯を踏まえると、これまで、そのときの状況に応
じて、対症療法的な施策は展開されてきているものの、将
来を俯瞰できるような総合的な政策の構築はいまだなされ

ていない、という現実があります。そこで、以下、今後の基礎教育の保障と言語教育の政策・施策の充実に向けた総合的な政策の必要性について言及しておきたいと思います。

7 | 総合的な政策の必要性
── 「多言語・多文化政策」「移民政策」の確立へ向けて

　前節で述べた国内の施策の展開は、子どもの現状に対して応じてきた成果であり、それなりに貢献している施策であると思われます。ただ、こうした、対応の大半は、どちらかといえば、対症療法的であり、総合的（ホリスティック）な観点に立った対応にはなっていません。

　特に、子どもの母語にも配慮した施策や政策を展開しようとする場合には、子どもたちの将来の言語生活の充実や、人間形成を意識した言語教育の展開を図っていくための基盤となるような、総合的な政策の構築が必要になります。換言すれば、あらゆる子どもに対する基礎教育を保障する社会の構築を前提にして、複言語環境で育っている子どもへのバイリンガル教育を意識した育成を図っていくためには、そうした子どもたちの言語環境を意識した政策・施策の立案や、いわゆる「多言語・多文化政策（複言語・複文化政策）」「外国人政策」「言語政策・計画」「移民政策」等の確立が不可欠になってくる、ということです。

　以下、今後、複言語・複文化社会や基礎教育の保障を前提とした社会の構築を視野に入れた総合的言語政策の展開において肝要と考えられる言語生活・言語環境の整備・支援に関して、JSLと母語の学習支援について海外の事例を踏まえながら考察しておきたいと思います。

8 言語生活・言語環境の整備・支援
——JSLと母語の学習支援について考える

8.1 児童・生徒（年少者）に対する自国語の教育
——諸外国の事例と日本の対応

　イギリスでは、義務教育で英語を「追加的言語」として
学ぶ外国人の子どもに対する言語教育は、1960年代以降積
極的に行われてます。初等・中等学校で全生徒に占めるマ
イノリティの比率が高い地方教育局に対し、その比率に応
じた交付金を、教育地方交付金の基準額に上乗せして配分
する制度（教育標準支出アセスメントの「エスニシティ指数」）が
あります。また、マイノリティや難民・流浪民族の子ども
の教育機会均等の保障を目的とした助成金もあり、英語を
第一言語としない子どもが正規の授業に参加できるようサ
ポートするための専門教師の人件費等に充てられています。

　スウェーデンでは、義務教育年齢内の移民は、スウェー
デン語教育を学校教育の一環として、基礎学校（義務教育
機関）で受けられます。第二言語としてのスウェーデン語
教育（以前は外国語としてのスウェーデン語と呼ばれていました）
は、増加した移民児童・生徒の必要に応えるため、1960
年代から行われてきています。基礎学校に関する法令で、
地方自治体は、この言語教育の必要があれば必ず実施しな
ければならない、と規定されています。

　アメリカでは（そのときの政権の方針にも左右されることがあ
りますが）、基本的には、地方政府が実施する「英語能力に
制限のある（LEP）移民児童」を主な対象とした教育に対
して、連邦政府の教育庁は諸々の支援プログラムを実施し
ています。例えば、地方政府が実施するバイリンガル教育
に対して財政補助・支援を、また初等中等教育機関に編入
して3年以内の移民児童生徒が地区内に500人以上か総数
の3％以上の場合、地方政府が行うLEP生徒対象の教育に
対して財政支援を行っています。

222

日本では、定住外国人の増大に伴い、彼らに同伴する外国人児童・生徒が増加して来ています。周知の通り、外国人の子どもには就学義務が課せられておらず、また、学習指導要領には外国人児童に対して（ほとんど）何も言及されてきませんでした。文部科学省では、我が国の公立小・中学校への就学を希望する場合は受け入れることとし、受け入れた外国人児童・生徒が日本の学校のカリキュラムについていけるように日本語指導を行うことが重要だとして、日本語指導カリキュラムの開発、日本語指導教材の開発、教師の加配、担当教師等に対する日本語指導法などの研修の実施等を行ってきています。さらには、学校教育に対応した第二言語としての日本語指教育のカリキュラムの開発・普及も行ってきています。まだ十分ではありませんが、「特別の教育課程」の編成、実施、展開は、ある意味大きな前進だったと思われます。今後は、この特別の教育課程に対する理解を各地域で促進していくとともに、カリキュラムのさらなる充実や、活用方法に関する理解促進・普及施策の展開、担当教員の指導力や柔軟性の向上、就学前の対応方策などの展開が期待されます。

8.2　児童・生徒（年少者）に対する母語の教育
──諸外国の事例と日本の対応

　スウェーデンでは、児童・生徒の片方か両方の保護者がスウェーデン語以外の言語を母語とし、かつそれが家庭生活で使用されている場合、彼らにその言語の基礎知識があり、本人が望めば、言語選択科目、生徒選択科目、学校の与える選択科目、学校の時間割外の自由選択科目のいずれかの形態により、母語教育を受ける権利があると学校法令に規定されています。

　アメリカでは、1968年にバイリンガル教育法（初等中等教育法第7条）が制定され、英語を母語としないマイノリテ

ィの子どもは、一定期間英語教育を受けながら、同時に母語を使用して授業を受けることが認められています。制度上、学校がバイリンガル教育を行う場合には、連邦政府から財政援助を受けることができるようになっています（ただし、1990年代以降、バイリンガル教育の廃止を決定する州が増えてきているようです）。

　日本の場合、外国人児童・生徒、特に年少の外国人児童にとっては、母語能力との関係を考慮することが、学習能力や認知能力、情操教育の上で重要であると指摘されているにもかかわらず、現在のところ母語教育や母語を活用した教育についてはほとんど手がつけられていません。そのため、日本語も母語も満足に読み書きできない子どもが増えてきています（集住都市会議2001参照）。その結果、学校生活に適応できず、卒業できたとしても形式卒業となってしまう場合や、その学校をドロップアウトしてしまう場合も少なくありません。

　こうした経緯と、2008年末のリーマンショック以来の不況の中、家族の経済的理由等で学校に通えなくなってしまったり、帰国を余儀なくされてしまった子どもも存在しました。帰国後、母国においても、日本の海外帰国子女の場合と同様に、状況によっては、不適応を起こす子どもがいることも推察されます。こうした中、2009年度途中から、さまざまな問題は抱えつつも、約37億円の予算規模で、彼ら不就学の子どもたちを主な対象として「虹の架け橋」という政府（文部科学省→IOM委託）事業が開始され、多くの地域で展開されていることは朗報の一つであったと思われます。

　また、2014年に母語の存在も視野に入れた言語テストであるDLAの開発が実現して、現在徐々に普及していることも朗報だと思われます。

　以下、おわりに、多言語・多文化（複言語・複文化）環境

の整備促進、充実に向けて、展望と提言をしておきたいと思います。

9 おわりに
——多言語・多文化環境の整備促進、充実に向けた展望・提言

　日本の多言語・多文化化の状況やその増進を踏まえると、まずは、日本語を母語としない児童・生徒（年少者）の学習する権利を保障することを前提とした政策・施策の立案・展開が期待されます。また、2019年6月に成立した「日本語教育推進基本法」の内容を踏まえると、児童・生徒を対象とした日本語教育を専門とする教員を適切に配置することがますます重要となってきます。そして、そのためには、高等教育機関や日本語教員養成機関等において、小・中学校のJSL（第二言語としての日本語：Japanese as a Second Language）教員の養成を図りつつ、他教科の教員養成課程・コースや、幼稚園・保育園の保育士等の養成課程・コースなどにおいても、言語習得研究等の内容を含めた年少者日本語教育について考える場を提供することがより肝要となってくるでしょう。

　さらに、諸外国の先行事例のように、子どもの母語、第一言語、手話等を理解できるバイリンガル教員の育成・養成や専任教員の派遣も視野に入れた、バイリンガル教育制度構築の可能性も展望する時期に来ていると思われます。母語の維持や基礎教育の保障を考慮した政策を展開するとともに、母語を活用した教科学習支援や生活指導を行い、彼ら自身の根っこである自文化＝母文化のアイデンティティを失うことなく、安定した学校生活・言語生活を送れるよう、家族、地域、関連機関の連携・協働を強化しながら、できる限りの対応方策を実施・展開することが肝腎です。また、子どもの自尊感情の確認・育成も含めた精神的支援はもちろん、財政面および制度面も含めた、教育・学

習支援体制を整備していくことが期待されます。そのためには、地域におけるさまざまな専門家、関係者のネットワーク作りや深化が、ますます重要となってくるでしょう。

　その他、受け入れ（ホスト）側である日本人児童・生徒、国際クラス・日本語担当教員、担任教員、管理職教員などに対しても、異なりを認め、共に生きるという意識を醸成するための多文化教育・異文化間教育等を推進することが期待されます。さらには、政府の「骨太の方針」に沿って改正された入管法の下、2019年の4月以降ますます増えると考えられる外国人の定住者も視野に入れると、これから到来すると考えられる「多言語・多文化社会」「共生社会」「移民社会」に対応した政策・施策が展開されることが不可欠となってきます。さらには、時代状況に応じた、国語・日本語、母語、継承語、第一・第二言語、外国語等の教育の在り方の追究が求められます。こうした推進や追究を支える法律等の再検討も期待されるところですが、まずは、例えば、諸外国の事例を踏まえながら（表1参照）、日本における永住資格取得の在り方に関する法律改正を実施して、他の移民受け入れ国と同様、永住資格を3年〜5年で取得できるような移民社会への転換を、政府や住民（市民）が受容していくことも期待されます。

表1　永住資格、市民権、国籍取得の条件（出典：文化庁文化部国語課2003, p11）

	永住資格取得の居住条件	市民権・国籍取得（帰化）の居住条件
イギリス	4年	5年
ドイツ	8年	8年
フランス	3年	5年
オーストラリア	0年	2年
スウェーデン	2年	5年
アメリカ	0年	5年
カナダ	0年	3年
日本	10年	5年

注

[1] 基礎教育保障学会設立趣意書より。http://jasbel.org/setsuritu-ikensyo. pdf（2018年3月28日閲覧）

[2] 本稿は、野山（2018）の内容や、野山（2017）で論じた内容を踏まえながら、本テーマに即して必要な情報や考察を加筆しつつ執筆したものです。

[3] 義務教育未修了者や非識字者がどの程度存在するのかについては、日本の既存調査の中で、これまで該当する調査は見当たりません。ただ、日本語使用者の読み書き能力を測定した調査として（唯一）、日本人の読み書き調査があります。また、国勢調査における都道府県別未就学者数は推定値としては活用できると思われる。日本人の読み書き調査は、人々の読み書きに関する調査として、1948年と55年の「日本人の読み書き調査」が実施されています（読み書き能力調査委員会1951）が、それ以降実施されていません（斉藤2012, pp.57–60）。1948年の調査では全国の15〜64歳までの無作為に選ばれた成人男女約17,000人に日本語の読み書きに関する試験を実施しました。ひらがな・カタカナ・漢字の書き取りや読み、文章理解等を問う問題が90題出題されました。その際に、得点が0点であった者を「かなさえ正しく読み書きできない者」であるとし、それを完全文盲（非識字）と定義しました。また「かなはどうにか読み書きできるが、漢字はまったくできない者」を不完全文盲（不完全非識字）としました。その結果、全国で完全文盲と判定された者が1.6％、完全文盲者（非識字者）を含み不完全文盲者（不完全非識字者）まで対象を広げると全体で2.1％という数値でした。年齢別でみると55〜59歳では10人に1人が不完全文盲者で、60〜64歳では5人に1人が不完全文盲者でした。しかし、若年世代では世界の諸国と比べて文盲率が著しく低かったため、UNESCOの定義するfundamental education（基礎教育）の問題がないと判断されました。なお、その後の1955年に実施された調査では（1948年の調査結果を踏まえて）、15〜24歳の青年層から2,000人、調査対象地域を関東と東北に限定し、読み書き能力の試験が実施されました。「読み書き能力が無く、日常生活に支障があると明らかに認められるもの」と判定された割合は、関東地域で9.5％、東北地方では15.7％でした。調査問題に1問も回答できなかった者を、前回1948年の試験と同様、完全文盲と定義すると、完全文盲の比率は関東地域で0.1％、東北では0.8％でした。

[4] 夜間中学に行けなかった義務教育未修了者とはどのような人々なのか、よくわかっていません。統計調査が行われてこなかったことに原因があります。1985年に中曽根元首相が国会の答弁書で70万人と述べていますが、算出根拠は不明です。2003年に全国夜間中学校研究会人権救済申立専門委員会が行った調査によると、戦後、小学校・中学校を中途退学した人の数は約126万人と推計しています（学びリンク編集部2016）。2010年実施の国勢調査によると、学齢期を超えた小学校の未就学者が全国に12万8,187人存在します。総務省統計局

227

の国勢調査の用語の定義によると、未就学者とは「在学したことのない人又は小学校を中途退学した人」としています。本来、義務教育未修了者には中学校に在学したことのない人や中途退学した人、そして形式卒業者も含まれるわけですが、これらの人々に関しては統計調査が行われていません。文部科学省や夜間中学関係者もこの問題を認識しており、総務省に国勢調査の調査項目に含めるよう要求し続けています。特に海外から来日した子どもの一部には無国籍となった者や未就学者が存在しますが（未就学者は義務教育未修了者の一部ですが）、その実態を把握することは、今後、各都道府県で夜間中学を設置する上でもとても重要な課題となってきています。

参考文献　内田伸子（1990）「第Ⅰ章　言語と人間」内田伸子（編）『新・児童心理学講座6　言語機能の発達』pp.1–35.　金子書房

大安喜一（2017）「アジアにおける基礎教育の完全普及に向けて―途上国支援とともに相互協力へ」『基礎教育保障学研究』pp.9–19.　基礎教育保障学会

オング，W・J（1991）『声の文化と文字の文化』藤原書店

カミンズ，ジム（中島和子訳）（2004）「声の否定―カナダの学校教育におけるろう児の言語の抑圧」『ぼくたちの言葉を奪わないで！―ろう児の人権宣言』pp.127–146.　明石書店

カミンズ，ジム（中島和子訳）（2008）「手話力と学力との関係に関する研究」『バイリンガルでろう児は育つ』pp.79–118.　生活書院

川上郁雄・池上摩希子・齋藤ひろみ・石井恵理子・野山広（編）（2009）『「移動する子どもたち」のことばの教育を創造する―ESL教育とJSL教育の共振』ココ出版

木村晴美（2007）『日本手話とろう文化』生活書院

斉藤泰雄（2012）「識字能力・識字率の歴史的推移―日本の経験」『国際教育協力論集』15, pp.51–62.

佐々木倫子（2014）「ろう者のマルチ・リテラシー」『ろう者の複数言語環境が示唆する日本語教育の課題』2014年度日本語教育学会秋季大会パネルセッション発表資料

集住都市会議（2001）第1回集住都市会議配布資料　浜松市

総務省統計局「平成22年国勢調査」http://www.stat.go.jp/data/kokusei/2010/ind ex.htm アクセス日2018年3月28日

中島和子（1998a）『バイリンガル教育の方法―地球時代の日本人の育成を目指して』アルク

中島和子（1998b）『言葉と教育』海外子女教育振興財団

野山広（2005）「多文化共生社会に対応した外国人受け入れ施策や言語教育施策の在り方に関する一考察―諸外国の受け入れ施策や言語教育施策を事例として」『言語政策』1, pp.37–62.　日本言語政策学会

野山広（2017）「基礎教育保障の基盤となる人材確保等の課題と展望―夜

間中学における日本語の教育を支える人材に必要な資質・能力という観点から」『基礎教育保障学研究』創刊号, pp.22–35.　基礎教育保障学会

野山広（2018）「官民協働で追及する義務教育完全保障─学会設立と「基礎教育」論」『日本の科学者』特集論文

文化庁（編）（2004）『地域日本語学習支援の充実─共に育む地域社会の構築へ向けて』国立印刷局

文化庁文化部国語課（2003）『諸外国における外国人受け入れ施策及び外国人に対する言語教育施策に関する調査研究報告書』文化庁

学びリンク編集部（編）（2016）『全国夜間中学ガイド』学びリンク

箕浦康子（2003）『子供の異文化体験─人格形成過程の心理人類学的研究』新思索社

文部科学省（2015a）「中学校夜間学級等に関する実態調査について」http://zenyachu.sakura.ne.jp/public_html/minerva/20150430monkasho.html　アクセス日2018年3月28日

文部科学省（2015b）「小・中学校への就学について─義務教育修了者が中学校夜間学級への再入学を希望した場合の対応に関する考え方について（通知）」平成27年7月30日　http://www.mext.go.jp/a_menu/shotou/shug aku/detail/1361951.htm アクセス日 2018年3月28日

文部科学省（2017）「中学校夜間学級の設置状況について（2017年4月時点）」http://www.mext.go.jp/a_menu/shotou/yaka n/1364960.htm　アクセス日2018年3月28日

読み書き能力調査委員会（1951）『日本人の読み書き能力』東京大学出版部

Baker, C. (1993) *Foundations of Bilingual Education and Bilingualis.* Multilingual Matters.

Baker, C. (2000) *A Parents' and Teachers' Guide to Bilingualism.* 2nd Edition. Multilingual Matters.

UNESCO (2000) *Dakar Framework for Action, Education for All: Meeting our Collective Commitments.* Paris: UNESCO.

World Conference on Education for All Inter-Agency Commission(1990) *Final Report of the World Conference on Education for All.* New York, UNICEF.

.

第10章

共生社会における子どもの権利
子どもの権利条約と関係的な子どもの権利

伊藤健治

キーワード：子どもの権利条約、学習権、関係的な権利論、
社会的排除／包摂

1 はじめに

　現代社会において子どもの権利に関する問題は多様化・複雑化しており、子どもの時期に何らかの困難に直面すると、その不利益が将来に向かって積み重なっていく状況が生じている。また、子どもたちが抱える困難の背景には、社会の構造的問題が大きく影響を与えているにもかかわらず、子どもの権利に関する問題は最近まで社会的な課題とは考えられてこなかった。

　例えば、一見すると誰に対しにても平等に保障されているようにみえる義務教育制度に関しても、現実には様々な要因によって学ぶ機会が十分に保障されないままおとなになっていく人々を多く生み出している。文部科学省の「日本語指導が必要な児童生徒の受入状況等に関する調査」（2018年度）によると、日本語指導が必要な高校生は、全高校生と比較すると中途退学率は7.4倍に上り、卒業した場合でも進学する生徒は全高校生の6割程度の42.2%、非正規の仕事に就く割合が40.0%、進学も就職もしていない割合が18.2%と、多くの者が不安定な状況に置かれて

いることが明らかになっている。高校中退や進路状況の問題は、義務教育段階からの不利の積み重ねによって生じる問題であり、公教育制度における日本語教育を必要とする子どもたちへの支援が不足しているために「教育を受ける権利」が保障されていない状況にあることがわかる。

その他にも、いじめや不登校、体罰の問題など学校教育現場における様々な問題は、学齢期の学習機会を制限するだけでなく、進学機会を限定したり学校から仕事への移行を困難にしたりするなど、その後の人生に大きな影響を及ぼしていく。現代社会において、子どもの学習と生活を保障することは重要な課題であって、子どもの権利保障という観点から社会に取り組むことが求められる。

本章では、子どもの権利に関する研究を歴史的に振り返ることで、「子どもの権利」の理論的な"難しさ"を確認しながら、子ども支援の実践を支え、社会的な課題に取り組むための「子どもの権利」について考察する。

2 | 子どもの権利条約の歴史的背景

国際社会において、子どもを人権の主体として明確に位置づけたのは、1989年11月20日に国連総会で全会一致によって採択された「子どもの権利条約」であった。人権の主体であるとは、人間としての存在価値や尊厳が社会的に承認されているということである。子どもの権利は歴史的にみると決して自明なものではなく、条約が採択されて30年が経つ現在においても、子どもの権利に対する理解は社会的にも制度的にも課題となっている。

子どもの権利条約では、子どもを一人の人間として権利の享有主体かつ行使主体として位置づけるとともに、子ども固有のニーズに基づいた成長・発達の保障を規定しており、子どもの権利を構成する自律的要素と保護的要素を共

に保障しようとする立場として、現代の標準的な子どもの権利観を形成している。

　このような子どもの権利に関する自律と保護の両義的な捉え方の背景には、条約の前文でも言及されているように歴史的な経緯があり、前史としての「ジュネーブ宣言」（1924年）や「国連子どもの権利宣言」（1959年）で示されていた「子どもに対する特別な保護」を求める権利観を受け継ぎながら、他方では「世界人権宣言」（1947年）を端緒として「国際人権規約」（1966年）、「女性差別撤廃条約」（1975年）など、第二次大戦後における人権保障の歴史的進展の中で、人類の普遍的な権利としての近代的権利、すなわち「自律的な権利」を子どもに対しても保障するべきことを提起するものであった。

　歴史的に子どもが保護を受ける対象と考えられてきたのは、おとなとは異なる存在として子どもが「発見」されたことに起因している。アリエスが著書『〈子供〉の誕生』（1960年）で指摘したように、子どもが固有の存在として意識化されたのは近代以降であり、17世紀までは子どもという観念が存在せず、中世芸術においても「小さなおとな」として描かれていた。つまり、家父長的家族制度の下で〈子殺し・子捨て〉が行われていた時代から、子どもに対して愛情をもって養育することが一般化するにつれて、子どもの弱さや傷つきやすさが保護の対象として社会的に認識されるようになっていった。その結果、イギリスでは産業革命以降の過酷な児童労働を規制する工場法（1833年）が制定され、国家による子どもの保護が行われるようになった。また、1899年にはアメリカのシカゴで少年裁判所が創設されたことで、親からの保護に欠けた少年は国が親に代わって保護をするというパレンス・パトリエ（国親思想）の理念が示され、現代でも多くの国において少年法の基本理念になっている。

一方で、近代における子どもの発見は、権利の主体へと導く子ども観を提示するものでもあった。子どもの発見者とされるルソーは、著書『エミール』(1762年) において、子どもの時代にはおとなに近づけるのとは違った意味での固有の意義があり、成長・発達するために固有の法則性を有することを明らかにしている。近代以降の教育思想では、未熟な存在としての子どもが〈発達の可能態〉として考えられるようになり、教育による人間性の形成を通して自律した主体を目指していく啓蒙としての教育実践が展開されていった。

　また、子どもの自律的な権利については、1960年代のアメリカにおいて、公民権やフェミニズムの運動に牽引されながら自由と平等を要求する近代的な権利運動として展開された。当時、アメリカでは「伝統的な家族」の崩壊とともに児童虐待や離婚件数が増加していったことで、保守的な「子どもへの保護」の思想に対する批判が広がり、様々な権威的な保護から子どもを解放すべきだと考えられるようになった。

　子どもの権利条約の制定過程においても、1979年の国際児童年に審議が開始された当初は「子どもの権利宣言」にみられる子どもへの特別な保護の枠組みに法的拘束力を持たせることが目指されていた。しかし、1981年に審議に加わったアメリカにより市民的自由の条項が提案されたことで、「自律的な権利」と「保護を受ける権利」を併せて保障する条約として成立した。

　子どもの権利条約は、このような子ども観の歴史的変化を反映して成立したものであった。

　なお、日本政府は1994年に子どもの権利条約を批准している。国連の「子どもの権利委員会」は、締約国における条約の実施状況を審査しており、日本政府に対して、5回の「総括所見 (Concluding Observations)」を示している

が（第1回：1998年、第2回：2004年、第3回：2010年、第4回・第5回：2019年）、立法その他の対応が十分に行われていないことが繰り返し指摘されている。特に、第3回の総括所見では、「高度に競争主義的な学校環境が就学年齢にある子ども間のいじめ、精神的障害、不登校・登校拒否、中退および自殺に寄与しうることを懸念する」（パラグラフ70）といった学校教育の問題を指摘するとともに、情緒的幸福度の低さが「子どもと親および子どもと教師との間の関係の貧困さ」（パラグラフ60）によって引き起こされていることに懸念が示されている。また、2019年に採択された第4回、第5回の総括所見においても、これまでに指摘された問題の多くが引き続き取り上げられている。日本政府の対応の不十分さに対して、NGOや自治体によって子どもの権利保障の実践が進められているが、日本社会において条約が有する子ども観などの基本的な理解は未だ十分に浸透していない。以下では、子どもの権利に関する理論的な展開を概観することで、子どもの権利に関する課題を探っていく。

3 ｜ 発達と学習の権利としての子どもの権利

　子どもの権利に関して、日本国憲法では「教育を受ける権利」（第26条）を定めている。そして、教育を受ける権利は、戦後の教育裁判を通して、「子どもの学習権」として理解されるようになった。これは、「発達の原動力は子ども自身の主体的活動にある」とする教育学の知見と、教育現場における豊かな実践の中で深められてきたものである。

　教育学の分野から子どもの権利思想を展開してきた堀尾輝久は、教育を受ける権利とその前提としての発達と学習の権利を、子どもの権利の中核に位置づけている（堀尾

1989)。なぜなら、「発達段階にふさわしい学習の権利、教育への権利が、それにふさわしい環境・人間関係を含めて保障されていなければ、子どもの人間としての諸権利も、将来にわたって守られず、成人してからの諸権利も、その内実のないもの」になるからである。そのため、発達と学習の権利は「基本的諸権利の基底となるものであり、人権の基底、ないしは、「人権中の人権」ともいうべき地位が与えられねばならない」と述べている。

　また、堀尾は子どもの権利の特性として次の2つをあげる。1つは、子どもの権利がその将来にわたって人権の基底になっていくということである。もう1つは、子どもの権利が保障されるためには、子どもに関わるおとなたちの権利が守られていなければならないということである。つまり、子どもは未熟な存在であるため、その権利を自己充足することができず、誰かが保障しなければならない。そこで、家族や教師などをはじめとした子どもを取り巻く人々との関係が注目されることになる。堀尾は、「子どもの発達と学習にかかわる他者との関係の中で、そのかかわりを持つ者の権利保障と、子どもの権利保障は不可分」であると捉え、これら関係者の権利が保障されることによって子どもの権利が保障されると考える。こうして、「親の健康で文化的な生存権」や「教師の人権と教育権」の保障が強調されることになるが、その一方で、子どもの自身の権利については、「子ども自らが主張できず、適切な人が代行してその実現を保障する」ものと考えられてきた。

　以上のように、教育学の立場からは、子どもの権利は、〈発達の可能態〉としての子どもの固有性（おとなとの差異性）を強調するものとして展開されてきた。それは、近代人権思想と現実の歴史的過程の中で〈保護の客体〉と考えられてきた子どもという存在を、〈発達の主体〉へと捉え返すことで権利主体として位置づけるものであった。発達

と学習の権利を中心とした子どもの権利論は、主に教育学の分野において多くの論者によって発展的に継承されており、現在でも有力な理論となっている。

4 〈人権〉としての子どもの権利

　発達と学習の権利を中心とした子どもの権利論は、教師による教育実践において子どもの権利が保障されると考えられてきたため、学校や教師が子どもにとって対立的な存在になり得ることは暗黙の内に覆い隠されてきた。しかし、1970年代に様々な教育問題が明らかになっていく中で、学校現場における子どもと教師との緊張関係に対する認識が希薄であったことが指摘されるようになる。

　例えば、近代の教育思想を研究してきた原聡介は、「子どもの疎外」という視点から問題を指摘している。つまり、学習の主体としての子どもは教育を不可欠的に必要とする以上、教育する主体としての親、教師あるいは学校、国家などと不可避的に対立緊張関係にならざるを得ない。しかしながら、近代教育学においては〈発達の可能性〉を追求することが自己目的化してきたことを批判するのである（原1979）。この背景には、現実の教育現場の中で子どもたちが追い込まれていく状況を踏まえながら、発達可能態としての子どもの可能性を出来る限り開花させることを目指す教育思考において、子どもを「開発されるべき資源」として捉えてしまっていることに危惧が示されたのであった。

　また、70年代以降に顕在化してきた学校における人権侵害とは、体罰やいじめに関する問題の深刻化、さらには管理主義的な学校教育における画一性、抑圧性によって生じる諸問題であり、憲法で保障された基本的人権の侵害という極めて深刻な状況であった。このような現実の問題に

237

対して、子どもの「人権」に着目した子どもの権利論では、学校教育の理論や実践がいつのまにか陥っている教師中心的な教育観・学校観を問い直す必要性を提起したのであった。

　学校現場での人権侵害状況から子どもの人権に関する問題を明らかにした今橋盛勝は、「教育法に固有な法理論」によって子どもの一般人権を否認したり、侵害を容認したり、救済を困難にすることはあってはならないことだとして、教育法に固有な法理論は「子ども・生徒の成長・発達、他の生徒等の学習権・一般人権との関係を踏まえて、発展途上にあり、成熟していない生徒の一般人権をより深く保障し、手厚く保護する」ために展開されなければならないと論じている（今橋1983）。今橋によると「子どもの人権」とは、一般人権と学習権（発達権）と生存権から構成されており、子どもに固有の権利は人権思想や教育思想のレベルではなく、現行憲法においてすでに保障されていると捉えられる。つまり、今橋にとって学習権とは、教育学的・教育実践的概念としてではなく、法規範性をもった法理論として認識されるため、堀尾が学習権の保障を「教師の職業倫理的レベル」の問題として考えることに対して批判的な立場にたっている。

　このように、教育学における子どもの権利の保障の在り方が親や教師との「関係性」や「代行性」に依存してきたことに対して、子どもの人権に関する問題は「代行者」による「保護」や「教育」が子ども自身の人権と衝突する可能性を有することを明らかにしたことで、子どもの権利に関する法理論的な課題が認識されるようになった。

5 ｜ 関係性による子どもの権利概念の捉え直し

　　一般的な人権論とは異なる子どもの権利に関する理論上

の難題として、子どもの生存や発達において不可欠な保護（配慮・ケア）が求められるが、保護志向が強まるとおとなによるパターーナリズムの問題が生じ、個人の自律への志向を強めると子どもに不可欠な配慮が欠落するというジレンマが生じる。この問題は、近代的な人権概念が前提としてきた権利主体像に起因するものであるが、現実に生きる人間は社会における様々な関係によって位置づけられた存在であって、実際には子どもに限らず他者との関係性の中で生活が営まれている。法学者の西原博史は、リベラリズムの憲法学が「正義の規定性」にこだわり社会関係を捨象した抽象的個人像を想定してきたことを批判的に捉え、「現実に生きる人間は抽象的存在ではなく、自由を行使する現実的な条件に依存する社会関係に置かれた存在である」と述べているが、子どもを権利の主体として正当に位置づける上では特に重要な問題となる（西原2017）。

　近代リベラリズムに基礎付けられた一般的な権利概念では、権利主体として「自律的な人間像」が想定され、「自発的に目的適合的な行為をなし得る者」ではない未成熟な子どもは十全な権利主体とはみなされてこなかった。それに対して、権利主体としての人間像を関係的な存在として捉えることによって、他者との依存的な関係性の中でしか生きられず、なおかつ依存的な関係性によってこそ成長発達していく子どもという存在を正当に権利主体として捉えることが可能となる。子どもの依存的な関係性を前提としながら、保護と自律のジレンマを乗り越える試みとして位置づけられるのが、「関係的子どもの権利論」である。

　関係性の概念を権利論に取り込む試みは、1990年頃からアメリカの法学者であるマーサ・ミノウによって先駆的に展開されてきた（Minow 1990, 1995）。ミノウによる関係的な権利論とは、「差異のジレンマ」を解消することを目的として、従来の自由権中心の権利アプローチに対して関

係性アプローチを統合することによって権利を再構成するというものである。

「差異のジレンマ」とは、人種や性別など様々な社会問題に対して平等を追求しようとする際に生じる問題である。ミノウは、学校教育制度における「差異のジレンマ」の一例として、アメリカにおいて英語を第一言語としない少数派の子どもたちに対する言語教育の問題をあげている。ここでのジレンマとは、英語の補習プログラムによって通常の英語授業を受けさせた場合には、少数派の子どもたちは母語ではない英語でしか教育の機会を享受できず、母語を用いた二カ国語教育を行うと少数者としてのカテゴリー化が強調されて差別や抑圧の危険性が生じてくる、といった問題である。日本においても外国籍の子どもに対する学習権保障は重要な課題となっているが、公教育において言語に対する特別な配慮が十分ではないため、学力や人間関係において困難を抱え、結果として学校教育から排除されてしまう子どもは少なくない。

ミノウによると、従来の権利アプローチにおける法的な対応は、差異を固定的なパースペクティブによって捉えるために、「差異のジレンマ」によって生じる差別や抑圧の問題を暗黙の内に再生産している。それに対して関係性アプローチは、本質的で自然な区別として自明視されてきた「正常－異常」「有能－無能」といったような「差異」に対して、それが社会的な文脈や環境、条件によって作り上げられたものであることを明らかにする。

例えば、眼鏡を使うことで視力を補うことができればそれが教育を受ける上での障害とはならないように、手話が共有されているならば聴こえないことはコミュニケーションにおいて障害とはならない。先ほどの例では、多様な言語の子どもたちが共に学ぶことを想定していない学校教育制度やマイノリティに対する社会的問題に目を向けること

で、言語の習得といった特定の子どもに関する個人的な問題が社会的問題として捉え返される。

　関係性アプローチを用いるミノウの中心的な課題は、暗黙の内に想定されるパースペクティブによって社会内で承認されていない差異に関して、関係性の視点から捉え直すことによって社会的なコミットメントを獲得することにあった。

　ただし、人間相互の複雑で豊かな関係性を追求する関係性アプローチにも限界があり、既存の社会制度や慣習から生じている根強い力関係の存在によって、弱者にとっては既存の関係性を追認するだけになる危険性を有している。そこで、規範的な力を有する権利アプローチとの統合として関係的な権利論が提起される。このとき権利とは、自律的な自己決定によって関係性を断ち切る「切り札」としてではなく、他者との関係性を繋いでいく関係構築的な権利観として捉えられる。そのため、権利を用いて議論を引き起こすことは、衝突を生じさせるのではなく、すでに存在している衝突を表面化させて、公的な解決に導くための手段となるのである。

6 　公共的課題としての子どもの権利

　マーサ・ミノウによって提起された関係的な権利論は、従来の権利概念が前提としてきた「自律的な個人」という権利主体像に対して、それが結果として特定の人々を排除してきたことを明らかにするものであった。ミノウは、権利の主体像に対話的で関係的な人間像を想定することで、個人主義的な権利主体の想定に関する問題——すなわち普遍主義を徹底すればかえって子どもは必要な援助を受けられず、他方、特殊主義を徹底すると子どもへの抑圧が生じるという「差異のジレンマ」——に対して突破口を見出し

ていったのである。

　また、自律的な個人とは、人々が生活する共同体があればこそ成立するのであって、自律も社会的に成立する概念であることから、関係的な権利は、既存の共同体における固定的で抑圧的な関係性を捉え直すことで、新たな共同体のありようを模索するものとして位置づけられる。

　ミノウによる関係的な権利論は、社会の様々な構造的問題について、権利保障の観点から社会的に取り組むべき課題であることを明らかにするものである。ミノウが「差異のジレンマ」から析出した関係性とは、家族や教育・福祉実践における直接的な結びつきだけではなく、社会的文脈あるいは社会構造によって「差異」が作り出されていることを明らかにするものであった。それゆえ、子どもの権利に関する問題も社会的文脈の中で捉えることが不可欠となるのであるが、現在もなお子どもの問題を家庭の問題として私的領域に閉じ込めてしまう社会的・文化的な抵抗が根強く存在している。

　近年の子ども家庭福祉に関する政策動向を例にみても、子どもの貧困など子ども支援行政には一定の広がりがみられるが、子どもの権利に関する公的領域と私的領域の区別という観点からは依然として家族に依存していることが明らかになる。この問題の背景として、現代のあらゆる社会システムは、私的領域におけるジェンダー化されたケア負担を前提に成立しており、公教育制度に代表されるような平等・公平を標榜した社会制度においても暗黙の内にジェンダー化された規範が内在化されてきた。そのため、家族によって賄いきれなくなったケアを社会で補うような支援の在り方での子ども支援政策は、抑圧的な家族負担を前提としてきた公的領域（政治、労働、教育などのシステム）の不正義は問い直されることなく温存されてしまうのである。

　現在の社会システムにおける私的領域と公的領域の区分

に関する問題——公共性に関する問題——は、正義を標榜する公的領域における不正義や機能不全を、個人の責任として私的領域に閉じ込めてきたことにある。関係的な子どもの権利論とは、子どもの発達を相互的な人間関係（私的領域）によって保障するだけではなく、子どものニーズを社会的な問題として公的領域の議論の俎上に載せ、社会の仕組みを改善していく役割を担っている。

7 共生社会における子どもの権利

　子どもの権利を保障することは、子どもを社会の周縁から正当な構成員として位置づけ直すことである。そのためには、子どもの権利条約の一般原則として位置づけられている意見表明・参加の権利（条約第12条）が保障されていることが重要である。国連「子どもの権利委員会」が2009年に採択した一般的意見第12号では、自己に影響を与える広範な問題について自分の意見を表明し、かつその意見を正当に考慮される子どもの権利の実践が広まり、それが子どもの「参加」として概念化されてきたことを高く評価した上で、それらの実践が長年にわたる多くの慣行および態度、並びに政治的および経済的障壁によって阻害されていることに対して懸念が示されている。

　子どもの権利条約が規定する意見表明と参加の権利は、自律的な権利観に基づいた自己決定権や社会的参加権とは異なり、おとなと子どもの日常的で豊かな人間関係において子どもの意見が尊重されることを求めるものである。しかしながら、子どもの参加の実践では、暗黙の内に自律的権利観に基づいている場合も多く、子どもを取り巻く社会の構造的問題に対して、子どもの声に寄り添いながら社会や制度の改善に取り組んでいくことが課題となっている。

　最後に、子どもの参加が象徴的な意味や教育的な効果を

超えていくために、「参加」について社会的排除／包摂という概念から考えてみたい。まず、社会的排除とは人間関係や社会活動への参加が欠如した状態を示すものであるが、参加とは単に関係があるだけではなく、その中で物事を決定できたり意見を述べたりする声やパワーを持っていることも含まれる。この点において、社会的排除は何らかの関係性が欠如している状態を指す「孤立」とは区別される。また、社会的排除とは、何らかの物質や関係が不足した結果として捉えるのではなく、どのようにして生じていくのかという「プロセス」自体に注目することが重要となる。すなわち、社会がその構成員の同質性を想定することによって、マイノリティグループに対して歴史的・文化的・社会的に排除を生み出してきた点が問題となる。それゆえ、包摂とは、排除された集団を既存のシステムに取り込むだけでなく、彼らに固有の新たなパースペクティブによってシステム自体を適応的に修正することが求められる。

　社会的排除／包摂の概念から導かれる「参加」とは、既存のシステムとそれを下支えしてきた社会的な関係性を何度も問い返しながら、家庭や学校、地域社会、子ども・若者に関連した様々な組織、公的な政治システムなど幅広い場面で実現されなければならない。

　ただし、実際の社会において、子どもの権利に関する排除の様態を明らかにし、社会システムを問い直していくことは容易なことではない。例えば、一般的にはユニバーサルなシステムと考えられてきた義務教育制度においても、多文化の子どもたちの学ぶ権利が十分に保障されていない実態が存在しているが、当事者である子ども自身から社会に向けて声をあげていくことは簡単なことではない。そのため、社会システムにおける排除の実態とは非常に見えにくいものとなってしまう。子どもの参加が実現されるため

244

には、発言の機会があるといった形式的な参加ではなく、おとな（社会）の側が、子どもの声に耳を傾けながら子どもを取り巻く諸課題を繰り返し問い続け、すべての子どもたちが共に暮らす社会の一員として生活できるように、漸進的に社会システムを改善していくことが求められている。

参考文献　伊藤健治（2012）「子どもの権利研究の展開と課題―関係的権利としての子ども参加概念に着目して」『北海道大学大学院教育学研究院紀要』117, pp.33–53.

今橋盛勝（1983）『教育法と法社会学』三省堂

岩田正美（2008）『社会的排除―参加の欠如・不確かな帰属』有斐閣

大江洋（2004）『関係的権利論―子どもの権利から権利の再構成へ』勁草書房

西原博史（2017）『平等権と社会的排除―人権と差別禁止法理の過去・現在・未来』成文堂

原聡介（1979）「近代教育学のもつ子ども疎外の側面について」『教育学研究』46(4), pp.295–304.

堀尾輝久（1989）「子どもの権利再考」『子どもの人権』ジュリスト増刊総合特集43, pp.6–12.

堀尾輝久・兼子仁（1977）『教育と人権』岩波書店

Minow, M. (1990) *Making All the Difference: Inclusion, Exclusion, and American Law*. Cornell University Press

Minow, M. (1995) What Ever Happened to Children's Rights? *Minnesota Law Review, 80*(2), pp.267–298.

第11章
75億の移民世界

春原憲一郎

キーワード：HOMO MOVENS、世界の都市化、
グローバル化、社会的移動、他者、包摂

僕はロンドンに住んでいるけど、めったに外に出ない。
人に会うのは娘の送迎のときくらい。ほとんど部屋にいる。
〔藤倉大〕

1 はじめに

　移民とは境界をこえる人という意味です。人間の本質規定をする表現として「HOMO ○○○」という言い方があります。HOMOはラテン語で人です。HOMO SAPIENS：賢い人、HOMO LUDENS：遊ぶ人、HOMO ESPERANS：希望する人、そして現在はHOMO MOVENSの時代といわれます。MOVENSは動く、移動するという意味です。大量の人が日常的に頻繁に移動する社会のあり方をさします。さらに、飛行機に乗っている人が、寝たり、映画を観たりしているうちに、10数時間で地球の反対側まで移動しているように、引きこもっている人も、目まぐるしく変化する世界とともに移動しています。現代を代表する作曲家・藤倉大の口癖は「彼とはまだ会っていない」。世界中の演奏家からの新作依頼を実現するにあたって、ファイル

247

の送受信やSkypeなどで演奏家とやりとりをしながら、「会っていない人とのコラボレーションで録音した音源を僕が編集し、マスタリング（原盤作成）もしてCDを出すことが多い」（日経新聞2018.9.30）。どこにいても世界とつながり、社会的移動、文化的活動ができるのもまたHOMO MOVENSの世界です。

　本章の構成について説明します。第2節では移動の時代と並走する人口の変化について述べます。第3節ではその人口増加を可能にした快適な環境の整備について、そして第4節ではグローバル化の過程を跡づけます。グローバル化は、まず通信革命について、つぎに物流の基盤整備、さいごに人の移動の拡大についてふれます。第5節では空間的な身体移動に加えて、社会的な移動にかかわるジェンダーや障碍等の多様な境界の変容を描写します。第6節と第7節では移動を基盤とした社会の作り方について言及します。

2 ｜ 居住可能な地表と人口

2.1　居住可能な地表

　地球は水の遊星です。地表の7割が水、3割が陸地です。水のなかに陸地が島のように浮かんでいます。そのなかのさらに88％が人の居住できるスペースです。つまり地表の26％、4分の1が人の住める場所です。

2.2　人が増えていること

　人口は1950年時点では25億人、それが1987年に50億人、2011年に70億人、2050年には98億人になると予想されています（図1）。

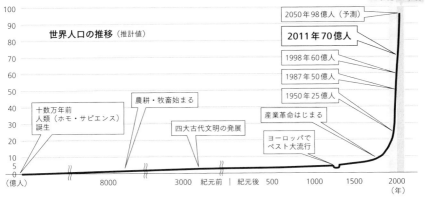

世界人口の推移（推計値）

2050年98億人（予測）

2011年70億人

1998年60億人

1987年50億人

1950年25億人

十数万年前
人類（ホモ・サピエンス）
誕生

農耕・牧畜始まる

産業革命はじまる

四大古代文明の発展

ヨーロッパで
ペスト大流行

100
90
80
70
60
50
40
30
20
10
5
0
（億人）

8000   3000   紀元前 ｜ 紀元後 500   1000   1500   2000
（年）

出典：国連人口基金駐日事務所ホームページより

図1　世界人口の推移

2.3　変わること、変わらないこと

　　人が暮らす地表面積は変わりません。しかしそこに生き
る人の数は、1世代を30年で計算すると、7世代で7.5
倍、最近2世代で3倍の増加をしています。

2.4　量的変化と質的変化

　　居住スペースが変わらない中での人口増加は人口の集中
化につながります。散在化から集住化へ、産業構造の変化
に伴う農村から都市への人口移動がおこりました。2008
年に都市人口が農村人口をこえました。

　　都市生活者の特徴は三つあります。〈移動〉と〈個人〉
と〈消費〉です。都市は外人（よそもの）の吹きだまり、
寄せあつめです。都会には網の目のようにいくえにも移動
手段が張り巡らされています。地縁や血縁を離れた個人と
して生きることができるのが都市です。都市では人権や平
等といった普遍的な価値観をもつことを可能にしてくれま
す。都会は、肉野菜も惣菜も個食用に小分けにされ、コン
ビニとファミレスが一階に併設されているマンションのよ

うなものです。

　都市人口が農村人口を上まわったことは、量的な変化とともに質的な変化を世界にもたらしました。質的な変化とは世界が都市化したという一点です。それをまず代表したのが電話とラジオです。可能性として会うことのない人とコミュニケーションすることができ、知らない土地の情報にふれることができます。情報の拡散と共有、通信インフラの拡がり、都市と農村が通信網と交通網、そして移動可能性によってつながっているのが現実です。これがそのままインターネットとSNS、そして2018年10月のトヨタ自動車（交通）とソフトバンク（通信）の提携へとつながっていきます。

3 ｜ 快適さを求めて

3.1　快適な環境を作ること

　清潔で安心、安全な環境を求めて、上下水道をはじめ、電気やガス、医療や教育などのインフラ整備が進みました。その結果、衛生的で健康な暮らしができるようになり、幼児死亡率が減り、寿命ものび、人口の増加につながりました。

　　ところが訪れたとき、町のすべてが取り壊されていた。麻布から赤坂にかけての再開発が進み、町全体が巨大なビルに変わろうとしている。霊南坂教会も移転工事の塀で見えなくなっていた。／やがて建つ巨大なビルの内部は昼と夜の区別もなく、常に一定の温度、湿度、明るさを保たれるのだろう。町が一つの巨大なビルに変わる……

（松山巖1984, p.235）

3.2 快適さを求めて移動すること

インターネットと航空網の拡大は、より快適な生活を求めて人が大規模に移動することを容易にしました。2010年以降の国家や地域の危機に伴う巨大な移民、難民の奔流は、〈スマホ〉が確実に面舵（おもかじ）の役を担っています。

4 | グローバル化

4.1 通信インフラ

安心して移動するためには情報が欠かせません。まず移動をはじめたのは情報とカネです。コードにつながっていた電話が無線になり、さらにデジタル化が通信機器を個人の掌のなかにおさめました。陋巷（ろうこう）の酒場から辺鄙な神社まで、映像データと母語情報のおかげで、観光客は予測をもって移動できるようになりました。デジタル化は書物やCDといった物の存在を不要にし、流通や小売りにかかわる人も介在しない回路（ダウンロード）を開きました。

4.2 物流インフラ

物は情報とカネにつづいて世界津々浦々に流通しはじめました。物流の進化は消費行動を変えました。人が物へ近づいていくという消費行動から、注文すれば、物が人のもとへ翌日にも届くという移動のベクトル変化が起きました。

4.3 水路から陸路へ

1884年森鷗外、1900年夏目漱石、1903年永井荷風は一か月半程かかって、船酔いに苦しみながら横浜港から洋行の旅に出ました。空路はなく、陸路も峻険でいかに村落

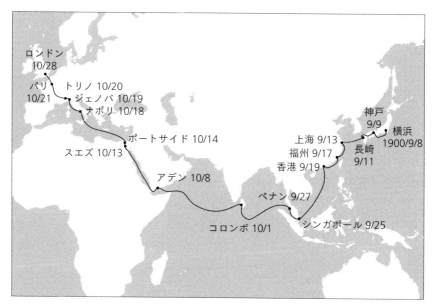

山本夏彦は『無想庵物語』において、1929年、無想庵・武林盛一がベルリンからシベリア鉄道を利用して帰国する場面を、次のように描写している。「船とくらべるとシベリア鉄道は早い。十日余りでウラジオストックについた」。（山本 1989, p.223）

図2　漱石 ロンドンまでの道のり

を隔てていたか、シルクロードや東海道五十三次を例外として、地形は人を隔て、水の惑星は水路や海路によってつながっていました。

　アメリカ合衆国の東海岸と西海岸を結ぶ大陸横断鉄道（1889 〜）、シベリア鉄道（1905）が19世紀から20世紀にかけて陸続と敷設され、それにつづいて道路網が整備されていきます。四通八達の交通網で26％の地表がつながれていくのと、1世代経るごとに人口が倍増していくのが並行して進行していきます。

4.4　空路へ

　移動にとって決定的だったのは、水に阻まれることも、

国境に隔てられることもなく移動できる空路の登場です。航空機は20世紀の二つの世界大戦によって、飛躍的に開発が進みました。ボーイング747、通称ジャンボジェット機が1969年に飛行をはじめ、現在では、いながらにして瞬時に予約できるネットシステムと格安な航空料金が、大規模な人の移動の後押しをしています。それに合わせて各国の国境管理態勢が高度化、グローバル化しています。

4.5　グローバル・スタンダード

　グローバル化を可能にしたのは、世界標準、グローバル・スタンダードです。アラビア数字、十進法、グリニッジ標準時間、西暦法、英語、ISO、国際会計基準等々、須臾（しゅゆ）にメールが世界中に拡散するのも、航空機が時間通り飛ぶのも、シリコンバレーとハイデラバードで新製品の開発ができるのも、世界標準という言わばグローバルな〈OS〉があるからです。

4.6　個人のグローバル化

　かつて小学校の校庭に二宮尊徳（金次郎）の薪を背負い、書物を広げて歩いている銅像が立っていました。18世紀から19世紀を生きた金次郎は本を誦し（じゅし：声に出して読み）ながら、歩いていました。書物は声によって身体と大地と共振していました。経世家（政治家にしてエコノミスト）である金次郎は、書物の知をもって小田原に根を下ろし、伊豆の土地や気象、村人とともに田畑を耕し治水を行いました。

　一方現在、多くの人が歩いたり電車に揺られたりしながら食事を取ったり、ベッドに横たわりながらスマホの画面に見入り、BIG DATAや多くの未知な人びととつながっています。世界と私をつなぐ通信網は、目と指先を通じて脳と身体の内部にも張り巡らされています。

5 包摂していくこと

5.1　社会的移動

国内そして国境をこえて移動するとともに、移動先で教育をうけたり、働いたり、公共サービスを利用できることが社会的移動の自由です。

5.2　移民の再定義

1997年当時の国際連合事務総長コフィー・アナンが移民の再定義を発表しました。移民とは生まれ育った国や地域を離れて12か月以上他の国、地域で暮らす人、というものです。12か月、1年間といえば、アルバイトや語学学校に通いながら観光ができるワーキング・ホリデーの期間です。駐在や留学、技能実習や興行を考えても短い期間です。海外旅行等の短期滞在者以外のほぼすべての人を含みます。このことは国家間の大原則である内政不干渉の原則に加えて、内外人平等の原則が加わったことを意味します。内の人つまり国民と、外の人つまり外国人を基本的な人権においては差別をしないようにしようと変革を呼びかけた発言です。この発言の背景にあるのは1990年以降の東西冷戦終了に伴う人の移動のグローバル化、そして1995年に始まる、人のグローバル化を後押しする、デジタル世界の到来があります。人類だれでもがグローバルに移動することが可能であり、移動が安全に安心に行われるために移民の再定義がなされ、国民と移民のあいだの平等な関係をめざすユニバーサル・デザインが要求されたのです。

5.3　外国人と他者

内外人平等の原則は、外国籍の人や外国にルーツを持つ人、国際結婚等によって国籍変更した人、両親のどちらか

が外国人の人も、就労や就学、公共サービスにおいて原則、国民と平等の待遇を保障するということです。つまり外国人を他者、周辺に置かれたマージナルな存在、マイノリティにしないための決意です。あなたも私もいつでも移民になる可能性がある世界で、だれもが真っ当に遇される社会を実現しようという意図です。

だれも排除されない社会は国籍だけではなく、人種や民族、ジェンダーや障碍などさまざまな線引きをねばり強く議論する社会です。

5.4 線引きを何度も繰り反すこと

空間的な移動も社会的な移動も、いきおいさまざまな境界をこえていきます。人の大規模で日常的な移動がネット空間で、TwitterやFacebook、LINEやInstagram上に確認されます。社会的な境界も可視化され、可視化されることで議論が生まれています。障碍やLGBTなど多様な境界を常に議論することによって何度もなんども線引きをやり直します。SNSでは気分や感情、思いこみがそのまま流れだすので、衝突したり炎上したりしますが、それも社会が変わっていっている関数です。HOMO MOVENS、人の移動を基本とする社会は、人を民族や国籍といった属性から自由にする社会です。

5.5 人種、民族、宗教、疾病

人種や民族、そして宗教による境界は歴史を連綿として貫流しています。そこには多くの血が流されましたし、同時にたくさんの和解のこころみと融合が行われてきました。血統、血縁の境界、そして信条や信仰の境界は移動によって景色を変えること、選択肢のひとつとなることが諒解されてきています。1899年の北海道旧土人法が廃止され、アイヌ文化振興法が1997年に生まれました。同様の

ことは、HIVやハンセン病などの、ある種の疾病についてもいえます。1907年のらい予防法が、1941年に新薬ブロミンが開発され、治る病気となり、感染性もないということで、世界各国で隔離政策が廃止されたのにもかかわらず、日本では医師の反対で、1953年改正らい予防法が採択され、それが1996年まで続きました。2001年に熊本地裁で国家が「不作為の罪」（知っていて見殺しにすること）を問われて、当時の小泉首相が控訴を断念、謝罪して国家の罪が確定しました。いまだに差別と排除がつづいているとはいえ、長い時間をかけて、根気強く取り組むことで境界を変えることはできます。

5.6　国境

　国境をめぐる攻防は現在進行形で、世界各地で起きています。国民に民族や宗教を皮膚のように重ね合わせたとき、マイノリティ（人数的にはかならずしも少数でないにしても）に対する迫害や排除がおきます。しかし同時に国境をこえるダイナミックな動きが国籍を相対的なものにしていることも事実です。複数の国を豊かな養分として暮らし、国をこえた移動をしている人たちがすでに大勢いて、これからますます増えていくことは現実です。

　国民を前提として制定された法律や制度、それをささえる価値観は揺らいでいます。国籍を運命のように感じている人もいる一方で、国籍を投資対象や生命保険として、選択可能なものとして生きている人もいて、世界の多様な実態にふれて、境界のあり方を議論し、再設定するときにきています。

5.7　ジェンダー

　人の命や暮らしにかかわる仕事、出産や育児、家事や介護などケア労働にたずさわるのは、圧倒的に女性が多く、

その女性がグローバルな移動をしています。過去から連綿として結婚やセックスワークに従事する、これも男性に比べ圧倒的に多い数の女性がグローバルな移動をしています。性別という境界において、歴史的に格下げされてきたのが人類の半数を占める女性です。この境界線がどのように引かれているか、ジェンダー・ギャップ指数、#MeTooや#We Tooなどによって可視化され、議論されています。女性に振り分けられてきたケア労働を、真っ当な仕事（decent work）としてみとめ、家庭から社会までケア労働を母、嫁、娘から自由にする価値観と実践、社会制度の構築はすでにはじまっています。

5.8　LGBT

語り得なかったことが、通信システムが世界を網羅し、個人とつながり、送受信が同時に膨大な量で可能になった今、語りうることになってきています。セクシュアリティという境界もそのひとつです。セクシュアリティという個人的なことが抑圧され、排除される機序、制度と価値観がまずはあり、それが先鋭的な運動によって世の中に浮上し、さらには市民権を持ち、法的にも同性婚のような権利を獲得していくという経緯があります。ただし、それは地域によって事情は異なり、寛容度の高い社会から厳しく排除される社会までグラデーションがあります。「個人的なことは政治的なこと（The personal is political）」といわれるように、個人的なことを公共のテーマとして意見を出しあい、ルール作りをしていくことは、同様に移民を高度な、または単純な「生産力」とみなす視点から、「私」と同じように生老病死をかかえた個人としてみるまなざしへと変えます。

5.9 高齢化とできなくなること

　哺乳類の平均鼓動が15億回、生物的生命として人間の寿命は41歳だといいます（本川2011）。日本人の平均寿命が80歳代になり、先進国で人生100年時代といわれるのも、快適な環境と医療福祉の普及があるからです。とともに、生物的生命をこえているがために、認知症やガンなどのさまざまなできないこと、動かなくなること、不自由になることがおこることも事実です。制度がおいついていないこともまた然りです。

　世界的には2世紀前の人口10億人時代に40歳以下だった平均寿命が、人口75億人時代の現在では60歳に達しています。人が国籍や民族をまたいで生きる世界は同時に、だれもが障碍者になる世界です。

　ここにもまたケア労働を真っ当な労働（decent work）として位置づけて、正当な報酬を保証するニーズがあります。

5.10　正規／非正規

　ケア労働を多くの非正規の、主に女性が担ってきた社会が変わろうとしています。ジェンダーの境なく振り当てられるケア労働は、同じように正規と非正規の境をゆっくりと確実に地つづきにする動きを伴っています。空間的な移動やライフ・ステージによる移動によって、正規労働者と非正規労働者のあいだを往来することが人権や自尊感情のたしかな地盤のうえで行われる方向へ動いていっていること、にもかかわらず何度も揺り戻しがあることも事実です。

6 ｜ 移民の世界

6.1　あなたも移民、私も移民

　以上をまとめます。移民には、国境をこえて移動すること、つぎに就労や就学、公的サービスなどの社会的移動を

すること、そして民族や宗教、ジェンダーやセクシュアリ
ティ、年齢や雇用形態によって差別をうけずに生きていけ
る社会的基盤、という三つの側面があります。

6.2　自由移動と不自由移動

　　移民のなかには自由意思で移動できる人たちと、強制的
に移動させられる人たちがいます。海外旅行者や高度な専
門技能を持った人たち、留学生は自由な移動者です。一方
で、移民のなかでもっとも強制移動をさせられてきたのは
奴隷です。さらに難民とよばれる人たちは戦争や圧政、天
災や宗教迫害によって土地を逐われて強制的に移動させら
れる人たちです。現在の重要な課題である外国にルーツを
持つ子どもも、親や大人によって強制的に移動されられて
いる不自由移民です。

6.3　包摂的ということ

　　2015年9月27日国連でSustainable Development Goals
（SDGs）が採択されました。国連加盟193か国が2016〜30
年の15年間で達成するために掲げた目標です。この写真（図

写真：新華社／共同通信イメージズ

図3　国連の壁にプロジェクトマッピングされたSDGsの図

3）はSDGsが採択されたときに、国連の壁にプロジェクションマッピングされたものです。17の目標、169のターゲットの記述のなかに繰り返し出てくるのが「包摂的（inclusive）」ということばです。その意図は、「だれも取りのこさない（No one will be left behind.）」という文章に平易にあらわされています。だれも排除しないという言いかた同様、人が境界をこえて移動する世界に生きるための基盤、土台作りのプロジェクトです。世界は流動していて、人はたえずうつろいの波間にいます。境界も引き直され、私も明日は境界をこえる可能性があります。

　宗教は神から人類全体をながめる視点をもたらしましたが、HOMO MOVENS、人は移動するという認識は、草の根のリアルな暮らしから普遍的なまなざしへと到達します。

7 おわりに

　HOMO MOVENS、移民を前提とした社会の作り方は、可変性と連続性がキーワードです。

　国境をこえた移動が日常的であること、みずからが移動すること、移動した人と暮らすこと、だれもが歳をとること、生物的寿命をこえて歳をとること、できなくなること、働けなくなること。その結果、障碍者の社会参加、超高齢化、同性婚、正規雇用の非正規化、となりの外国人……これらに社会制度がおいついていないこと。……これらが移民と国民、青年と老人、健常者と障碍者、正規と非正規雇用者等の境界を透き間に満ちた開かれたものにしています。

　日本においては、労働力文脈（「労働力が不足しているから外国人を入れる」）から血の通った人の人生を踏まえた議論、不自由移動者である子どもの無条件の十全に生きる権利、そして真っ当な外国人雇用制度、血統主義から出生地主

義、複数国籍、外国人の地方参政権の付与等々について広
汎な議論が求められています。

参考文献　本川達雄（2011）『生物学的文明論』新潮社
松山巖（1984）『乱歩と東京─1920都市の貌』PARCO出版局
山本夏彦（1989）『無想庵物語』文藝春秋

第12章
日本社会のグローバル化と多文化共生の課題

山田泉

キーワード：グローバル化、移民、マイノリティ、
　　　　　　（脱）成長主義、グローバル人材

1 │ グローバル化の伸展と日本社会

　ここ15年ほどでしょうか、「グローバリゼーション」とか「グローバル化」という言葉がしきりに使われるようになり、「人、もの、金、情報が国境を越えて行き来するグローバル化が加速している」などという言い方が頻繁に聞かれます。

　ところで、この「グローバリゼーション」とか「グローバル化」という言葉は、具体的にどのような状態を言うものなのでしょうか。それを考える上で、わたしの勝手な解釈ですが、経済活動のグローバリゼーション（グローバル化）と、それ以外の国境を越えた人の移動やそれらの人を受け入れる側との生活に関するグローバリゼーション（グローバル化）は、分けて考えたほうがよいのではないかと思います。もちろん、経済活動はこれら人の移動の要因になっていることも多く、単純に切り離して考えることは困難ですが、専ら経済活動におけるグローバリゼーション（グローバル化）と、その影響によるものも含め人々の生活に関するものを、できるだけ区別したいということです。

グローバル企業という言葉もポピュラーになっています。本社機能はＡという国に置き、製造業であれば生産拠点は人件費や生産コストの安価なＢという国に置き、部品の調達は世界中の品質がよく最も安く供給できるメーカーから、販売はネット通販でも、輸出や流通は最も条件のよいグローバル流通企業を通じて、顧客からのクレーム等にはＣ国のコールセンター対応……といった企業です。中には、本社機能をタックスヘイブン（租税回避地）に置くなどといったこともあるわけです。もちろん、サービス業や販売業、流通業などの大手は、グローバル企業でないところはないのではないでしょうか。

　これら企業が純粋に経済活動として行っているグローバルな経営戦略とその影響を受けた結果であっても、人の移動とか、ものやサービスの利用とか、人の日常生活における国境を越えた行き来などは区別したいということです。

　それは、企業は他の競争相手の企業に打ち勝つための経営戦略としてそれぞれの活動の拠点を最適なところに移動させるわけですが、人は、地域社会であれ、国であれ、その帰属先をそう簡単に変えることは難しいからです。それなのに人が移動するのは、よほどのことがあるからだと考えられます。

　人は多くの面で一人一人が相違していて、それらの人々が共に生きていく「帰属先」社会のありようは、種々の調整作業を通じて作りだし、よりよくするために絶えず見直し作り直していく必要があります。

　ということで、本章では主に人々とその社会生活に関するグローバリゼーション（グローバル化）を対象とし、グローバル企業については第5節で若干言及するに止めます。

　それでは、日本社会のグローバル化（以降グローバリゼーションと区別せず「グローバル化」に統一します）について、筆者の認識を示したいと思います。

ここまで各章で扱ってきた移住外国人（以降「移民[1]」と言います）の事例からも、日本社会は現状において人的に十分グローバル化しているといえます。例えば、1980年代初頭からのベトナム戦争由来のベトナム・ラオス・カンボジア「難民」と呼ばれる人々から始まり、同じく前後してやって来た「中国帰国者」、80年代中期以降増えていく「結婚移住女性」、1990年の改定入管法（入国管理及び難民認定法）施行による主に中南米からの「日系人」、1993年からの外国人研修・技能実習制度で来日した「研修生」「実習生」（2016年からは外国人技能実習制度として初年度から雇用契約を結んだ「就労者」）がいます。さらに日本語学校や高等教育機関等で学ぶ「留学生」（一定時間の枠内で資格外活動（アルバイト）をしている者も少なくありません）などもいます。さらには、2018年6月に閣議決定された経済政策におけるいわゆる「骨太の方針」には、労働力不足が著しい業種における有期就労の在留資格の創設、それに関連して法務省の入国管理局を庁に昇格し職員を増員することなどが盛り込まれました。そして、同年臨時国会において「共生社会」のためということで入管法が改定され、2019年4月に施行されました。

　現在の在留外国人数は263万7,251人（2018年6月末現在法務省）[2]、また、外国人労働者数は、146万463人（2018年10月末、厚生労働省）[3]と発表されています。都道府県別人口では、12位の広島県が約282万人、13位の京都府が約259万人（2018年10月1日、都道府県人口ランキング）[4]ですから、在留外国人数はこれら大きめの府県の人口に匹敵します。

　しかし、大勢の在留外国人が生活する中、日本社会にはこれらの人々と共に生きる社会としてふさわしい制度やシステムが整備されているでしょうか。また、ホスト側の人々に「共に生きる」という覚悟と意識が作られているで

しょうか。骨太の方針にあるように「今後も我が国に滞在する外国人が一層増加することが見込まれ」ながら、ホスト社会がこれらの人々に対して「生活者」としての対応を充実させなければ、人権にかかわり、社会不安につながる問題が起こらないともかぎりません。まさにスイスの作家マックス・フリッシュが言ったという有名な言葉、「労働者を呼んだはずが来たのは人間だった」が示唆しているとおりです。

国家規模の取り組みが遅れている中、本書各章が紹介しているように、これまでそれぞれの自治体、地域社会では、「人間」（生活者）のための取り組みが、必ずしも十分とはいえないまでも、工夫されてきました。これらをさらに充実させ日本中の地域に広げるとともに、真の意味での「共生社会」実現のために国家レベルの取り組みに繋げていくべく、立法府、行政（関係省庁）等に強く訴えていく必要があります。

2 ｜グローバル化と排外主義

本章では、主に移民に関する人々とその社会生活に関するグローバル化を扱うとしましたが、個別社会における移民について考える場合、その社会における構成員間の力関係が大きな問題となります。まさに、メインストリーム（主流派）であるホスト側と移民であるマイノリティ（少数派）の問題です。一般的にマイノリティを「少数派」と訳しますが、筆者は「社会的弱者」とすると、より実態を表すと考えます。つまり、マイノリティという言葉には、数の多寡だけでなく社会における主従関係も込められているからです。そして多くの社会で、マイノリティには移民だけでなく先住民や障碍者、数の上で「少数者」とはいえない女性や高齢者、子どもなども含まれます。日本では、被

差別部落の人々などもいるわけです。ここでは、マイノリティの「移民」について中心的に論じます。

多くの国々でグローバル化が進み、「難民[5]」を含め移民が急増していると報道されています。日本でも、第1節で述べたように、その数は急速に増加しています。そうでありながら、ヨーロッパやアメリカなど経済的先進国でありかつ移民受け入れ先進国において、移民の受け入れに消極的な世論、というより移民の制限や排斥を求める世論が強まっていると報道されています。日本でも、先に言及した「骨太の方針」を出しながら、当時の首相があえて「移民受け入れではなく」と言挙げし、原則単身での有期滞在の「許可」だとしています。前述したマックス・フリッシュの戒めを無視した、移民側の人権を顧みない、国際的に恥ずべき政策ではないでしょうか。

では、なぜこれまで先進国が移民を受け入れながら、ここに来てメインストリームの世論が「排斥」にまで傾くのでしょうか。筆者は、それぞれの国内で、それほどまでに移民が増え、移民の力が無視できなくなっていることの表れだと考えます。日本における「在日」に対するヘイトスピーチもまさにそう考えられます。同じくマイノリティ問題ですが、2018年8月にあったLGBTに対する政権与党議員による「差別発言」も、昨今のジェンダーやセクシャリティ問題克服に社会が傾くことに対する守旧派の危機感の表れだと思われます。

「（経済）先進国」といわれる国々が、経済発展が行き着くところまで行ってこれ以上の発展が望めない成熟社会（「定常型社会[6]」）となっていながら、多くの人々がいまだ「パイ」の分け前に固執し、自らの既得権益を守ろうとしているのだと思います。成熟社会では、旧来の価値観に因った社会作りではなく、だれもが最低限必要な分の「パイ」が得られる方策を模索しながら心豊かに生きられる社

会作りこそが目指されるべきではないでしょうか。それには、「移民」の存在という多文化、ダイバーシティが役に立つと考えます。

3 ｜ 成長主義と脱成長主義

　国会議員の選挙があるとテレビや新聞などマスコミが世論調査をしますが、バブル景気のころからずっと有権者の最も関心が高い争点は「経済発展」についてだということが報じられています。ところが、先に言及したように先進国のほとんどはこれ以上大幅な経済成長を見込めないというのが、最近の経済学者の意見では多数を占めています。

　それは、日本も含め先進国では、ものやサービスが飽和し、高度経済成長期のような大規模な内需は期待できないからです。例えば、家電や車など必要なものはなんでもあり、ものの需要は、壊れたりよほど機能が時代遅れになったりして買い換えるくらいなのです。内需が活発であってこそ産業は振興し、それによって製品の質も向上しコストは下がり輸出の競争力が上がるという好循環に入るのです。この好循環は、中国をはじめとした「新興国」（BRICS等）で起こっています。これらの国々は人口規模が比較的大きく、今後も大量の内需が見込まれます。

　先進国がこれらの国々に対抗し、ものやサービスの国際競争力を付けるためには、それらを新興国並みのコストで産み出さなければなりません。そのために生産拠点を途上国などに移転したり、日本国内でも「働き方改革」を行って労働者を二極化（生産能力でも収入でも）したりすることで、大量に安価な労働力を得ようとしています。これらによって、「産業の空洞化」が起こり、非正規雇用労働者の割合が増えていきます。そして、日本国内では正規雇用労働者でも、自らの職を守るためにサービス残業が当たり前

で、過労死や過労自死まで起こっているのが現状です。

　そこまでして、経済成長を目指さなければならないのでしょうか。いったい誰のための「経済成長」なのでしょうか。明治以来の「薩長土肥」プラス朝廷の連合政権がこの国の舵取りをし、かつて旧列藩が幕府を倒すために資金を援助した御用商人（もちろん幕府側にも資金融通をしていたわけです）が、明治以降、財閥となり実質的に「為政者グループ」を作ってきたのです。かつてのこの国の植民地政策も現在の国際経済競争も、これら「為政者グループ」の既得権益を守るために国民の生活や人命さえも代償にされてきたとするのは言いすぎでしょうか。

　いずれにしても、この経済成長第一主義は、人々の生き方をも「成長主義」にし、何事も効率を重視し、結果を出すことが求められ、競争に勝つことで生存が認められる社会を作ってきました。それは為政者によって政策として行われてきたわけですが、主権者である国民が自らで考えることをせず成り行きに任せてきたことの結果なのです。まさに明治以来の為政者による国民に対する「由らしむべし、知らしむべからず」の政策が成功していることの表れだといえるでしょう。

　公教育の学校は、それらを推し進める「装置」としての役割を担わされてきました。この国の学校教育では、先生という権威者が問題を出し、学徒が先生の意を汲んで（忖度して）回答し、先生が評価するということをしてきました。「正しい」答えは先生が持っているのです。算数・数学や自然科学ではない、社会現象や人の精神性などを扱う人文学において絶対的に「正しい」ことなどあるのでしょうか。しかし、学校文化では「正しい廊下の歩き方」「給食の正しい配膳法」から「主人公の思いを正しく読み取ること」まで、しっかりと学ばされます。いや、「学ばされる」というより、「正解」を先生に教えられ覚えさせられ

るといったほうがよいでしょう。まさに「規範的学習」で、問題は与えられ、その答えを正しく覚えることが「学ぶこと」だとされるわけです。自らが疑問を持ち、問題を発見し、自らが解いて、自らの評価基準で自己評価する、その評価基準も絶えず自らが見直していくといった「創造的学習」は、「効率が悪い」としてネグレクトされてきました。そして、権威者である先生も、より上の権威から「正しい教育のあり方」を教えられ覚えさせられ、従ってきたのです。

　ところが現在、第1節で触れたように、移民の急激な増加から、日本国内の多様化、多文化化が伸展し、公教育の学校現場もこれを受けて、これまでの教育方法では立ちいかなくなってきました。筆者は、これこそこの社会と学校の文化を変え、だれもが個人として尊重され、自分らしく発達していける社会と、それを支援する学校に変えるための絶好の機会だと考えます。

　現在の日本の学校は、いじめや不登校、学力や一部の部活の苛烈な競争など種々の問題により、児童生徒も先生も疲弊しています。これらは、個々の児童生徒に合った適切な教育的対応を行うというものではなく、あらかじめ決められた教育内容・方法に個人を当てはめていくという全体主義の教育だからです。いかに現状の社会に役立つ個人を作っていくかという為政者のミッションに応える教育なのです。そして結果として子どもたちは、覚える学習から脱落しないようにするだけでなく、この学校文化から排除されないよう、学校という場におけるそのときそのときの空気を読み、自らにあてがわれたキャラクターを忠実に演技しているのです。そしてそのストレスを溜め込んでいるのです。

　海外につながる子ども[7] も、日本の学校に慣れていくにつれこの「同化か、さもなくば、排除か」の圧力に気づ

き、必死にクラスに溶け込もうとする場合が多いと思われます。しかし、学校現場から、また地域社会から、最近ではマスコミ等[8]からも、一般の子どもとの種々の面での相違とそのための個別対応の必要性が指摘されるようになってきました。日本生まれではなく、海外から日本に来た子どもの多くは、来日当初、日本語が不自由であり、当然、個別対応せざるを得ません。日本生まれや学齢期前来日、あるいは来日して数年経っていて生活言語の日本語は習得していても、(学習言語の日本語と教科内容の習得は切り離せないため)これらの個別指導が必要なことがあります。これに対しては、「日本の子どもでも個別指導が必要な子どもはいる」とか、「(海外につながる子どもだけを対象とするのは)逆差別だ」などといった声も聞かれます。まさに、一人ひとりに対応した教育へのニーズです。双方の子どもが自分らしさを発揮できるよう支援し、海外につながる子どもも日本の子どもも同様に自らの世界観を主張できるようにしていくというのはどうでしょうか。

このへんでこの国の教育のミッションを、一人一人それぞれの発達を促し多様性を豊かさとする社会に変えていくこととしていくべきではないでしょうか。それはこの国における教育のパラダイムシフトであるだけでなく、この国そのものが、多くの犠牲を強いる「成長主義」から「脱成長主義」に舵を切り、経済の国際競争力強化を目指すより福祉や文化、社会参加、自然・社会環境の保全・育成など「生きやすさ」「生き甲斐」を大切にする社会に向けて方向転換するということです。併せて、中央集権的国家から、地域主義の国家に変えていくことに着手すべきでしょう。それぞれの地域社会を、その地域の特性を活かし、自立的社会としながら、国家だからできること、国家でなければできないことを国に提言して、議論を闘わせながらも決断し確実に実行させるという、地域から国家レベルのガバナ

271

ンスのあり方を発信していくということです。

4 | 地域主義とグローバル化

　近年、教育の世界では「グローバル人材」という言葉が
よく聞かれるようになりました。優秀な留学生を日本社会
に受け入れ、卒業後、グローバル人材として日本社会で活
躍してもらうとか、高度な専門的技能を持った外国人をグ
ローバル高度人材として受け入れるとか、あるいは、日本
の大学で英語による授業を増やしてグローバル人材を育て
るとか、まさにグローバル人材に注目が集まっています。
これはこの国の産業界から教育分野への強い働きかけがあ
ることに依拠しています。そして、ここでいっているグロー
バル人材は、企業の国際競争力を強化するために必要な
能力を「付加価値」として身につけた「人材」という意味
です。成長主義の社会にあって必要な人材というわけで
す。

　しかし、脱成長主義の社会において必要なもう一つの
「グローバル人材」があります。それについては次節で紹
介したいと思います。その前に本節では、前節で触れた中
央集権から地方分権（地域社会の自立に向けた取り組み）につ
いて述べておきたいと思います。

　わたしたち一般の人間が日々の生活の場としているのは
地域社会です。それはある種の共同体で、その中で経済的
にも自立していけるはずですし、かつて、産業社会（市場
主義社会）が伸展するまでは、自立していました。

　地域共同体社会が生活全般をカバーして機能していたこ
ろを振り返ってみましょう。

　飛騨高山の合掌造りは各戸に立派な屋根がありますが、
この屋根を葺き替えるのに工務店に依頼すると 2,000 万円
ほどかかると聞いたことがあります。これが、共同体が機

272

能していたころには、ほとんど経費がかからずできたそうです。大量の竹、木材、茅、わら、藤つる等の材料は入会地や共同体管理の原野・山林から採取して、葺き替えの順番に従って計画的に共同体の倉庫に保管しておきます。そして、葺き替えの時は、何度か葺き替えを経験したベテランが指揮をして「組み」の者が総出でそれぞれの役割分担に従いながら、天候などを考慮して、最短時間で中心的作業が完了できるようにするということです。作業時の賄いは「組み」の女性たちが準備します。つまり、かつてはこれら共同体が行っていた材料の確保・保管と親方や手元などの作業人工（にんく）や賄いなどが、お金で換算すれば現在の2,000万円ほどに匹敵するということです。

　同様に、かつて日本社会の至る所にあった地域共同体では、田植えや稲刈り、治水や鎮守の杜の維持、祭りの運営などが、構成員によって営まれていたのです。この伝統は、祭りでの氏子とか、自警団や消防団の存在など、現在も一部その名残があります。このように長らく共同体社会では、生活する上での中心的な営みが、いわゆる「市場原理」に因らず、専ら共同体での互助（共助）と自給自足で行われてきました。まさに地域に根ざした生活があったわけです。

　このように地域社会を核とした生き方は、現代でも十分に可能なのではないでしょうか。地域通貨や地域ボランティアのポイント制などで最低限の生活はできるかもしれません。もちろん地域通貨で車は買えないかもしれませんが、地域社会が共同で購入したマイクロバスを地域通貨や地域ポイントで運用し、お年寄りが通院や買い物に使ったり、高校生が通学に使ったりすることは可能でしょう。また、地域の学校の先生や役場・郵便局の職員の給与、個人商店等でのものの購入も、一部はこれらで対応できるでしょう。保険や年金なども地域完結型にしたり、いくつかの

地域にまたがった地域連合やさらには全国地域連携で対応したりすることも考えられないわけではありません。ことほどさように、国家レベルで財閥由来の市中銀行や大企業が握っている経済を、地域レベルの共同体が人々の日々の生活を担保する形の経済にする工夫ができるはずです。

　経済はもともと「経世済民」で「世をおさめ民をたすける」ためにこそあるわけです。「人のための経済」であるべきものが、為政者によっていつの間にか「経済のための人」にされてしまったのではないでしょうか。国家レベルでは国と国が経済競争を行う中で人々の生が巻き込まれてしまいますが、地域レベルでは人々の生のためにこそ経済が活用されるわけです。

　それと、ほとんどの地域では、人々の生は地域の特性と密接に関わりながら代を重ねてきたと思われます。比較的新しく参加した構成員でも、しばらく生活するとそれぞれの「地域色」が身についていくのではないでしょうか。自然が豊かであればその保全を考えた上で人々がそれを享受する方法を工夫したり、有形無形の歴史的文化財があればそれを受け継ぎ生活の豊かさに活かしたりすることも重要でしょう。俳句や歌など文芸が人々の生活に息づいている地域もあるでしょう。それぞれの地域色を日々の生活に取り入れていくことは、生活に潤いを与え、その質を高めるはずです。

　一方、地域特有の問題に悩まされているということもあるでしょう。日本は自然災害が多く地震や台風、豪雨災害などで苦しんでいる地域は少なくありません。また、東日本大地震では原子力発電所の事故によって人々に甚大で長期にわたる苦悩がもたらされた自治体もあります。それ以外でも環境汚染、基地問題、過疎化など、それぞれの地域における問題は数え上げるときりがないほどです。

　多くの場合、これら地域の特性、問題は、当該の地域社

会の中に完結し閉じていることが少なくないのではないでしょうか。ここで発想を変えて、同様の特性や問題がある地域と連携し、互いに相手の地域に出かけていって、相手が取り組んでいることのノウハウ、情報などをやりとりしたり、共同で事業に取り組んだり、必要な協定を結んで連携を深めていくといったことができるのではないでしょうか。それによって、例えば国に対して共同して要望書を出すなどということもできるかもしれません。あるいは、全く逆に「都会のネズミと田舎のネズミ」のように、互いに自分の地域にないものがあるほかの地域と連携することも、いろいろな意味で互いに得るものがあるでしょう。山村や島などへの留学や交流型の修学旅行などが始まっています。

　そして、ここでの提案は、これを地球社会間のグローバルネットワークに進めることができるのではないか、ということです。そんなことは以前から「姉妹都市」協定を結んで多くの自治体が取り組んでいる、と言うかもしれません。そうです。それも大切な交流です。それをさらに一歩進めて、自然環境保全の取り組みを続けている他国の複数の地域間で、互いにグリンツーリズムを行って、地域住民や研究者も加え協議会を発足させ、インターネット会議などで定期的に協議を行うということができそうです。互いの国で共同して啓発イベントを企画するなども、それぞれの活動を評価し、見直す上で必要なことだと思います。

　また、チェルノブイリとスリーマイルと福島の地域生活者が、原発事故後の長期にわたる問題について情報交換をした上で、地域生活者としての自分たちにできることが何なのかを考え、それぞれの社会や国、国連などに提言を行うことなどは「現実離れしている」とはいえないのではないでしょうか。あるいは米軍基地と地域社会の問題を、韓国のキョンギ道ピョンテク市（キャンプ・ハンフリーズ）と

フィリピンのパンパンガ州アンヘレス市（クラーク空軍基地）と沖縄県の地域生活者が、互いに現地視察も含め学習会を行い、それをドキュメンタリー映画にして世界に公開するというのはどうでしょうか。

　以上、勝手なことを言いましたが、もっと小規模でも、できることからでよいので、実質的にそれぞれの地域社会とそこで生活する人々の生活を豊かにし、質を向上させるための地域社会および地球社会間のグローバルネットワークを進めることを提案したいと思います。

　インターネットにより世界中のほとんどの地域がグローバル化している中、地域主義とグローバル化を結びつけることで、一人一人の個人の日常が世界のどこかの地域の個人の日常とつながることの意義は、双方にとって大きいと思います。

5 地域、国、世界のガバナンスと外国人

　筆者は韓国社会の移民受け入れについての調査研究[9]に関係するようになってから、韓国人の多くが持っている「主権者意識」に、日本の国民は見習うべきところがあると思うようになりました。それは、韓国社会が今世紀に入ってすぐの時期から国が急速に国内の外国人施策を進める方針を採ったこと、それに対し韓国国民の多くが自らのこととして関心を示し、議論を闘わせ、配慮すべきことを指摘しながらも、過半数が支持の意向を示していることに因ります。

　韓国も日本同様、労働力不足が深刻で特に「3 K労働」（韓国では「3 D」Dirty、Dangerous、Difficult）といわれる一部の製造業で、慢性的人手不足に陥ってきました。これらに対応するため、1991年に始めた「産業研修制度」を、日本が1993年に導入した「外国人研修・技能実習制度」と

同じような、「研修」とは名ばかりの、外国人を低賃金で３Ｋ労働に従事させる仕組みとしていきました。これについては、日本でも韓国でも、種々の問題が指摘され、「現代の奴隷制度」とまでいわれてきました。ところが、韓国では2004年に外国人の「雇用許可制」（5年弱の有期労働ビザでの就業制度）を導入し、2007年には産業研修制度を完全に廃止しました。日本では、2019年時点で「外国人技能実習制度」が継続中で、前述のように2019年度から職種を限って有期の就労制度を導入しました。

　また同じく日韓共通で社会問題化している「嫁不足」という現象があります。韓国では、儒教が生活の中に定着していることもあり、「家」が途絶えることに対しては、日本以上に受け入れがたく考えるようです。それもあってか、外国人の嫁をとることが日本以上に一般的になっています。一時、第一次産業従事者の男性の結婚相手の３割以上が外国人という地域もあったといわれます。

　韓国における以上のような外国人に依存する状況に対しては、盧武鉉大統領の時期（2003～7年）以降、積極的に多文化を受け入れる政策が続いてきました。2003年7月には「外国人労働者雇用などに関する法律」を制定し、これにより翌年、「雇用許可制」を実現させました。また、2005年には、永住権を取得して３年以上の外国籍住民に、投票権だけですが、地方参政権が付与されました。そして2006年には、京畿（キョンギ）道議会で韓国籍をとったモンゴル出身の外国人結婚移住女性が、比例区トップ当選をしています。同じく2006年には、盧武鉉大統領による閣議での「多文化国づくり宣言」が出されました。

　そして当面の国策の指針である基本法として、2007年、「在韓外国人処遇基本法」が制定されました。翌2008年には、国際結婚家族対象の「多文化家族支援法」が施行され、外国人配偶者に対する韓国語、韓国文化学習支援、

子どもの学習支援、母語支援などの機能を備えた多文化家族支援センターの設置・充実や、外国人配偶者保護の観点から多言語で24時間対応のコールセンターの設置などが進められてきました。2018年現在、300近くの多文化家族支援センターが設置されていて、韓国全土どこに住んでいても車で1時間以内にアクセスできることを目指しているということです。

　これら韓国の「多文化」政策で重要なのが、国民の多くがこれを支持しているということです。よく、韓国の政策はトップダウンでなされるといわれることがありますが、そういう面があることは事実でしょう。しかし、国民がその政策を検討、議論、判断して、支持の可否を、マスコミを通じて、さらにはデモなどの示威行動、選挙など、さまざまな手段で表明することは、注目すべきことだと思います。このことについて、筆者は、いろいろな年齢、立場の人に、どうしてさまざまな政策に自らの意見を表明するのかと聞いてみたことがあります。すると、異口同音に、韓国は植民地になって自分の意見が言えなかった、解放後も軍事政権で意見が言えなかった、それが1980年代の革命で血を流して民主主義を勝ち取った、このときからは一人一人の国民が国のあり方に責任を持つことになったのだ……と言います。そして、これは小学校から学校教育で教えられるのだそうです。まさに主権者教育であり、それによってカウンター・デモクラシー[10]が根付いているわけです。

　どこかの国で、原発事故に対し、国が悪いとか電力会社が悪いとか言っても、自らも含めて「主権者が悪い」とは言わないのとは大違いだと思いました。

　ということで、筆者は韓国の主権者教育から学んで、地域や国に対する個人の責任がどうあったらよいかを考えるようになりました。さらに進んで地球社会、グローバル社会に対しての個人の責任を考えてしまいます。

ここまでで、地域社会と国に対しての責任については語ってきたので、地球社会、グローバル社会に対しての個人の責任について、筆者の考え方を示しておきたいと思います。

　第1節でグローバル企業に言及しました。まさに国家という枠を超えて企業活動をしている企業です。これらグローバル企業が、数も爆発的に増え、経営規模も小さな国の国家予算を軽く超えるようなものまで出てきました。中には、大国に対しても「法人税を下げろ」とか「非正規雇用を増やせ」と言ったり、果てはFTA（自由貿易協定）、EPA（経済連携協定）、TPP（環太平洋連携協定）など、二国間、多国間の経済協議で自らの企業の利益を反映させろと圧力をかけたりします。自然環境や社会環境に対して問題を起こすこともあります。これら、グローバルな企業活動に関して、個人が無力であっていいのでしょうか。いいはずがありません。国家を超えた企業に対しては個人が国家を超えて対応していく必要があります。国内での企業活動についても市民がCSR（Corporate Social Responsibility, 企業の社会的責任）を求めるように、地球規模のCSRを求めて、企業の地球社会への責任を果たさせるのです。現在、このような活動を行っているNPOや多国間でのNPOの連携があります。個人がこれらにアクセスすることも含め、自らのグローバル社会に対する責任を果たしていく方略を模索していく時代になっています。このような意識と能力を持った者が、本当の「グローバル人材」なのではないでしょうか。

　いずれにしても、地域社会から地球社会まで、自らの社会的責任を果たしていくためには、足下（地域社会）におけるグローバル化対応と多様な人々間での連帯を強めていきたいと思います。そのために、地域日本語教室など、地域社会における多文化共生拠点の役割が重要になっています。

279

6 | 「多文化共生」と「安全基地」

　最後になりましたが、本節では本書で採っている「多文化共生」とは何かについて確認をしておきたいと思います。それと、横山さんが「まえがき」で指摘している「セキュアベース（Secure Base）」（安全基地）が2種類必要なことについて指摘しておきたいと思います。

　「多文化共生」という言葉は多義的で、ほとんど反対の概念を同じ多文化共生という言葉で表しています。そのことについては筆者が関係した別の著作[11]のテーマとなっているので詳しくはそちらをご覧ください。ここでは要点を簡単に指摘するだけに止めます。つまり、多様性に合わせた社会を作るのか、今ある社会に合わせるために多様性を矯正するのかという全く違った方向性を「多文化共生」という一つの言葉で表しているということです。多言語での情報発信などは前者の一つですが、日本語を学んで日本の学校で授業を受けることは後者でしょう。前者は多文化主義に基づきますが、後者は同化主義に基づいています。

　もちろん、この二つの対極の中間に、いろいろな段階があります。例えば、地震の被災時における「やさしい日本語」での対応などは、どの辺に位置づくのでしょうか。多文化社会にあって、すべてを多文化主義か同化主義か、どちらか一方だけで対処するのは難しいと思われます。また、筆者がそうなのですが、同化的にふるまいながらもコアの部分ではしっかりと自文化を保っていて、必要なときにそれを発揮するという「戦略的同化」（長いものには巻かれろ戦略）が必要という立場もあるでしょう。しかし、ここまで論じてきたように多様性は社会の豊かさの尺度だとするからには、多文化主義の「多文化共生」こそ本来のものと考えます。そして、次に言及する「セキュアベース（Secure Base）」（安全基地）である地域における生活者日本

語教室では、多文化主義の下で、ゆっくりでもしっかりと地域社会を真の多文化共生社会にしていく役割があります。

　そこで、「セキュアベース（Secure Base）」（安全基地）についてです。この言葉の概念も、人によって違いがあり、多義的であることは間違いありません。しかし、こちらは「多文化共生」の場合とは違い、似たような概念であると思います。

　その一つは、例えば海外につながる子どもが、日中は学校などで「戦略的同化」をしながら自分らしさを押し殺していますが、日本語教室などでは、同様な子どもたちが集い、ありのままの自分を受け止めてくれる大人たちに寄り添ってもらえる、そんな場としての安全基地です。

　もう一つは、例えば移民と支援者が、互いに「共同学習者」[12] として学びながら、地域社会を多文化共生社会にし、地域社会間のグローバルネットワーク化を進める方略を練っていく場としての安全基地です。

　現在は前者の意味での安全基地が一般的です。しかし、それであるとこれから先もずっと安全基地が必要になっていきます。本来であれば、安全基地がない状態でもよい社会、いや、地域社会や国、地球社会すべてが、どこにいてもそこが安全基地である社会になってほしいと考えます。そのためには、後者の安全基地が戦略的同化の必要のない社会を創造していく作戦基地・発信基地として機能していくことが、どうしても必要です。

　そしてこの安全基地から、地域主義でグローバルな（グローカルな）真の多文化共生が産み出され、他の地域や国、世界に向けてその基地が広がっていくことを、心から期待します。

　これらを実現するためには、人々の意識を変えていくことが最も必要だと思います。そのために必要な教育が「多

281

文化教育[13]」です。本章では、この教育について詳しく紹介することができませんが、簡単に言うと「社会の多様性から学び、地域社会から地球社会までの多文化共生創造に資する意識と能力を養成する教育」といえるでしょう。地域のセキュアベースである日本語学習支援の場で、メンバー相互の学び合いがなされる教育も、多文化教育の一つだと思われます。

　ぜひとも、地域の日本語学習支援の場には、そのような機能を備えるように取り組んでいってほしいと考えます。

注

[1] 移民：
国連人口部は、正式な定義はないとしながら、1997年に当時の事務総長が国連統計委員会に提出した報告書中の記述を受けて、「出生あるいは市民権のある国の外に12カ月以上いる人」としています。
　また、国際移住機関（IOM）は、「IOMは、「移民」を以下のように定義しています。当人の（1）法的地位、（2）移動が自発的か非自発的か、（3）移動の理由、（4）滞在期間に関わらず、本来の居住地を離れて、国境を越えるか、一国内で移動している、または移動したあらゆる人」としています。
http://www.iomjapan.org/information/migrant_definition.html
（2019.04.08参照）
[2] 2018年6月末 法務省
http://www.moj.go.jp/nyuukokukanri/kouhou/nyuukokukanri04_00076.html（2019.04.08参照）
[3] 2018年10月末 厚生労働省
https://www.mhlw.go.jp/stf/houdou/0000192073.html（2019.04.08参照）
[4] 2018年10月1日【都道府県】人口ランキング
https://uub.jp/rnk/p_k.html（2019.04.08参照）
[5] 難民：
国連難民高等弁務官事務所（UNHCR）では、「1951年の「難民の地位に関する条約」では、「人種、宗教、国籍、政治的意見やまたは特定の社会集団に属するなどの理由で、自国にいると迫害を受けるかあるいは迫害を受ける恐れがあるために他国に逃れた」人々と定義されている」としています。
http://www.unhcr.org/jp/what_is_refugee（2019.04.08参照）
日本は、この定義を厳格に適応し、内戦や戦争などにより身の安全が

脅かされ自国に留まれない人々に関しては、「難民」と認めないとしているものと思われます。2017年は難民申請が過去最高の2万人近く（19,628人）だったにもかかわらず、認定されたのは20人に過ぎないことの理由の一つはこれによると思われます。

［6］定常型社会：
　広井良典による用語。脱「成長」に関しては、橘木・広井（2013）、橘木（2013）、広井（2013）、ラトゥーシュ（2010, 2013）などが参考になると思われます。

［7］海外につながる子ども：
　ここでは、本人及び保護者等の海外からの移住による「子ども」をこのように呼びます。「外国につながる子ども」という言い方もあります。

［8］マスコミ等：
　例えば、朝日新聞2018年9月30日朝刊1面「日本語教育必要な生徒高校の中退率9％超」、同31面「日本語支援学校手探り」など。

［9］調査研究：
　2009年度から2011年度の文部科学省科学研究費補助金研究（基盤研究B　研究課題番号：21320097）「「日本語教育保障法」に向けた理論的・実証的研究―言語教育学と公法学の視点から」（研究代表者　大阪産業大学准教授　新矢麻紀子）の調査研究メンバーとして、韓国班の班長としての調査研究を行った後、2012年度は法政大学のサバティカルで約1年間、韓国済州島での「疑似移民」体験による調査研究を行いました。

［10］カウンター・デモクラシー：
　ロザンバロン（2017）が用いた用語とされています。ただし、間接（代議制）民主主義については、代議員を選んで任せてしまうだけでは問題があり、有権者が絶えず政治を監視、評価し、問題があれば糾していく必要があるという主張は以前からありました。「民主」というからには、社会の構成員一人一人がその社会のあり方の責任主体だという自覚を持ち、行動によって責任を果たすべきだとする考え方です。

［11］筆者が関係した別の著作：
　松尾（2018）

［12］共同学習者：
　川崎市ふれあい館では、いわゆる学習者も支援者も、双方ともボランティアであり、互いに相手から、相手と共に、学ぶ存在であるとして、支援者に対してもこの呼称を使っています。

［13］多文化教育：
　多文化共生社会の創造には、多文化教育の果たす役割が必要不可欠だと思います。日本社会にあってはいまだ草創的なこの教育について紹介した文献（松尾2013, 山田2013, 村田2018など）を参照ください。

参考文献　橘木俊詔・広井良典（2013）『脱「成長」戦略―新しい福祉国家へ』岩波書店

橘木俊詔（2013）『「幸せ」の経済学』岩波書店

広井良典（2013）『人口減少社会という希望』朝日選書

松尾慎（編著）（2018）『多文化共生 人が変わる、社会を変える』凡人社

松尾知明（2013）『多文化教育をデザインする 移民時代のモデル構築』勁草書房

村田明子（2018）『大学における多文化体験学習への挑戦』ナカニシヤ出版

山田泉（2013）『多文化教育Ⅰ』法政大学出版局

ラトゥーシュ，セルジュ（中野佳裕訳）（2010）『経済成長なき社会発展は可能か？―〈脱成長〉と〈ポスト開発〉の経済学』作品社

ラトゥーシュ，セルジュ（中野佳裕訳）（2013）『〈脱成長〉は、世界を変えられるか―贈与・幸福・自律の新たな社会へ』作品社

ロザンバロン，ピエール（嶋崎正樹訳）（2017）『カウンター・デモクラシー』岩波書店

近年の「貧困」に関わる問題から
地域の外国人の生活を考える

帆足哲哉

　近年、各家庭の抱える貧困問題に対する解決策は、福祉施策から地域社会の中で解決策を模索するような変化をしてきているように思えます。捉えられる「貧困」という課題は、社会保障という「援助」を提供することも大切ですが、その点だけを満たせば問題が片づくというわけではありません。むしろ「貧困」を抱える者や家族が、日々の生活を送らなければならない社会とのかかわりの中で、いかに位置付けられ（社会的なステータス）、資源に頼ることができ、またその地で生活を送る者として共存できるかといった社会との関わり方の問題も、今日の「貧困」問題を考えていく際に大切な視点であると考えます。

　社会との関わりについての「貧困」問題は、外国人の生活の問題とも繋がるのではないでしょうか。労働者として日本に来ていたとしても、彼らが「労働力」というモノではないことは、誰もが知っていることでしょう。そして、彼らが日本での基本的な生活が営めるようにしていく仕組みは、むしろ日本社会に大きな示唆を与えてくれるのではないでしょうか。

　さて、「貧困」という問題を考えていく際に、ポール・スピッカー（Paul Spicker）による「様々な貧困概念どうしの家族的類似性」の図が頻繁に用いられます（次ページの図参照）。話者によって様々な「貧困」の定義が示される中

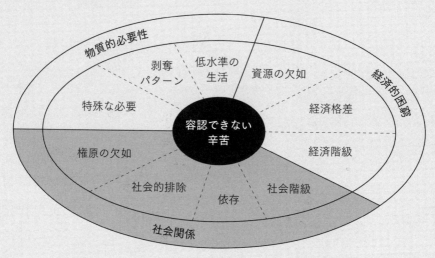

図　スピッカーによる「様々な貧困概念どうしの家族的類似性」
出典：スピッカー（2008, p.25）

で、この図では、それらの総体としての「貧困」を捉えています。本コラムでは、網掛け部分である社会関係の中で捉えられる「貧困」について、「社会階級」（social class）「依存」（dependency）「社会的排除」（social exclusion）「権原の欠如」（lack of entitlement）について、地域社会で暮らす外国人の生活に関わる問題を言及します。

社会階級

　社会階級について「人々の社会的地位とは、経済的地位、教育達成度、社会的身分の組み合わせによって決まる」（スピッカー 2008, p.24）としています。外国人の社会的地位を考えると、以下の二つに分けて考えることができます。一つめは日本国内外で十分に賃金を得ることができ、日本人でも聞いたことのあるような学校で教育を受けてきた、社会的身分の高いとされる人たちです。国内外の大企業や大学等で働いている人が、これに該当します。もう一つが、教

育達成度が求められない非熟練労働に携わり、日本という社会の中では「労働力」としての認識しか得られていない人たちです。例えば、同じ仕事をおこなったとしても「日本人」よりも「外国人」は低く位置付けられています。また「欧米系」と「アジア系」や「先進国」と「発展途上国」のような枠組みによって、さらに下層へと位置付けられる人たちも出てきています。場合によっては枠組みの中にさえも組み込まれないことで、存在を認められない人（例えば、難民、オーバーステイをしている者、無国籍者など）もいます。

　外国人の社会的身分は、日本人によって形成された社会の「枠の外」に位置付けられます。「枠の外」に位置付けられた人たちは、出身国や日本国内での評価基準とされる教育を達成していないという判断のもと、一部は評価を得るための教育の達成を目指すことになります。ただし未達成という状況を改善するための教育段階にあるため、教育による社会的地位を築く足場は常に揺らぎ続けることになります。一方で評価を得ることをしない者は、経済力を得ることを目的としますが、出身国や日本での教育が達成されていないために社会的地位を築くことに困難が生じます。日本社会にあって、社会的地位を築くためには教育的に達成されていることが前提であり、これがない状態であれば、経済的地位の確保はもとより、社会的地位を得ることはできないことになります。

依存

　貧困状況において「依存」とは、依存可能な社会保障にアクセスできる状況を前提としています。社会保障に依存することは、直接的に貧困と捉えられるものでなくても、イメージ化されることはあります。例えば、外国人も日本国内で生活を送る際に、国民健康保険に加入することが義務付けられており、一定の保険料を支払っている限り医療

サービスを3割の負担で受けることができます。この点は、健康保険といった社会保障システムに依存できることはオープンであるといえます。

　しかし在留資格のある外国人の本国にいる扶養者が、日本の国民健康保険制度を悪用して、日本で医療を受診するケースがあるといわれています。国民健康保険制度は保険料を「継続して納付する」ことを前提としていますが、一時的に入国し、扶養者としての権利を用いて、低負担で高額な保険診療を受けるのです（クローズアップ現代　2018年）。社会保障として、日本国籍／外国籍の誰に対しても開かれているといった保険制度の「普遍性」は、一部の外国人の想定外の利用によって、多くの日本国籍者から外国人全体のイメージを引き下げる要因となります。保険料を「正しく」納付し、かつ必要に応じた診療であったとしても、「外国人だから」として色眼鏡で見られることで、公正なアクセスとして認められない要因になります。そして外国人への固定観念や思い込みを生じさせ、社会の中で貶められていった地位こそが「貧困」の一形態として見ることができるのです。

社会的排除

　近年、貧困に関わる問題が話題に上るとき、「社会的排除」という言葉が同義的に用いられます。スピッカーは次のように述べます。「貧困は、単に資源欠如の問題とみなされるわけではない。それは、貧しい人々が連帯によって保護されないということ、それゆえ、社会の完全な一員ではないことを暗示しているのである」（スピッカー 2008, pp.134–135）。日々の生活を送る中で他の人とつながりえない関係性を、社会の外に置かれた状態、「社会的排除」として見ているといえます。「連帯に基づく社会的ネットワークに属していない」（スピッカー 2008, p.130）人々、「保

護されていない人々」(p.131)、「社会的に拒絶される人々」(p.132) が、社会的に排除されているのです。

　外国人についても、「社会的排除」をもって考えることができます。本国を離れて日本社会で生活を送る外国人は、日本社会に自らとの連帯を感じる機会はほとんどなく、社会の中に位置付けられている感覚や、日本社会の中で自らの存在を受け入れられているという意識を持つことは、ほぼないでしょう。同郷の者や同じ民族性をもつ者との関係性の中で受け入れられているという意識を抱くことはあっても、それは社会の中では限定的であるといえます。外国人の日常生活の中での「ことば」や「文化」を日本社会が受け入れないことは、まさに社会的排除であるといえるのです。

権原の欠如

　「権原の欠如」は、経済的な部分での「財」を持っていないことの根幹的な部分で貧困を捉える視点となります。外国人の置かれた状況を理解するポイントとして、「社会的な平等にアクセスする権利が示されない」ということを強調したいと思います。

　スピッカー（2008）によれば、貧困にある各人のもつ自由権の重要性を認めつつ、彼らの選択の行使を可能にする「請求権」の保障が不可欠としています。そして途上国を例にとり、途上国で暮らす人々が自由に暮らせていない状態について、「問題は、貧しい人々が生きるための資源を持っていないということだけではない。そうした資源を手に入れられるようにするには、安全であることが欠かせないが、かれらの多くは、そのような安全が妨げられているのである」(p.170) と述べています。つまり生きるために必要な資源がないということだけが問題なのではなく、そこにアクセスする権利が保障されていないことにも問題が

あるとスピッカーは指摘しているのです。

　この点を地域社会で暮らす外国人で考えてみます。外国人が来日して、労働を中心にした暮らしをおこない、「財」を得るための活動をしていきます。その際に、例えば労働に対して本来支払われるべき最低賃金を理解していないために「必要以上に」低く抑えられていたり、労働災害に対して何の保障もされなかったり、休みを取ることが認められなかったりといったことは、外国人が労働者としての権利にアクセスする機会を妨げていることと同類に考えることができます。誰もがもっているべき権利について、それを知っていなければ行使する／しないの選択はできません。誰もが知っているようにすること、知らないことがないようにすることが理想的といえます。しかし、現実的には外国人に労働者としての権利を、意図して知らせないままにしておき、ケガをしたり、病気になったりしても本人の責任として片づけられていることがあります。日本で労働を継続することができないような障がいを負い、帰国しなければならないケースもあります。

　主として労働を目的として入国し、本国から遠く離れた地で、言いたいことも言えないような生活は、人間らしさをすり減らしていくことになります。少しだけでも自分の気持ちを表出できるようになることが、日本社会の中で生活を送る彼らの人間らしさを回復させ、貧困に抗う契機となります。その場や機会、関わりとしての日本語教室の果たす役割を期待したいと思います。

参考文献　　スピッカー, P.（圷洋一監訳）（2008）『貧困の概念』生活書院
　　　　　　　クローズアップ現代（2018）「日本の保険証が狙われる　～外国人急増の裏で～」日本放送協会（NHK）2018年7月23日放送　https://www.nhk.or.jp/gendai/articles/4162/（2019年5月10日アクセス）

コラム
「移民排斥」とは何か
山田泉

　世界でも「安全」な国といわれていたニュージーランドで、2019年3月15日（金）に、オーストラリア出身の白人青年を首謀者としたモスク襲撃事件が発生しました。これによる死亡者は50人で、ニュージーランドにおける過去最悪のテロ事件として世界中に報道されました。このニュースは、2011年にノルウェーで起こった、移民政策を進めようとする政府系集会で、これに抗議する白人至上主義者によって77人が殺害された事件を思い出させるものでした。さらには、2001年に起こったイスラム過激派のウサマ・ビン・ラディンが首謀者だとされている「9.11」をも思い起こされました。ニュージーランドのアーダーン首相は、このテロを克服し共生社会を推進するために、「多様性、優しさ、思いやり」による国家運営を進めるとしています。産休を取った初めての首相らしい統治姿勢に感服します（幻冬舎plus〈https://www.gentosha.jp/article/12618/〉参照2019.04.11）。

　ところで、現代社会で起こっている何らかの集団に対する差別、排斥事例を見ると、テロやヘイトスピーチからSNSでの誹謗、中傷、いじめに至るまで、「多様性、優しさ、思いやり」とは正反対の方向に向かっているように思われるのは、なぜでしょうか。その背景に何があるのでしょうか。ここでは、移民に対する排斥について考えてみます。

世界の、主に先進国で起こっている移民排斥の理由は、国や地域、それぞれの場合によって異なっていたり、複数の要因が絡み合っていたりすることがあると思います。ただし、いずれの場合も移民の数が一定以上になった時に起こっていると考えられます。以前、西ドイツ時代にトルコなどからの外国人労働者とその家族などが増え、定住化していく過程で起こった排斥運動も、それらの定住者が一定の割合を超えた時だったといわれています。そしてそれは、一般住民がそれまで続けてきた生活が移民によって何らかの影響を受けると感じた時でもあるということです。その中で、就労に関するもの、つまり移民によって職を奪われたり、賃金を低く抑えられたりすることへの懸念が最も強いようです。そこから生活習慣や行動様式の違いなどによる「社会の変化」を好ましくないものと思い、移民の存在そのものが疎ましいものと感じるに至ります。そしてこれらの住民感情を巧みに利用する政治家が現れ、移民の受け入れの賛否を自らの政治的プロパガンダに利用するようになると、排斥運動などが一気に高まるとされます。

　さらに現在は経済競争が熾烈化し、国家間、個人間で、経済の二極化を進める政策が採られています。ただでさえ心安らかではいられない競争社会の中で、多くの人々が、鬱憤や不満を募らせています。この人々の心理を政治家が自らの政治勢力の伸張に利用する形で、移民排斥を扇動していきます。あるいは、為政者側が自らの二極化政策のカムフラージュをするために移民排斥を誘導することがあります。

　では、これらの問題を克服するためにどうすればよいのでしょうか。わたしの専門の一つは多文化教育です。もちろん多文化教育は、そのための重要な手段です。しかし、多文化教育が効果を発揮するには、さらに大がかりな、世界のあり方の根本的変革が必要だと考えます。つまり、文

第Ⅳ部　地域での日本語活動を考える視点

化の問題というより社会の力関係の問題であり、個人が取り組むだけでなく集団や国家、国連などの国際機関が取り組むべき問題なのです。

　それは、個人間、集団間、国家間にある力関係を、いかにしたらよりフラットな関係にできるかにかかっています。国際政治力、経済力、軍事力といった偏りがあると問題なパワーを、国際協調・調整力、共感力、共生力といった、あえて高め合うことが望まれるものに置き換えていくという難題に取り組んでいく必要があります。そうしてこそ、平行して多文化教育で個人が「多様性、優しさ、思いやり」を学ぶことができるというものです。

あとがき

　経済のグローバル化と新自由主義（ネオリベラリズム）の進展に伴う人の国際移動が進み、日本も急速に多民族・多文化化してきました。近年のこのような社会の変化によって、さまざまな「言語問題」が顕在化しています。例えば、日本語を母語としない子どもたちに対しては、彼、彼女たちが学びを通して成長するための、言語教育を含む基礎教育が十分に提供されていません。また、日本で働く外国人に対しても、彼、彼女たちが生活する上で重要なコミュニケーション手段である日本語の習得を支援する制度は不十分なままであるといえます。

　本書では、それらの言語問題の解決に向けた地域社会での住民活動に関する実践レポート及びその実践を支える研究者の論考を収録しました。

　近年、日本では、少子高齢化、つまり生産年齢人口の減少に対応するために、外国人受け入れを進める動きがあります。そして、受け入れ側は、彼、彼女たちに日本語学習を求めています。しかし、来日する外国人に求めるばかりではなく、受け入れ側の日本社会の体制、日本人の意識を見直す必要があるのではないでしょうか。生活者としての外国人に対する日本語教育は、現時点でほとんどがボランティア依存であり、その家族である児童生徒の日本語を含む学習権の保障も法的整備が充足していません。

　また、外国人材受け入れは、地域社会の多文化化をますます進行させます。「多文化共生」という用語が多用されるようになって久しいものの、そこには様々な問題が山積

地域での日本語活動を考える

したままです。「多文化共生」を実現するためには、ただ「外国人」にフォーカスするだけでは十分ではありません。日本社会では、「社会的弱者」（マイノリティ）であるニューカマーや先住民、不登校の児童生徒等が周縁化されてきた事実があります。加えて、日本の相対的貧困率は15.6％で、子どもは13.9％（2015年、熊本県を除く相対的貧困率、厚生労働省の国民生活基礎調査）と高い水準にあります。OECDの統計では、G7中ワースト2位、ひとり親世帯ではOECD加盟35カ国中ワースト1位（東洋経済ONLINE 2018/05/30）です。さらに、国連「世界幸福度報告書2018」においては、日本は156カ国中54位です。これらの事実を率直に認めた上で、世界第3位の経済大国に相応しい社会文化構造の転換、つまり、あらゆる人が人として生きられる、夢や希望ある社会へ移行する必要があると考えます。

JSL教育についても考えていく必要があります。

文部省が日本語教材『にほんごをまなぼう』を作成したのが1992年。そして、「特別の教育課程」として日本語指導が必要な児童生徒等に、「日本語指導を行うことができる」とする省令改正がなされ、施行されたのが2014年。この間、実に22年が経過しました。

もちろん、この22年間でJSLや多文化教育に関する研究やカリキュラムを含む教材開発が大きく進展し、多くの教材が市販されるなどリソース整備が進みました。加えて、それらがホームページ等によって公開されることも増えています。その反面、教員養成と実行予算は甚だ乏しい状況です。

また、JSL教育・学習の中心をボランティアや地方公共団体が担っているため、地域により大きなバラツキがあることも問題です。例えば、在留外国人数が最も多いのは東京都（55万5,053人、全国263万7,251人の21.0％：2018年6月

末現在、法務省入国管理局）ですが、都教委等によるイニシアチブが不足していて、区市町村まかせによる進捗格差が目立っています。

　これらの問題を解決するためにも、まずは、すべての子どもが対象になる国連「子どもの権利条約」（Convention on the Rights of the Child）の社会的周知が必要です。日本政府に対しては、子どもの権利委員会から複数回にわたる改善勧告がなされており、これに従った真摯な対応が求められます。

　本書の実践報告では、実践者が日本語を母語としない人々への日本語のサポート、不登校児童生徒へのサポート等に携わり不断に努力している活動を紹介しました。そして、それらについて、各執筆者自身がそれぞれに想いを込めて書き上げたつもりです。ただし、各教室ではCOVID-19の影響を受けています。読者の皆さんには、お気づきの点などありましたら、ぜひお知らせください。

　最後に、本書刊行までには数年の歳月を要しましたが、多くの方々からご支援をいただきました。小林文人先生（東京学芸大学名誉教授）からはエールをいただき勇気が出ました。また、野山広先生、春原憲一郎先生、山田泉先生をはじめ、原稿執筆を快諾いただいた各執筆者みなさまのご協力があって刊行に漕ぎつけることができました。この間、林由紀夫前社会教育主事（東京都葛飾区教委）を含む数えきれない多くの方々に助けられ、ご協力いただきました。これまでの道のりを振り返りながら、この場をお借りして皆様に感謝の意を述べさせていただきます。併せて、このたび出版を引き受けてくださったココ出版に深謝いたします。

編集委員代表　横山文夫

多文化共生社会の実現とそのための教育の公的保障を目指す神戸宣言

略称：「神戸宣言」

前文

わたしたちは、日本社会が、文化・言語的多様性を人類共通の財産として尊重し、異なった文化間の対話を活発にし、相互に理解し合おうとする社会であってほしいと思います。国家間を移動して日本に居住している人（以下、「移民」*1とする）や先住民等の少数文化・少数言語を持つ人々が排除されるべきではありません。移民や先住民を含めたすべての社会構成員の人権が尊重され、その文化や経験が共有され、ともに対等・平等に社会参加、社会貢献できる多様で魅力ある社会の創造をめざしたいと考えます。そしてこの目指すべき社会を「多文化共生社会」と呼ぶこととします。

わたしたちは、これらの願いや思いを抱きつつ、移民に対する日本語学習等について公的保障が不十分な現状に対応するために、日本語学習や生活改善に努力してきました。学習者自身や日本語ボランティア等の努力と熱意、地方公共団体の施策の進展があるにもかかわらず、依然としてこれらの人々は極めて厳しい状況に置かれています。また、多文化共生の地域づくりもたいへん困難な状況にあることを率直に認めざるをえません。多文化共生は、教育の場はもちろん、家庭や職場、地域社会から国家までさまざまな場で実現されなければなりません。

日本で生活する移民の多くは、日本語を学んだり日本での生活能力を高めたりしたいと思っています。ところが、身近なところにこれらに適切にこたえうる日本語教室・識字学級（以下、日本語・識字教室とする）が少なく、日本語学習の機会が保障されているとは言えません。また、多文化社会に対応した公共サービス（以下「多文化サービス*2」とする）の提供もごく一部に限られています。移民の子どもたちの多くは、母語・母文化の継承が難しく家庭内のコミュニケーション不全、アイデンティティのゆらぎ等の問題を抱えています。そのうえ日本の学校での学習・生活習慣に困難を感じている子どもも少なくありません。不就学に陥っている場合もあります。また、中学校卒業者の高校進学率も日本人の半数程度です。さらに、多くの地域では移民や先住民に対する偏見や差別が存続しています。それは受け入れ側に対する多文化教育*3等の啓発事業が実施されていないことに一因があるのではないでしょうか。

わたしたちはこれら憂慮すべき状況を改善するためには、自らを含むすべての住民、NPO・NGO等の市民組織が、それぞれの役割に応じ責任を持って積極的に取り組むべきだと思います。同時に日本政府や地方公共団体等の公的機関がより積極的に課題の解決に関与する必要があると考えます。多文化サービスを推進し、子どもを含むすべての人々への多文化教育と移民に対する日本語教育・母語学習の機会を公的に保障する*4言語政策の法制度をつくる等、大胆な改革が不可欠です。

よってここに、後に示す憲法および日本

政府が締約国となっている国際条約等を根拠とし、その理念を日本の実情に即して実現させることを目指し、「多文化共生社会の実現とそのための教育の公的保障を目指す神戸宣言（このフォーラムの開催地名を冠し略称を「神戸宣言」とする）を採択します。わたしたちはこの宣言に示された理念や考え方を実現するために、日本政府、地方公共団体や教育委員会等の関係諸機関に対し、以下の提言内容について速やかに検討し、即時取り組むべきものから計画的に実施していくことを求めます。

1. 多文化共生社会の実現

わたしたちが目指す多文化共生社会の実現には、すべての人々の社会参加を可能にするための仕組みと工夫が必要です。同時に、教育には多様性が摩擦の原因ではなく、均質で閉鎖的な社会に豊かな創造力をもたらす源泉であると人々に気づかせる役割があります。それによって、この社会は誰にとっても豊かで住みやすい社会になっていくものと考えます。

（1）すべての住民の社会参加

日本社会で生活するすべての人々が国籍や民族に関係なく対等・平等に社会参加するためには、多文化共生社会の実現をめざす仕組みづくりが重要です。日本語が不自由でも、日本社会の慣習に不慣れでも、社会的に不利な立場に置かれることがなく、誰もが声を挙げられる社会にすべきです。仕事の場であれ、地域活動の場であれ、希望する場への参加が叶えられるべきです。それによって、受け入れ側住民の意識も変わっていきます。条例によって外国籍住民会議を設置している地方公共団体もあり、学ぶべき事例の一つです。

（2）多文化社会に対応した公共サービスの充実

多文化社会に対応するためには、地方公共団体等は、地域社会の民族的・言語的・文化的多様性に対応した多文化サービスを充実させ、教育や医療等、各種生活相談に応じることが必要です。そのためには、多文化事業の企画段階から移民等が参加できる態勢を作ることが大切です。さらに、各種公共機関に専門の相談窓口を設置するとともに、移民等関係部署に当事者を雇用することが重要です。また、社会参加の前提として情報の共有が必要だと考えられます。日本政府や地方公共団体は、平易な日本語の使用を含む、多言語による情報提供やあらゆる領域での多文化サービスを拡充することが必要です。

（3）安心して働ける場の保障

多文化共生社会の実現には、社会サービスを受ける権利、教育を受ける権利と並んで、国籍や民族によって差別されずに働く権利が保障されることが不可欠です。雇用の調整弁としての派遣やパート等の非正規雇用ではなく、安心して働き続けられる場と環境が保障されなければなりません。そのためには、在留資格の整備や改正、労働関係の基本法制の遵守、昇進や昇給も含めて仕事と生活の将来像を考えていける制度の構築が必要です。加えて、公共職業安定所（ハローワーク）に移民対象の相談窓口を設置するなど、労働に関して相談できる専門部署の設置・充実も必要です。併せてよりよい就労の条件となる日本語の習得を保障する制度の確立が不可欠です。

（4）多文化教育の推進

これまで地域において、また、学校にお

いても、多様な文化や言語を持つ住民が増えているにもかかわらず、母語教育や多文化教育の必要性すら認識されていませんでした。受け入れ側の多文化・多言語への対応能力を高める教育等の提供も十分とは言えません。成人でも子どもでもあらゆる住民が多文化・多言語を理解し、発信する能力を育成する取り組みが必要です。

(5)「多文化共生社会基本法」（仮称）の制定

日本政府は、多文化共生施策を体系的に示した「地域における多文化共生推進プラン」（2006年、総務省）を策定しました。このプランを実行するためには、第一に「多文化共生社会基本法」（仮称）の制定が必要です。それによって、多文化サービスや就労支援の充実、および母語教育、多文化教育、日本語学習の保障が推進されるものと考えます。「多文化共生社会基本法」（仮称）の制定後、関連法の整備および、その施策実施の進捗を監視する機関の設置を求めます。併せて、外国籍住民への地方参政権付与も議論される必要があります。

(6) 各種国際条約の批准

国連人種差別撤廃委員会および同子どもの権利委員会は、2010年日本政府に対して、「教育における差別待遇の防止に関する条約」を締結するよう勧告しました。わたしたちは、日本政府がこの勧告を真摯に受け止め、当該条約を批准し、国内法制を整備するよう求めます。同時に、「雇用および職業についての差別待遇に関する条約」を早期に批准し、国内法を制定することを求めます。この条約は、169か国が批准（2011年9月）しており、人種、宗教、社会的出身等による雇用、職業訓練、および職業に従事することにおける差別を禁じています。さらに、日本政府は、「移住労働者の権利条約」（すべての移住労働者とその家族の権利保護に関する条約）を批准し、法的にいかなる条件下にあっても、日本社会で生活するすべての住民に対して基本的人権を保障すべきです。

2　日本語学習に対する公的保障

多文化共生社会の創造途上にある日本社会においては、すべての人々の文化・アイデンティティ・言語・価値観の尊重が重要です。言語については、自らが帰属意識を持つ集団の言語（母語等）と日本社会で広く使われている言語（日本語）との双方について、習得・使用することを公的に保障する仕組みが必要です。しかしながら、これらの言語保障が未整備な現状にあっては、現実的な対応として、少なくとも移民に対して必要な質と量を備えた日本語学習機会が提供されなければなりません。併せて母語等の習得・使用への対応を行うべきです。これは基本的人権の一つであると考えます。

(1) 日本政府・地方公共団体の責務

現在、地域によっては、日本語・識字教室が開催されていますが、そのほとんどがボランティアによって支えられています。また日本語学習を希望する人の数に比べ、支援者の数が絶対的に不足しており、学習の機会をまったく持てない人々も多く存在します。本来、移民の日本語学習機会の保障に対しては、（35）以下で示す法制的根拠に基づき、日本政府および地方公共団体が第一義的な責任を持つべきです。そして、だれもが自分に合った内容・方法で日本語が学べるよう、職場や地域での学習環境を整える法律の制定が必要です。また日本政府は、国内法令の整備がなされるまで

の間、法律の解釈、政令・省令・通知を弾力的に運用する等により、多文化教育、日本語教育、母語・母文化教育を実施する責務があります。

（2）生涯に渡って日本語を学習できる
　　　場の保障
　日本政府・地方公共団体は、日本語学習の場を公的に開設することが求められます。さらに、必要に応じて巡回・訪問指導の導入を検討することが必要です。それには、義務教育を逸した人のための夜間中学校を未開設の都道府県・政令指定都市・特別区等に開設し、日本語教育を実施する責任があります。これによって、学齢超過者の学び直しの場を保障します。加えて、公民館等社会教育・生涯学習施設を地域日本語教育・日本語学習の拠点に位置付け、学習リソースを整備し、専門能力を身につけた職員を配置する必要があります。また、仕事との両立を図るには企業内教室設置への支援も有効です。

（3）多様な日本語教育・日本語学習の
　　　保障
　日本政府は、移民本人の希望に応じて日本語教育・日本語学習を公的に保障する責務があります。日本社会において、自立した生活を営むために必要十分な日本語運用能力*5や社会文化能力*6等の習得が必要です。そのためには、多様な教育プログラムの開発が求められます。

（4）学校教育における多文化教育科の新
　　　設と地域日本語教育における専門家
　　　配置
　多文化共生社会を目指すには、学校教育において、すべての子どもにそのための意

識を育て、能力を養成する必要があります。それには、（31）で述べるように、移民の子どもに対する母語・母文化教育、日本語教育も指導内容に含む多文化教育科を新設することが必要です。日本政府（文部科学省）は、教科の新設とともにこの教科を担当する教員資格を設けるための制度を整備し、大学における教員養成課程を設置することが急がれます。また、地域日本語教育を担う人材についても、それに必要な専門資格制度を新設し、専門能力を身につけた者を各現場に配置する必要があります。同時に、専門研究機関を設置し、それぞれの対象に合った内容、方法を備えた各指導法の研究開発が急務です。

（5）NPO・NGO等の市民組織への支援と
　　　連携
　日本政府・地方公共団体は、現在ボランティア等が担っている日本語・識字教室および企業内教室を、日本人と移民との相互学習および日本語学習の場として認め、会場の提供および運営に必要な諸経費を負担すべきです。また企画運営は、移民当事者やボランティアを含むNPO・NGO等の市民組織と連携して推進すべきです。

3　移民の子どもの教育保障
　社会は、すべての子どもに対し、その子どもにふさわしい教育を受けさせ発達を保障する義務があります。日本政府および地方公共団体は、（35）以下で示す法制的根拠に基づき、国籍や在留資格によらずすべての子どもに対してこの責任を負っています。それは、子どもとしても大人になってからも、社会から必要なサービスを受けるとともに、自らも社会に責任を持ち、持っている力を発揮し貢献する義務があるから

です。日本政府は、子ども本人と保護者と社会のために、この目的達成を目指し、日本社会や日本人側の意識啓発も含め、いつまでにどのようなことができるか計画を立てて取り組むことが必要です。日本のような「学歴社会」では、一般にその人が受けた教育の質と量は、その人の社会参加の質と量に関係すると思われます。移民の子どもの教育機会を広げることは、社会にとっても望ましいことです。日本政府は生まれてから学校教育を修了するまで、移民の子どもへの教育保障について指針を策定し、地方公共団体とともに適切な施策を実行しなければなりません。

（1）義務教育化と国際人権機関への報告
　日本政府および地方公共団体は、日本が締約国となっている複数の国際人権関連法委員会から求められている移民児童生徒の義務教育化を早急に進める必要があります。日本政府にはこれに対応した関連法の整備や施策、制度構築等の検討を急ぐことが求められます。併せてこれらの取り組みの内容、タイムテーブルについては、国連子どもの権利委員会、国際人権規約委員会、人種差別撤廃委員会に追加報告が必要です。

（2）教育基本方針の策定と法制度等の
　　　整備
　日本政府は、移民の受け入れと、その子どもの教育の在り方についての基本方針を定め、関連法を整備する必要があります。併せて制度を作り、着実に施策を進めることが必要です。さらに、政府から独立した機関により、日本政府および地方公共団体等の取り組みが、日本国籍を持つ子どもの教育と格差がないこと、制度整備が計画に沿って進んでいること等を監視し、必要な

場合は指導する態勢を確立することが求められます。

（3）不就学児童生徒の実態把握
　現在、移民の子どもで日本の学校にも外国人学校にも在籍していない、いわゆる「不就学」の子どもがいます。日本政府および地方公共団体は、不就学の実態を把握し、これを防止するための必要な措置をとる必要があります。日本政府は、国内の移民児童生徒のうち、おおよそどのくらいの者が不就学かを把握するために、学齢期の子どもの外国人登録者数と、日本の学校の在籍者数および外国人学校等の在籍者数を調査し公表する必要があります。また、高等学校在籍者の割合も把握し公表すべきです。地方公共団体は、可能な限り、適切な方法で地域における不就学外国人児童生徒を把握し、その原因、理由について、保護者や本人等に聞き取り調査を行う必要があります。それらを基に日本政府および地方公共団体が連携し、「不就学者ゼロ」を目指した施策を策定し、取り組みを進めることを求めます。

（4）移民児童生徒・保護者への就学指導
　移民である保護者が日本で子育てをするためには、日本における教育の意義や制度と出身国のそれらとを比較して理解する必要があります。日本政府および地方公共団体は、日本で出産、子育てをする可能性のある者に対し、外国人登録時に出産、子育て、就学について平易な日本語および可能な限り移民の理解できる言語による説明冊子を配り、専門職が説明を行い、関係相談連絡先を示すべきです。また、保健所、教育委員会等関係部局は相談窓口を設けるほか、移民の特性に配慮した適切な時期、内容、方法に

よる出産、子育てや就学についての説明会、相談会を開催する必要があります。

（5）教育相談窓口への専門職配置

日本政府および地方公共団体は、（4）で設置する教育相談窓口に、移民保護者等と教育関係者の双方に対し、それぞれにとって適切な教育関係サービスを行ったり、あるいはサービスへのアクセス方法を提示したりするために、複数の役割に応じて必要な数の専門職を配置すべきです。その役割とは、一つが、移民の母語もできる者によって、移民の出身国と日本とを比較して教育観、学校文化、教育制度、保護者の役割等について説明し、逆に日本社会側にも移民側のそれらが説明できるというものです。もう一つが、子どもや保護者に対しカウンセリングが必要な場合、専門職自身が対応したり、あるいは対応先につなげたりすることができるというものです。さらにもう一つが、子どもの言語習得および学力向上について、個々の子どもの状況を的確に把握し、必要な支援方法、支援先などのアドバイスを行うというものです。これらの専門職は互いに連携を取るとともに、外部にも幅広い関係機関・団体・個人とのネットワークを持ち、常に連携できる資質・能力を持つ者とします。

（6）高等学校卒業程度以上の学力保障に向けた取り組み

日本は資格社会であり、一部の職業に就くためには国家試験等に合格することが求められます。そのために移民の子どもたちが将来社会参加するに当たって、選択肢ができるだけ多く持てるような学力が必要です。移民の子どもの教育を保障するためには最低でも高等学校卒業を目標とすべきです。日本政府

（文部科学省）は、都道府県別に移民の子どもの高校進学状況の実態調査を行い、その結果を反映させた高校進学から卒業までを保障するための指針を作成する必要があります。その下で入学特別枠設置校を含む受入校の増設および母語対応、ルビ振り、試験科目の配慮、時間延長、辞書使用等選抜試験方法の改善、奨学金制度の整備等経済的支援について各都道府県教育委員会を指導するべきです。さらに、高校入学後は、日本語教育等の指導を充実させ、卒業後、社会でその能力を十分発揮できるようなリテラシーと学力を保障する必要があります。大学入学に関しても留学生枠、中国帰国生枠とは別に、移民在住者枠を設け、適切な選抜方法を工夫する必要があります。

（7）義務教育年齢超過者と出身国での義務教育修了者

日本における義務教育年齢超過者であっても、出身国で義務教育を終えていない者に対して、夜間中学校を含む公教育の中で日本語教育をはじめとする受け入れ制度を整備すべきです。出身国で義務教育を修了した者であって、高等学校等への進学を希望する者に対しては、日本政府および地方公共団体は高校進学準備教育機関を設置したり、日本語教育機関やNPO等で適切な教育ができる機関への業務委託等を行ったり、支援制度を構築する必要があります。

（8）学校における移民児童生徒、日本人等児童生徒に対する言語教育、多文化教育

移民の子どもたちは自らの文化、言葉を学ぶことによって自らに誇りを持って社会貢献できるようになると考えます。また母語学習は、日本語の習得にも役に立つもので、

幼児の家庭教育から公立学校への入学後も継続して学べるよう配慮される必要があります。日本政府および地方公共団体は、学校教育において希望するすべての移民の子どもに対し母語教育を保障し、バイリンガル教育を実施する必要があります。一方、日本人等受け入れ側の子どもたちには、学校に在籍する移民の子どもや地域在住の移民の文化を学ぶ機会が提供されるべきです。そして、すべての子どもと保護者を対象とした多文化教育を進めることが重要です。

(9) 外国人学校等への教育支援

日本政府および地方公共団体は、子どもの権利条約第29条2に基づき、子どもたちが母文化、母語などを身に付け、自分らしいアイデンティティを保ち、社会貢献できるよう、外国人学校等を積極的に支援すべきです。外国人学校は不就学者を減少させる役割も果たしています。外国人学校・民族学校等の教育機関にも財政上の措置とともに、その在籍者、卒業者に対し、日本の公立学校への転入学、進学の機会を保障する必要があります。同時に先住民族アイヌの補償教育機関として民族学校の早急な設置が求められます。

(10) 教育制度を作り、教育を行っていくための連携推進

日本政府および地方公共団体は、移民の子どもに必要な内容、方法で、かつ十分な質と量を備えた教育を進め、日本人をも対象とした多文化教育を行うために、関係機関がNPO・NGO、移民当事者等の市民組織と協働し、総力で教育制度を構築する必要があります。それらは、調査研究、専門家養成、情報提供、教育実践等を含みます。関東1都3県の教育長や外国人集住都市会議は日本政府に対し、移民の子どもの教育施策についての要望を出しています。これらの課題に対して行政と民間が連携して取り組むことが求められます。

本宣言における憲法・国際条約等の法制的根拠

（1）**憲法第26条1項**で、「すべて国民は、法律の定めるところにより、その能力に応じて、ひとしく教育を受ける権利を有する」と定め、また憲法と一体関係にある新**教育基本法4条1項**では、「すべて国民は、ひとしく、その能力に応じた教育を受ける機会を与えられなければならず、人種、信条、性別、社会的身分、経済的地位又は門地によって、教育上差別されない。」と規定しています。

（2）**憲法第30条**で、「国民は、法律の定めるところにより、納税の義務を負ふ。」と規定し、第84条の租税法律主義により国税と地方税が個別・具体的に制定されています。そして、この規定には「国民は」とあるものの、国籍を問わず課税されています。

（3）**地方自治法**では、「住民は、当該地方公共団体の区域内に住所を有する者。法律の定めるところにより、その属する普通地方公共団体の役務の提供をひとしく受ける権利を有し、その負担を分任する義務を負う。」(第10条)と記述されています。

以上のように、教育の差別を禁止し、地方自治法による住民は、負担の分担としての納税の義務を果たしており、役務（各種サービス）の提供を受ける権利を有していると解釈できます。つまり、文化・体育、保健衛生、社会福祉等の公共施設の利用はもとより、教育を受ける権利も国籍に関係なく日本籍住民と同等であることが分かります。加えて、以下に示す国際条約に関

303

し、憲法第98条2項で、「日本国が締約した条約及び確立された国際法規は、これを誠実に遵守することを必要とする。」、また同第99条では、「・・・国務大臣、国会議員、裁判官その他の公務員は、この憲法を尊重し擁護する義務を負ふ。」と記述されています。ちなみに、教育を受ける権利について規定する国際的な人権文書では、権利主体を「すべての者（人）」と定め国籍で区別していません。そしてまた、国際条約を批准した場合には、国内法の整備が義務付けられていて、条約や宣言に賛成した場合に、その内容実現の道義的責任を負うものと解釈されています。

「世界人権宣言」の理念を具体化した国連の「経済的、社会的及び文化的権利に関する国際規約」（国際人権A規約：社会権規約）は、締約国に対して、教育についてのすべての人々の権利を認め、初等教育は、義務的なものとしすべての人々に対して無償とすること、中等教育も、無償化を進め一般的に利用可能でかつすべての者に対して機会が与えられることを求めています。また、同社会権規約委員会（第2回2001年）は、「パリ原則」を踏まえた早期の国内人権機構の設立を要求しています。同「市民的及び政治的権利に関する国際規約」（国際人権B規約：自由権規約）委員会（第5回2008年）も、独立した国内人権機構を政府の外に設立すべきだと述べています。この人権機構によって、教育を含め、日本に住むすべての人の人権状況を監視し、適切な措置をとるべきだと考えます。

人種差別撤廃条約（あらゆる形態の人種差別の撤廃に関する国際条約）では、「締約国は、人種差別につながる偏見と戦い、諸国民の間及び人種又は種族の集団の間の理解、寛容及び友好を促進し並びに国際連合憲章、世界人権宣言、あらゆる形態の人種差別の撤廃に関する国際連合宣言及びこの条約の目的及び原則を普及させるため、特に教授、教育、文化及び情報の分野において、迅速かつ効果的な措置をとることを約束する。」（第7条）と記述し、人種差別の撤廃と効果的処置を締約国に義務付けています。

子どもの権利条約は、締約国に対して、その管轄下にあるすべての子どもの最善の利益を考慮して、立法措置、行政措置その他の措置を講ずることを義務づけており、国境を越えて移動する子どもたちやマイノリティーの子どもたちの学習権が保障されるだけでなく、文化的アイデンティティや言語、価値観が尊重されることを求めています。また、第29条2で、必要な場合は「個人及び団体が教育機関を設置し及び管理する自由を妨げるものと解してはならない」としています。さらに、同委員会も独立した監視機構の設置を要求しています（第2回最終所見パラグラフ14、第3回最終所見パラグラフ8）。

日本政府も賛成して採択（2007年9月）された先住民族の権利に関する国際連合宣言では、文化、アイデンティティ、言語、労働、健康、教育等に関し、「集団および個人としての人権の享有（第1条）、教育の権利（第14条）、教育と公共情報に対する権利、偏見と差別の除去（第15条）」等、先住民族の集団としての権利および個人の権利が宣言されています。

世界教育フォーラム（WEF）は、1990年（ジョムティエン-タイ）に「万人のための教育宣言」および「基礎的な学習ニーズを満たすための行動の枠組み」が決議され、2000年（ダカール-セネガル）に「ダカール行動の枠組み」を採択しました。その内容は、2015年までに、移民やマイノリティーの子どもを含むすべての子どもたちに質の高い義務教育の保障を訴え、また、全て

の成人が読み書きできるようになり、社会の中で人間らしく生きるに必要な基礎的な知識を継続して身につけられる仕組みづくりを提案しています。

ユネスコ国際成人教育会議第6回（2009年12月4日、ベレン）では、「成人教育の基本的役割を繰り返し、緊急の問題として、より速度を速めて成人教育問題の議題に取り組んで行くことを全会一致で約束する」として、**「生存可能な将来のための成人教育の力と可能性の利用行動のためのベレン・フレームワーク」**が採択されました。そして、成人教育として社会的に不利な状況にある人々への識字教育に焦点をあて、その能力の具体的・抜本的改善が勧告されました。

国際識字年（採択1987年12月、1990年を国際識字年とし以降10年の取組）と**国連識字の10年**（採択2001年12月、2003年から10年間）は、「すべての人に教育を」謳い、識字はすべての人々が生活スキルを習得する上で決定的に重要であり、社会参加の手段である基礎教育の基本的ステップに相当する。国際組織、非政府組織等のパートナーシップのもとに、すべての人々に対する生涯教育の条件づくりを必要としているとし、基礎教育と生涯教育の充実を訴えています。

採択：2011年11月27日

本宣言で記載した用語の解説

*	用語	解説
1	移民 （「東京宣言」では「外国人」と表記したが、「神戸宣言」では実態にあわせ「移民」を用いる。）	国際連合人口部によると、移民とは、出生あるいは市民権（国籍）のある国の外に12か月以上いる人とされ、ある国から他の国に移り住むことを指し、植民（colonization）と区別される。本宣言では移入民（immigrant）を単に「移民」と表記する。移民には、正式な入国・在留手続きをしていない非正規滞在者および法的手続きを経た正規滞在者、その国の国籍取得者、その国の人と結婚した配偶者、留学生、労働移民等がおり、本宣言では日本の（旧）植民地出身者および中国帰国者を含むものとする。なお、移民になりうる12か月未満の滞在者も含む。
2	多文化サービス	本宣言では、多文化社会に対応した公共サービス全般を指し、日本におけるマイノリティー（先住民を含む民族的・言語的・文化的少数者）の知る自由、読む権利、学ぶ権利を保障し、地域住民すべての相互理解促進、行政サービスを含む多文化教育・学習等に資するサービスの総称。日本では、IFLA（国際図書館連盟）東京大会（1986年）の「多文化社会図書館サービス分科会及び全体会議決議」が契機になり、図書館での多文化サービスがはじまった。
3	多文化教育	多文化主義は、同一国家内に存在する複数の人種や民族が共存・共生するために、それぞれの文化が持つ固有の価値（文化、言語、生活習慣、歴史等）や存在意義・アイデンティティを認め、相互に尊重し、特定の主流文化による支配を肯定しない考え方と解される。このような考え方に立脚し、その実現に資する個人の意識、能力を養成する教育が多文化教育と言われている。
4	公的保障	本宣言では、日本で生活する移民等に対し、日本政府および地方公共団体が責任主体となり、法制に基づき公金によって計画的に実施される日本語教育および母語学習支援事業を指す。
5	日本語運用能力	本宣言では、「聞く、話す、読む、書く」という言語教育の4技能という捉え方ではなく、日本語で他者とコミュニケーションが取れる、日本語を使って社会生活が営める等、「日本語で何ができるか」という捉え方をしている。
6	社会文化能力	本宣言では、ある社会でその構成員によって習得され、共有され、伝達されているさまざまな状況下でそれぞれに応じ選択すべき行動規範、コミュニケーションの様式等を知り、自分の置かれている状況に応じて適切に言動が選択できる能力とする。

「神戸宣言」採択までの経緯

　わたしたちは、「前文」に記した現状を改善するために「日本語フォーラム2001」を開催し、「多文化・多言語社会の実現とそのための教育に対する公的保障を目指す東京宣言」（略称:「東京宣言」）を2001年5月に採択し、続いて同行動計画もできました。この「東京宣言」に謳う（1）多文化・多言語社会の創造、（2）日本語学習に対する公的保障、（3）外国人の子どもの教育保障の三点の実現を目指す組織として「日本語フォーラム全国ネット」が結成されました（2003年3月）。そして、10年が経過した今日、「東京宣言」を現状に即して見直した「神戸宣言」（案）を準備し、兵庫県神戸において"日本語フォーラム2011"を開催し（2011年11月27日）この宣言を採択しました。

「東京宣言」採択以降「神戸宣言」準備までの主な事業

開催年月	開催地	タイトル・テーマ	共催団体等
2001年5月 2001年9月	東京都（千代田区） 東京都（千代田区）	「東京宣言」採択 同「行動計画」採択	主催：日本語フォーラム実行委員会、主管：日本語・識字問題研究会
2003年3月 同	兵庫県（神戸市） 同	設立総会、 日本語フォーラム2003 in 兵庫	日本語フォーラム関西地区準備会、兵庫日本語ボランティアネットワーク
2003年10月	長野県（佐久市）	日本語フォーラム2003 in 信州	長野県日本語ネットワーク
2004年3月	東京都（千代田区）	総会、法案検討フォーラム	
2004年9月	東京都（千代田区）	日本語フォーラム2004 in 東京	
2005年3月	東京都（文京区）	総会，シンポジウム	
2005年10月	福島県（郡山市）	日本語フォーラム2005 inふくしま	日本語フォーラム福島実行委員会
2006年11月	千葉県（千葉市）	日本語フォーラム2006 in CHIBA	房総日本語ボランティアネットワーク
2007年12月	沖縄県（那覇市）	日本語フォーラム2007 in 沖縄 —共生を目指す『識字』	日本語フォーラム沖縄実行委員会
2008年12月	新潟県（長岡市）	日本語フォーラム2008 in 長岡 —「災害と情報弱者の支援」	下越地区共生会議（事務局：新潟大学国際センター）
2009年12月	東京都（千代田区）	日本語フォーラム2009 in 東京 —東京宣言フォローアップ＆ 新指針作成に向けたプレフォーラム（Ⅰ）	日本語フォーラム全国ネット「プレフォーラム」準備会
2010年3月	東京都（千代田区）	総会、東京宣言見直し検討会	資料：東京宣言フォローレポート（山野上麻衣著）
2010年11月	神奈川県（横浜市）	日本語フォーラム2010 in 神奈川 —東京宣言フォローアップ＆ 新指針作成に向けたプレフォーラム（Ⅱ）	日本語フォーラム2010 in 神奈川実行委員会
2011年6月〜	東京都（千代田区）	神戸宣言（仮称）起草委員会	第一回6月、第二回10月、第三回11月
2011年11月	兵庫県（神戸市）	日本語フォーラム2011 in 兵庫 —神戸宣言採択フォーラム	日本語フォーラム2011 in 兵庫準備会、兵庫日本語ボランティアネットワーク

日本語フォーラム全国ネット
「神戸宣言」起草委員会
起草委員：大越貴子、斉藤祐美、佐藤友則、戸田香苗、永井慧子、長嶋昭親、中村ノーマン、長谷川奈津、春原憲一郎、樋口万喜子、福島育子、山田泉、山辺真理子、横山文夫

葛飾区教委への提言
国際化、グローバル化する社会を生きる子どもの育成について
違いを豊かさに（提言）

平成25年（2013年）1月
第8期葛飾区社会教育委員の会議

国際化、グローバル化する社会を生きる
子どもの育成について
（提言）

　本会議において、標記のテーマについて協議を重ねてきましたが、このたびこれを取りまとめましたので提言します。

平成25年（2013年）1月31日

葛飾区教育委員会殿

第8期葛飾区社会教育委員の会議
議　長　　山田　泉
副議長　　大島英樹
副議長　　福島育子
委　員　　伊藤みどり
委　員　　増田英徳
委　員　　山田裕子
委　員　　中村　豊
委　員　　立澤比呂志

目次

はじめに〜違いを豊かさに〜

1　国際化、多文化化の現状と課題解決のための基本的な考え方
　（1）国際化、多文化化の現状
　　　①グローバル化にともなう人びとの移動について
　　　②多文化共生社会について
　　　③葛飾区における現行施策
　（2）課題解決への基本的な考え方
　　　①就学以前の子を持つ保護者支援の現状と課題
　　　②初期指導体制の現状と課題
　　　③各小中学校の現状と課題
　　　④ホスト社会の子どもたちへの多文化教育の現状と課題
　　　⑤保護者の相互学習の現状と課題

2　提言
　（1）就学以前の子を持つ保護者に向けた子育て情報の提供
　（2）「かつしか子ども多文化センター」（仮称）の設置
　　　①コーディネーターおよび専門家の配置
　　　②集中的な初期指導とプレスクール機能
　　　③通級による教科等の指導
　　　④学校への講師派遣
　　　⑤学校等へのノウハウの発信・提供
　　　⑥関係機関等とのネットワークづくり
　（3）小中学校での試行的な取組
　（4）外国につながる子どもとホスト社会の子ども双方への多文化教育の実施
　　　外国につながる子どもの学校における居場所づくり
　　　①ホスト社会の子どもの多文化能

力の育成
②ホスト社会の子どものコミュニケーション能力の育成
③外国につながる子どもとホスト社会の子どもとの相互学習
④教員への理解促進と多文化コーディネーターとしての力量形成
⑤地域ボランティアの協力
(5) 保護者の相互学習と相互理解の推進
①外国につながる子どもの保護者に対する日本の子育て・教育についての理解促進
②ホスト社会の保護者に対する外国人の子育て・教育についての理解促進
③保護者同士の相互交流と理解促進
(6) 葛飾の多文化共生社会実現に向けた多様な取組の支援
①双方のコミュニティーの交流
②学校以外の子どもの交流の場
③母語・母文化の学習
④学習支援
⑤国際交流事業

おわりに
用語解説

資料編……………………………以下割愛
○第8期社会教育委員の会議の協議テーマについて
○第8期社会教育委員名簿
○第8期社会教育委員の会議協議経過
○ヒアリングした団体・見学先等の概要
○参考データ

はじめに〜違いを豊かさに〜

　私たち葛飾区社会教育委員の会議では、葛飾に暮らすすべての子どもの教育を受ける権利を保障するという観点から、「国際化、グローバル化する社会を生きる子どもの育成について」というテーマで、2年間にわたり区内外で成果を上げている取組事例の検討や現場訪問をおこない、葛飾区の実情に合った態勢を構築するべく協議を重ねてきました。

　その結果、現在、葛飾区には1万4千人近くの外国人住民が暮らし、外国につながる子ども（注1）の数も多くなっていること、彼らは国際化、グローバル化する社会を体現し将来の日本社会の一員としての活躍が期待されると同時に課題も抱えており、速やかな対応が必要であることがわかってきました。また、外国につながる子どもの教育の問題は、同時にホスト社会の子どもの教育の問題でもあり、さらに学校教育のみならず、保護者および地域の方々の参加と協力なしには解決できないことがはっきりしてきました。

　こうした現状から、これからの社会にあっては、多様性を自らの学びにつなげ、社会に出てからも多様な状況とかかわりながら学び成長していける意識や能力の開発が求められます。自治体の財政が逼迫する中でも相応の経費を負担して、時代の変化に伴う教育課題に対応した態勢を整備することは、現在の大人が未来社会のあり方に責任を持ち、未来の大人である子どもを育成するために果たすべき教育的責務だと考えます。

　そこで、"違いを豊かさに"つなげるべく、"違い"すなわちその多様性を学びのための教育資源とし、外国につながる子どもとホスト側の子どもの双方の教育に資す

308

るために提言をするものです。

この提言は、二段階の構成をとっています。はじめに、国際化、多文化化（注2）の現状についての概観と、事例検討をふまえた課題解決のための基本的な考え方を述べます。つぎに、対象ごとに求められる取組について、具体的な提言をおこないます。提言には、喫緊の課題として最重点で取り組むべきものと、その後の取組に応じて変更したり補足したりすべきものがあります。

関係部局には、ぜひ本提言の趣旨を尊重いただき、具体的な施策につなげることを強く期待します。

1 国際化、多文化化の現状と課題解決のための基本的な考え方

（1）国際化、多文化化の現状

ここでは、①グローバル化にともなう人びとの移動、②多文化共生社会、③葛飾区における現行施策の3点について概観します。

①グローバル化にともなう人びとの移動について

外国につながる人びとを指す際に、従来の「オールドカマー」や「ニューカマー」（注3）にかわって、「移民」という表現が使われるようになってきています。異なった文化を身につけた人びとが増えることにより、移民受け入れの先進諸国でも、トラブルの事例を聞くことがあります。

②多文化共生社会について

移民の増加に危惧や警戒感を持つ人は、少なくないと思われます。しかし、すでに多くの移民とともに生きる社会となっています。いかにしたら文化の違いをトラブルではなく豊かさにつなげ、多文化が共生する社会にしていけるかが問われています。

③葛飾区における現行施策

学校教育では、通訳派遣（注4）、日本語学級（注5）での通級指導、日本語指導対応加配教員の配置をおこなっています。また、国際交流事業としてこれまでに、日本人生徒の海外派遣や外国人生徒の受け入れ、あるいは共同でとりくむ行事の開催などがおこなわれてきました。成人を対象とした取組には、大勢のボランティアが参画しています。

（2）課題解決への基本的な考え方

ここでは、会議における取組事例の検討や現場訪問によって得られた知見を5点に整理し、提言への根拠として示します。

①就学以前の子を持つ保護者支援の現状と課題

日本生まれや入学前来日の外国につながる子どもの「学習言語」（注6）の習得がうまくいかないなどの問題が指摘されています。その原因として、乳幼児期の概念形成訓練が、母語でも日本語でも不十分であることが考えられます。訓練は、具体的には絵本の読み聞かせや物語の語り聞かせなどによって可能ですが、その必要性が保護者に認識されていない現状があります。

②初期指導体制の現状と課題

「すみだ国際学習センター」（墨田区）や「多文化共生センター東京」（荒川区）での聞きとりから、日本語や日本の文化・習慣について集中的に「初期指導」をおこなうことの重要性を多くの委員が認めています。葛飾区には、現在このようなセンターはありませんが、初期指導の機能を集約化し専門家を配置することは、各学校の労力負担の軽減にもつながります。

③各小中学校の現状と課題

　葛飾区内の小中学校では、外国につなが
る子どもたちへの学習指導のために、通訳
派遣（1人64時間まで）、通級の日本語学級（3
会場）の開設、外国人子女等日本語指導対
応加配教員の配置（小学校1、中学校1）など
がおこなわれています。また、公立中学校
の夜間学級（注7）は、都内では8校に設置
されており、葛飾区では双葉中学校に設置
されています。いずれも義務教育未修了あ
るいは在日韓国・朝鮮人の高齢者にかわっ
て、外国につながる生徒の増加がみられま
す。これは学校教育だけで解決できるもの
ではなく、成人に対する基礎教育の課題と
して位置づけるべきものと考えられます。

④ホスト社会の子どもたちへの多文化教
　育の現状と課題

　日本の子どもたちが外国につながる子ども
と接する機会は、従来は国際交流の活動
場面でした。これについては、葛飾区にお
いても東金町中学校を母体とした「東金町・
東水元地区国際交流推進委員会」の活動
事例をはじめとして実績があります。多言語
習得を目指したヒッポファミリークラブの活
動も、この一環に位置づくものといえます。

　今日では、学校においても外国につなが
る子どもとホスト社会の子どもたちとが、
毎日の生活をともにするような状況になっ
てきています。しかし、互いに異なる文化
を理解し、受け入れていくことは、自然な
時間の経過だけでは実現できるものではあ
りません。そうなるためには、教員の指導
が必要であり、それを支える地域住民・ボ
ランティア等の存在も欠かせません。

⑤保護者の相互学習の現状と課題

　学校は、子どもたちの出会いの場である
と同時に、保護者たちにとっても重要な交
流の場となっています。中青戸小学校の
「レインボーリボン」は、外国につながる
子どもの保護者にPTA活動への参加を促
すという目的から、ホスト側保護者との相
互学習の場へと発展した事例です。また、
「なかよし」（外国人児童・生徒の学習支援）の
ように、ホスト社会の保護者等から発した
活動や、「日本語の会いろは」など、外国
につながる子どもの保護者自身の学習機会
である地域の日本語教室の活動も、双方の
保護者等による自発的な相互学習の場とな
っています。さらに日常的に相互理解が進
むように多様な場や機会を設けていくこと
が求められています。

2　提言

　国際化、グローバル化する社会を生きる
子どもの育成について、対象ごとに求めら
れる取組について6つの提言をします。

（1）就学以前の子を持つ保護者に向け
　　た子育て情報の提供

　乳幼児期の概念形成訓練を欠落させない
ように、外国につながる子どもの保護者に
必要な情報を届ける必要があります。その
ための唯一確実な方法は、外国人の住民登
録時にしっかりと情報提供することである
と考えます。

　その後については、保健所の母子保健や
子育て支援行政の取組等を通じた支援が有
効であると考えます。

（2）「かつしか子ども多文化センター」
　　（仮称）の設置

　日本語（生活言語、学習言語）や日本の文
化・習慣についての集中的な初期指導を、
ノウハウを持つ機関が担うことで、学校は

それらに費やす労力が軽減できます。そのぶん、外国につながる子どもとホスト社会の子どもとの相互学習や交流の指導に重点を置くことができるようになります。

そこで、集中的な初期指導などをおこなうために「かつしか子ども多文化センター」（仮称：以下「仮称」は省略）の設置が有効であると考えます。

「かつしか子ども多文化センター」には、つぎに示す6つの機能が求められます。

①コーディネーターおよび専門家の配置
外国につながる子どもの受け入れにあたっては、専門的知識や方法等のノウハウが求められます。そこで、「かつしか子ども多文化センター」には、以下のような取組をおこなうためにコーディネーターと複数の専門家を配置する必要があります。

②集中的な初期指導とプレスクール機能
現状では初期指導（入学や転入学直後の日本語、日本の文化・習慣等の指導）で学校に過度の負担がかかり、かつ当該子どもに適切な指導ができているとは限りません。そのため、専門家とノウハウを備えた機関で、集中的に初期指導をおこなった後、学校に受け入れることが望ましいと考えます。これには、日本生まれや学齢前来日の外国につながる子どもに対するいわゆる「プレスクール」機能も含めることが望ましいでしょう。さらに文部科学省の見解に従えば、学齢超過義務教育未修了者や出身国の学制により日本の義務教育年限を満たさない者も対象にすべきだと考えます。

③通級による教科等の指導
「かつしか子ども多文化センター」における初期指導が終わった後、在籍校に戻った子どもが、午後や放課後の時間等に「かつしか子ども多文化センター」に通級し、専門家から教科内容を中心に日本語で指導を受けるシステムを整備する必要があります。

④学校への講師派遣
現在の日本語通訳派遣制度を一部改変するとともに柔軟に運用し、必要な場合には通級とは逆に、「かつしか子ども多文化センター」から、それぞれの子どもの在籍校に専門家を派遣するシステムとして整備し直すことが望ましいと考えます。

⑤学校等へのノウハウの発信・提供
「かつしか子ども多文化センター」には、外国につながる子どもの在籍校やその教員からの求めに応じ、蓄積したノウハウを適切な方法で発信・提供できる機能が必要です。

そのためには、他地域の事例を参考にしつつ、葛飾区にふさわしいシステムや方法を構築する態勢を整備し、それを開発・蓄積すべきだと考えます。

また、絶えず状況の変化に対応し、改善・充実させることが求められます。ホスト社会の子どもや学校、保護者等への多文化教育（ホスト側として必要な知識、能力を育成する教育）についても同様です。

⑥関係機関等とのネットワークづくり
「かつしか子ども多文化センター」の重要な機能の一つとして、他の関係専門機関や専門家個人と普段からやりとりがあり、必要な時にそれらと連携して活動できるようにネットワークを構築・発展させておくということがあります。その対象は例えば、国際交流事業や外国人の生活相談等を所管する葛飾区文化国際課、母子保健サー

311

ビスをおこなう保健所、子ども総合セン
ター、ふれあいスクール「あかし」、多言語
ができる校医、地域の大学の関係部局や教
職員、地域のNPO・ボランティア団体、
個人等です。

（3）小中学校での試行的な取組
「かつしか子ども多文化センター」に通級
する子どもが在籍校に戻った時に、セン
ターでの学習を理解して学校での学習と結び
つけたり、学校に当該子どもの居場所がで
きるように配慮したりするなど、学校の教
員にはセンターとの連携が重要になります。
　そこで、外国につながる子どもが在籍す
る小中学校で、試行的な取組をおこないな
がら、そのノウハウを蓄積することが必要
です。また、蓄積された経験をモデルとし
て、必要な学校で同様の取組ができるよ
う、資源（リソース）化を段階的に推進する
ことが求められます。

（4）外国につながる子どもとホスト社会
　　の子ども双方への多文化教育の実施
　それぞれの子どもに対する取組に加え
て、子どもたちの相互学習も大切です。ま
た、それを指導する教員の力量形成やボラ
ンティアの協力も必須です。
　内容を6つにわけて詳述します。

①外国につながる子どもの学校における
　居場所づくり
　外国につながる子どもは来日当初こそ注
目されても、しばらくすると孤立するケー
スが多くなるとの指摘があります。子ども
の知的発達の多くは、居場所として所属す
るコミュニティーの中で起こります。子ど
もにとって、学校は重要な居場所の一つで
す。外国につながる子どもにとって学校を

居場所にするには、ホスト社会の子どもが
すでに作っているコミュニティーへの所属
が欠かせません。その所属を促すために、
クラブ活動・部活動や学校行事など多様な
機会をとらえて、ホスト社会の子どもと外
国につながる子どもとが一緒に活動するこ
とも有意義でしょう。

②ホスト社会の子どもの多文化能力の育成
　ホスト社会の子どもたちには、異なった
文化を受け入れそれを楽しむ能力や自らの
文化を発信する意識と能力を育成すること
が大切です。異なる文化に出会ったとき、
互いに自らも相手も尊重し、誠実で率直な
コミュニケーションをおこなう能力を開発
するために多文化教育は有効です。それら
の能力は、今後ますます国際化、多文化化
が強まると予想される社会で活躍するため
には不可欠です。
　「かつしか子ども多文化センター」は、
学校で多文化教育をおこなうことができる
教員の能力開発に協力することが求められ
ます。例えば、外国の学校、在日外国人学
校、子どもの保護者を含む外国人ボランテ
ィアや留学生等との交流を通じた教育プロ
グラムのアドバイスや支援をすることも、
その一つとなります。

③ホスト社会の子どものコミュニケーシ
　ョン能力の育成
　外国につながる子どもの多くは、誰とで
もコミュニケーションを取りたいという気
持ちが強く、日本語の表現には不自由があ
っても、何とか意思を伝えようとする傾向
があります。これに触発されてホスト社会
の子どもが、相互にコミュニケーションを
取ろうとすることが観察されます。
　重ねて、学校教育において、外国語や外

国文化が身近にあり、日常的に触れ合う機会があることは子どもたちの多文化化、国際化への関心を涵養するためにも重要です。外国につながる子ども同士が母語を使ってコミュニケーションを取ることに、ホスト社会の子どもが偏見を持たないようにするためにも外国語・外国文化の受容能力を高める指導はぜひともおこなってほしいものです。

これら身近な文化接触を通して、日常的にホスト社会の子どもが異なる文化を持つ人と関わる体験の楽しさを理解し、多くの人とコミュニケーションを取ろうとする意欲が出ることが期待されます。それが、子どもの社会性の育成につながり、国際社会への関心を育むことにつながるような教育的取組が望まれます。

④外国につながる子どもとホスト社会の子どもとの相互学習

日本社会や学校において外国につながる子どもがいつも支援される側であっては、ホスト社会の子どもの学びにはつながりません。日常の学校生活の中で、相互に相手から学び、相手とともに学ぶ機会をつくり、それが楽しいと思えるようにすることが大切です。そこまでいけば、子どもたちが自ら相互に学び合う関係ができると思われます。

⑤教員への理解促進と多文化コーディネーターとしての力量形成

上述のような取組を学校でおこなうためには、それぞれの教員にその意義が理解され、そのうちの何人かには指導者としての能力を育成する必要があります。「かつしか子ども多文化センター」のコーディネーターは、各学校で指導者となる教員の研修・養成にも関与することが求められます。逆に、経験を積んで力量を身につけた教員が、「かつしか子ども多文化センター」のコーディネーター的な役割を担うことも考えられます。

⑥地域ボランティアの協力

各学校や「かつしか子ども多文化センター」では、学校の多文化化、国際化を進める上で、先輩外国人等を含む地域ボランティアの協力を得ることが必要です。外国につながる子どもとホスト社会の子ども双方の学びにつながるさまざまな活動で能力を発揮してもらうことができます。逆に、子どもたちを地域社会に受け入れていただき学ばせてもらうことも大切で、それによって子どもたちが多文化共生も含め地域の在り方に対する関心を育むことができると考えます。

(5) 保護者の相互学習と相互理解の推進

子どもの場合と同様に、保護者もまたそれぞれに対する取組とともに、相互学習が求められます。さらには、相互理解へと進むことが期待されます。

内容を3つにわけて詳述します。

①外国につながる子どもの保護者に対する日本の子育て・教育についての理解促進

外国につながる子どもの保護者とホスト社会の双方に、相手の社会の子育てや教育についての考え方、また制度に対する違和感があって、相互に誤解や偏見を抱くことがあります。これに対処するためには、相互に関わり合い、話し合える場を設けることが不可欠です。また、日本の学校制度や進学のシステムなどは日本人の保護者にと

313

ってもわかりにくい面があります。それら
を外国につながる子どもの保護者にもわか
るように伝える必要があります。それに
は、多言語による子育て（進路）説明会の
開催や相談事業など公的な取組も十分にお
こないながらも、外国につながる子どもの
保護者とホスト社会の保護者間での草の根
の情報交換は欠かせません。学校には、保
護者間で情報交換がおこなわれるようにす
るための支援が求められます。

②ホスト社会の保護者に対する外国人の 子育て・教育についての理解促進

これは、前項とは逆のことです。つまり
相互に話し合い、理解し合いながら、日本
社会側も外国につながる子どもの保護者が
指摘することが合理的な場合には、より双
方の子どものためを考えて、変更すべきと
ころは変更することも検討すべきでしょ
う。

③保護者同士の相互交流と理解促進

保護者の意識は子どもに敏感に伝わりま
す。双方の子どもが偏見なく理解し合うた
めには、保護者同士が理解し合うことが不
可欠です。また、前述したように保護者に
必要なことは、特別な機会を設けておこな
うだけでなく、日常的な保護者同士の関わ
り合いによっても進みます。また、その他
のPTAの役員や諸活動の係にも外国につ
ながる子どもの保護者の積極的な参加を促
すことが、相互理解のためにも外国につな
がる子どもの保護者の子育て支援のために
も大切です。

（6）葛飾の多文化共生社会実現に向け た多様な取組の支援

多文化共生社会の実現には、学校以外に

も多様な関係者の協力が必要となります。
外国につながる子どもと保護者、そしてホ
スト社会の子どもと保護者、さらには地域
の人びと、みなが交流し合うことのできる
居場所は一つの形態に縛られる必要はあり
ません。

期待できる5つの形態を示すことにしま
す。

①双方のコミュニティーの交流

外国人住民は同じ出身国等のコミュニテ
ィーにとどまり、町内会や地域の商店組合
等の自助組織、地域コミュニティー等への
帰属意識が乏しいことがあります。これら
互いの関わり合いが希薄なことが、互いに
相手に対して偏見を持ってしまうことにつ
ながりかねません。PTA活動のように学
校の同じ保護者という関係による交流が進
むことで、双方の保護者に地域にある双方
のコミュニティーをつなぐ役割を担っても
らうことが期待できます。学校にはそのた
めの後押しが望まれます。

②学校以外の子どもの交流の場

子どもは学校以外にも、家族というコミ
ュニティーから地域社会というコミュニテ
ィー、あるいはさらに大きなコミュニテ
ィーにまで重層的に帰属しているといえま
す。もちろん、母国の祖父母や親戚、友人
などとのつながりもあります。ところが、
学校に同じような境遇にある外国につなが
る子どもが少ない場合には、自らの境遇や
状況を共有し、慰め合い励まし合う仲間が
見つからず、自分の問題を一人で引き受け
なければならないことがあります。

そこで、複数の学校区にまたがる地域社
会に、外国につながる子どもが居場所にで
き同じ境遇の仲間と出会える場を提供する

施設が必要となります。このような居場所
では、問題意識を持った大人が寄り添い、
ホスト社会の子どもも関わることができる
ように工夫することも含め、必要な学びが
起こるようなしかけが求められます。ま
た、自らのロールモデル（注8）となる先
輩と関わることができることが大切です。
　そのような居場所は、既存の児童館、学
童保育クラブ、ふれあいスクール「あか
し」、「わくわくチャレンジ広場」など複数
ある必要があり、「かつしか子ども多文化
センター」も大いにその役割が期待されま
す。

　③母語・母文化の学習
　前述のような居場所は、外国につながる
子どもが自らのアイデンティティを保持・
強化しながら、学校や地域社会に出て行
き、日本社会への参加能力を育成すること
に資する必要があります。
　外国につながる子どもたちの母語や母文
化能力は、日常的に家庭内で使われるレベ
ルで止まりがちだと言われます。これらの
子どもたちが、足りないところがある存在
としてではなく、母語や母文化という得難
いものを持つ存在として自尊感情を持ち社
会参加するためには、母語や母文化をより
高いレベルに伸ばすことが求められます。
　母語につながる留学生、先輩、保護者等
の指導者からそれらを学べることが重要で
す。一方でそのような場は、ホスト社会の
子どももそれらを外国語や外国文化として
学べる場でもあり、外国につながる子ども
と交流できる場としても活用すべきです。
そうすることによって、双方の子どもたち
の多文化能力を育成することにつながりま
す。

　④学習支援
　居場所はまた、外国につながる子どもの
日本語学習支援の場にもなり、あわせてホ
スト社会の子どもとともに学校での教育を
補う活動をする場ともなっていることが重
要です。それにより、双方の子どもがそれ
ぞれに必要なことを学んでいくべきだとい
うことに気づきます。また、何を学ぶべき
かは、人それぞれの事情によることを理解
します。互いに相手の学びを応援する関係
になってほしいと思います。

　⑤国際交流事業
　これら地域の居場所は、言語の学習だけ
でなく、外国の学校、在日外国人学校をは
じめとしたさまざまな異文化集団や個人と
の交流の場でもあるとよりよいと考えま
す。それは、外国につながる子どももホス
ト社会の子どもも、これら多文化との共生
はともに自分たちがなすべき課題だと認識
する必要があるからです。また、それによ
って子どもたち一人一人が自分とつながる
家庭から学校、地域社会、国、世界まです
べてにある多様性を豊かな資源と認識し、
多様な人々と力を合わせて人類の問題を克
服する意識と能力を育成することにつなが
ると考えるからでもあります。

おわりに
　私たち社会教育委員の会議は、2年間に
わたって協議を重ねた結果を、ここに「提
言」としてまとめました。折しも、葛飾区
は平成24年（2012年）10月1日、区制施行
80周年を迎え、新たな一歩を踏み出しま
した。それはまさしく、「国際化、グロー
バル化する社会」における歩みであり、ま
た多文化共生社会の実現に向けた歩みでも
あるといえます。

315

私たちは、その歩みに着目し、「国際化、グローバル化する社会」を生きる子どもは、"違いを豊かさに"できる子どもであることを確認しました。そうした子どもの育成のために、区内外の取組事例から学び、また関係者の方々の声に耳を傾けつつ、多文化教育推進の必要性を確認しました。そのために学校や地域、関係者・保護者による種々の取組や「かつしか子ども多文化センター」設置など6項目について提言しました。

葛飾区においては、近年、子どもの教育環境の整備・充実が進み、学力等に関しても学校・保護者・地域及び関係部局の地道な努力が結実しつつあります。そこでさらなる課題として、国際化・多文化化に焦点を当てるとき、外国につながる子どもとホスト社会の子ども、双方の保護者、学校をはじめとした教育関係者、地域住民が協力して相互学習・相互理解に努めることが求められます。多様性を自らの学びにつなげることによって、地域の豊かさを実感しながら共に生きていけることが重要だと考えます。その歩みの中にこそ、子どもたちの健やかな成長が期待できるからです。

「国際化、グローバル化する社会を生きる子どもの育成について」？私たち大人は、未来の大人である子どもたち、葛飾に暮らすすべての子どもの未来に責任があります。

本提言の趣旨が十分に踏まえられ、速やかに実現に向けた施策につなげられることを願ってやみません。

出典：
http://www.city.katsushika.lg.jp/information/1000084/1006015/1006140.html

用語解説：

注1　外国につながる子ども

これまで一般的に使われた「外国人」という言い方が、当てはまらないケースが増えてきました。日本国籍ではないが日本で育った人、日本国籍だが海外で生まれ育った人、国際結婚の両親から生まれた人などです。この提言では、何らかの意味で外国と強いつながりがある場合に「外国につながる？」を使用しています。「外国につながる人びと」も、同様です。

注2　国際化、多文化化

以前から「日本の国際化」などと、主に欧米先進国並になることを目指して「国際化」という言葉が使われてきました。この言葉はそれ以外にも、さまざまな国々とかかわりを強めることなどの意味があります。ここでは後者の意味で使っています。また、地域社会で世界のいろいろな地域出身の人たちが暮らしている状況を「多文化化」と表現しています。

注3　オールドカマー、ニューカマー

かつて日本の旧植民地から日本に来た人たちやその二世、三世等を一般に「オールドカマー」と呼んでいます。「オールドタイマー」という人もいます。これらの人びとと対照的に比較的最近来た人たちを「ニューカマー」と言っています。

注4　通訳派遣

葛飾区では、日本語理解が十分でない帰

地域での日本語活動を考える

国児童・生徒、外国人児童・生徒の学校へ
の早期適応を促進するため通訳派遣を平成
14年度からおこなっています。派遣時間
は、1人64時間以内。通訳の業務内容は、
学校生活全般に関する指導、学校と保護者
との通訳、基礎的な日本語指導などです。
平成23年度は、56人に派遣をおこないま
した。

注5　日本語学級

葛飾区では、小中学生を対象に通級型の
日本語指導教室を3会場（高砂中学校、松上小
学校、中之台小学校）で開設しています。週3
回、午後2時から4時までおこなっていま
す。

注6　学習言語

外国人児童・生徒にとって、日本語は生
活するためだけでなく、学習するために必
要です。日本語の生活言語は習得に2年、
学習言語は習得に5～9年かかるといわれ
ています。日常会話ができるからといっ
て、日本語指導が必要ないというわけでは
ありません。

注7　公立中学校夜間学級

都内には公立中学校8校に夜間学級が設
置されています。学齢を超過した義務教育
を修了していない人ならだれでも入学でき
ます。学費は不要（ただし、給食費、教材費、
活動参加費は必要）。授業時間は、おおむね午
後5時30分から9時頃までです。給食も
あります。葛飾区立双葉中学校夜間学級に
は、通常学級と日本語学級があり、現在、
国籍も様々な10代から70代までの年齢の
方が学んでいます。通常学級は国語、数
学、理科など9教科を、日本語学級では日
本語を中心に勉強しています。

注8　ロールモデル

自分も将来あのような人になりたいと、
自分の先輩などで、努力目標にできる人を
指します。

［付録］葛飾区教委への提言　国際化、グローバル化する社会を生きる子どもの育成について

日本語教育の推進に関する法律

目次

第一章　総則（第一条—第九条）

第二章　基本方針等（第十条・第十一条）

第三章　基本的施策

　第一節　国内における日本語教育の機会
　の拡充（第十二条—第十七条）

　第二節　海外における日本語教育の機会
　の拡充（第十八条・第十九条）

　第三節　日本語教育の水準の維持向上等
　（第二十条—第二十三条）

　第四節　日本語教育に関する調査研究等
　（第二十四条・第二十五条）

　第五節　地方公共団体の施策（第二十六
　条）

第四章　日本語教育推進会議等（第二十七
条・第二十八条）

附則

第一章　総則（目的）

第一条　この法律は、日本語教育の推進が、我が国に居住する外国人が日常生活及び社会生活を国民と共に円滑に営むことができる環境の整備に資するとともに、我が国に対する諸外国の理解と関心を深める上で重要であることに鑑み、日本語教育の推進に関し、基本理念を定め、並びに国、地方公共団体及び事業主の責務を明らかにするとともに、基本方針の策定その他日本語教育の推進に関する施策の基本となる事項を定めることにより、日本語教育の推進に関する施策を総合的かつ効果的に推進し、もって多様な文化を尊重した活力ある共生社会の実現に資するとともに、諸外国との交流の促進並びに友好関係の維持及び発展に寄与することを目的とする。

（定義）

第二条　この法律において「外国人等」とは、日本語に通じない外国人及び日本の国籍を有する者をいう。

2　この法律において「日本語教育」とは、外国人等が日本語を習得するために行われる教育その他の活動（外国人等に対して行われる日本語の普及を図るための活動を含む。）をいう。

第三条　日本語教育の推進は、日本語教育を受けることを希望する外国人等に対し、その希望、置かれている状況及び能力に応じた日本語教育を受ける機会が最大限に確保されるよう行われなければならない。

2　日本語教育の推進は、日本語教育の水準の維持向上が図られるよう行われなければならない。

3　日本語教育の推進は、外国人等に係る教育及び労働、出入国管理その他の関連施策並びに外交政策との有機的な連携が図られ、総合的に行われなければならない。

4　日本語教育の推進は、国内における日本語教育が地域の活力の向上に寄与するものであるとの認識の下に行われなければならない。

5　日本語教育の推進は、海外における日本語教育を通じて我が国に対する諸外国の理解と関心を深め、諸外国との交流を促進するとともに、諸外国との友好関係の維持及び発展に寄与することとなるよう行われなければならない。

6　日本語教育の推進は、日本語を学習す

る意義についての外国人等の理解と関心が深められるように配慮して行われなければならない。

7　日本語教育の推進は、我が国に居住する幼児期及び学齢期（満六歳に達した日の翌日以後における最初の学年の初めから満十五歳に達した日の属する学年の終わりまでの期間をいう。）にある外国人等の家庭における教育等において使用される言語の重要性に配慮して行われなければならない。

（国の責務）

第四条　国は、前条の基本理念（以下単に「基本理念」という。）にのっとり、日本語教育の推進に関する施策を総合的に策定し、及び実施する責務を有する。

（地方公共団体の責務）

第五条　地方公共団体は、基本理念にのっとり、日本語教育の推進に関し、国との適切な役割分担を踏まえて、その地方公共団体の地域の状況に応じた施策を策定し、及び実施する責務を有する。

（事業主の責務）

第六条　外国人等を雇用する事業主は、基本理念にのっとり、国又は地方公共団体が実施する日本語教育の推進に関する施策に協力するとともに、その雇用する外国人等及びその家族に対する日本語学習（日本語を習得するための学習をいう。以下同じ。）の機会の提供その他の日本語学習に関する支援に努めるものとする。

（連携の強化）

第七条　国及び地方公共団体は、国内における日本語教育が適切に行われるよう、関係省庁相互間その他関係機関、日本語教育を行う機関（日本語教育を行う学校（学校教育法（昭和二十二年法律第二十六号）第一条に規定する学校、同法第百二十四条に規定する専修学校及び同法第百三十四条第一項に規定する各種学校をいう。）

を含む。以下同じ。）、外国人等を雇用する事業主、外国人等の生活支援を行う団体等の関係者相互間の連携の強化その他必要な体制の整備に努めるものとする。

2　国は、海外における日本語教育が持続的かつ適切に行われるよう、独立行政法人国際交流基金、日本語教育を行う機関、諸外国の行政機関及び教育機関等との連携の強化その他必要な体制の整備に努めるものとする。

（法制上の措置等）

第八条　政府は、日本語教育の推進に関する施策を実施するため必要な法制上又は財政上の措置その他の措置を講じなければならない。

（資料の作成及び公表）

第九条　政府は、日本語教育の状況及び政府が日本語教育の推進に関して講じた施策に関する資料を作成し、適切な方法により随時公表しなければならない。

第二章　基本方針等

（基本方針）

第十条　政府は、日本語教育の推進に関する施策を総合的かつ効果的に推進するための基本的な方針（以下「基本方針」という。）を定めなければならない。

2　基本方針においては、次に掲げる事項を定めるものとする。

　　一　日本語教育の推進の基本的な方向に関する事項

　　二　日本語教育の推進の内容に関する事項

　　三　の他日本語教育の推進に関する重要事項

3　文部科学大臣及び外務大臣は、基本方針の案を作成し、閣議の決定を求めなければならない。

319

4　文部科学大臣及び外務大臣は、基本方針の案を作成しようとするときは、あらかじめ、関係行政機関の長に協議しなければならない。

5　文部科学大臣及び外務大臣は、第三項の規定による閣議の決定があったときは、遅滞なく、基本方針を公表しなければならない。

6　政府は、日本語教育を取り巻く環境の変化を勘案し、並びに日本語教育に関する施策の実施の状況についての調査、分析及び評価を踏まえ、おおむね五年ごとに基本方針に検討を加え、必要があると認めるときは、これを変更するものとする。

7　第三項から第五項までの規定は、基本方針の変更について準用する。

（地方公共団体の基本的な方針）

第十一条　地方公共団体は、基本方針を参酌し、その地域の実情に応じ、当該地方公共団体における日本語教育の推進に関する施策を総合的かつ効果的に推進するための基本的な方針を定めるよう努めるものとする。

第三章　基本的施策

第一節　国内における日本語教育の機会の拡充

（外国人等である幼児、児童、生徒等に対する日本語教育）

第十二条　国は、外国人等である幼児、児童、生徒等に対する生活に必要な日本語及び教科の指導等の充実その他の日本語教育の充実を図るため、これらの指導等の充実を可能とする教員等（教員及び学校において必要な支援を行う者をいう。以下この項において同じ。）の配置に係る制度の整備、教員等の養成及び研修の充実、就学の支援その他の必要な施策を講ずるものとする。

2　国は、外国人等である幼児、児童、生徒等が生活に必要な日本語を習得することの重要性についてのその保護者の理解と関心を深めるため、必要な啓発活動を行うよう努めるものとする。

（外国人留学生等に対する日本語教育）

第十三条　国は、大学及び大学院に在学する外国人留学生等（出入国管理及び難民認定法（昭和二十六年政令第三百三十九号）別表第一の四の表の留学の在留資格をもって在留する者及び日本の国籍を有する者であって我が国に留学しているものをいう。次項において同じ。）であって日本語を理解し、使用する能力（以下「日本語能力」という。）を必要とする職業に就くこと、我が国において教育研究を行うこと等を希望するものに対して就業、教育研究等に必要な日本語を習得させるための日本語教育の充実を図るために必要な施策を講ずるものとする。

2　国は、外国人留学生等（大学及び大学院に在学する者を除く。）であって日本語能力を必要とする職業に就くこと又は我が国において進学することを希望するものに対して就業又は進学に必要な日本語を習得させるための日本語教育の充実を図るために必要な施策を講ずるものとする。

（外国人等である被用者等に対する日本語教育）

第十四条　国は、事業主がその雇用する外国人等（次項に規定する技能実習生を除く。）に対して、日本語学習の機会を提供するとともに、研修等により専門分野に関する日本語教育の充実を図ることができるよう、必要な支援を行うものとする。

2　国は、事業主等が技能実習生（出入国管理及び難民認定法別表第一の二の表の技能実習の在留資格をもって在留する者をいう。）に対して日本語能力の更なる向上の機会を提供することができるよう、教材の開発その他の日本語学習に関する必要な支援を行うものとする。

地域での日本語活動を考える

3　国は、定住者等（出入国管理及び難民認定法別表第二の上欄に掲げる在留資格をもって在留する者をいう。）が就労に必要な水準の日本語を習得することができるよう、必要な施策を講ずるものとする。

（難民に対する日本語教育）

第十五条　国は、出入国管理及び難民認定法第六十一条の二第一項に規定する難民の認定を受けている外国人及びその家族並びに外国において一時的に庇護されていた外国人であって政府の方針により国際的動向を踏まえ我が国に受け入れたものが国内における定住のために必要とされる基礎的な日本語を習得することができるよう、学習の機会の提供その他の必要な施策を講ずるものとする。

（地域における日本語教育）

第十六条　国は、地域における日本語教育の機会の拡充を図るため、日本語教室（専ら住民である外国人等に対して日本語教育を実施する事業をいう。以下この条において同じ。）の開始及び運営の支援、日本語教室における日本語教育に従事する者の養成及び使用される教材の開発等の支援、日本語教室を利用することが困難な者の日本語学習に係る環境の整備その他の必要な施策を講ずるものとする。

（国民の理解と関心の増進）

第十七条　国は、国内における日本語教育が外国人等の日本語能力を向上させるとともに、共生社会の実現に資することを踏まえ、外国人等に対する日本語教育についての国民の理解と関心を深めるよう、日本語教育に関する広報活動の充実その他の必要な施策を講ずるものとする。

第二節　海外における日本語教育の機会の拡充

（海外における外国人等に対する日本語教育）

第十八条　国は、海外における日本語教育が外国人等の我が国に対する理解と関心の増進、我が国の企業への就職の円滑化等に寄与するものであることに鑑み、各国における日本語教育の状況に応じて、持続的かつ適切に日本語教育が行われるよう、現地における日本語教育に関する体制及び基盤の整備の支援、海外における日本語教育に従事する者の養成並びに使用される教材（インターネットを通じて提供することができるものを含む。）の開発及び提供並びにその支援、海外において日本語教育を行う教育機関の活動及び日本語を学習する者の支援その他の必要な施策を講ずるよう努めるものとする。

2　国は、外国人等であって我が国への留学を希望するものが我が国の大学等で教育を受けるために必要な水準の日本語を習得することができるよう、必要な施策を講ずるものとする。

（海外に在留する邦人の子等に対する日本語教育）

第十九条　国は、海外に在留する邦人の子、海外に移住した邦人の子孫等に対する日本語教育の充実を図るため、これらの者に対する日本語教育を支援する体制の整備その他の必要な施策を講ずるものとする。

第三節　日本語教育の水準の維持向上等

（日本語教育を行う機関における日本語教育の水準の維持向上）

第二十条　国は、日本語教育を行う機関における日本語教育の水準の維持向上を図るため、日本語教育を行う機関によるその日本語教育に従事する者に対する研修の機会の確保の促進その他の必要な施策を講ずる

ものとする。

（日本語教育に従事する者の能力及び資質の向上等）

第二十一条　国は、日本語教育に従事する者の能力及び資質の向上並びに処遇の改善が図られるよう、日本語教育に従事する者の養成及び研修体制の整備、国内における日本語教師（日本語教育に関する専門的な知識及び技能を必要とする業務に従事する者をいう。以下この条において同じ。）の資格に関する仕組みの整備、日本語教師の養成に必要な高度かつ専門的な知識及び技能を有する者の養成その他の必要な施策を講ずるものとする。

2　国は、海外における日本語教育の水準の維持向上を図るため、外国人である日本語教師の海外における養成を支援するために必要な施策を講ずるよう努めるものとする。

（教育課程の編成に係る指針の策定等）

第二十二条　国は、日本語教育を受ける者の日本語能力に応じた効果的かつ適切な教育が行われるよう、教育課程の編成に係る指針の策定、指導方法及び教材の開発及び普及並びにその支援その他の必要な施策を講ずるものとする。

（日本語能力の評価）

第二十三条　国は、日本語教育を受ける者の日本語能力を適切に評価することができるよう、日本語能力の評価方法の開発その他の必要な施策を講ずるものとする。

第四節　日本語教育に関する調査研究等

（日本語教育に関する調査研究等）

第二十四条　国は、日本語教育の推進に関する施策を適正に策定し、及び実施するため、日本語教育の実態（海外におけるものを含む。）、効果的な日本語教育の方法、試験その他の日本語能力の適切な評価方法等について、調査研究、情報の収集及び提供その

他の必要な施策を講ずるものとする。

（日本語教育に関する情報の提供）

第二十五条　国は、外国人等が日本語教育に関して必要な情報を得られるよう、外国人等のために日本語教育に関する情報を集約し、当該集約した情報についてインターネットを通じて閲覧することを可能とするための措置、相談体制の整備に関する助言その他の必要な施策を講ずるものとする。

第五節　地方公共団体の施策

第二十六条　地方公共団体は、この章（第二節を除く。）に定める国の施策を勘案し、その地方公共団体の地域の状況に応じた日本語教育の推進のために必要な施策を実施するよう努めるものとする。

第四章　日本語教育推進会議等（日本語教育推進会議）

第二十七条　政府は、文部科学省、外務省その他の関係行政機関（次項において「関係行政機関」という。）相互の調整を行うことにより、日本語教育の総合的、一体的かつ効果的な推進を図るため、日本語教育推進会議を設けるものとする。

2　関係行政機関は、日本語教育に関し専門的知識を有する者、日本語教育に従事する者及び日本語教育を受ける立場にある者によって構成する日本語教育推進関係者会議を設け、前項の調整を行う際には、その意見を聴くものとする。

（地方公共団体に置く日本語教育の推進に関する審議会等）

第二十八条　地方公共団体に、第十一条に規定する基本的な方針その他の日本語教育の推進に関する重要事項を調査審議させるため、条例で定めるところにより、審議会その他の合議制の機関を置くことができる。

地域での日本語活動を考える

附則

（施行期日）

第一条　この法律は、公布の日から施行する。

（検討）

第二条　国は、次に掲げる事項その他日本語教育を行う機関であって日本語教育の水準の維持向上を図るために必要な適格性を有するもの（以下この条において「日本語教育機関」という。）に関する制度の整備について検討を加え、その結果に基づいて必要な措置を講ずるものとする。

　一　日本語教育を行う機関のうち当該制度の対象となる機関の類型及びその範囲

　二　外国人留学生の在留資格に基づく活動状況の把握に対する協力に係る日本語教育機関の責務の在り方

　三　日本語教育機関における日本語教育の水準の維持向上のための評価制度等の在り方

　四　日本語教育機関における日本語教育に対する支援の適否及びその在り方

[執筆者]（五十音順　＊印は編集委員）

青島美千代　あおしま・みちよ
1959年生まれ。横浜市在住。1992年から横浜市の学童クラブ指導員として勤務。在職中、長男が不登校になり地域の親の会に参加。2008年、親たちが中心になり、「NPO法人子どもと共に歩むフリースペースたんぽぽ」を開設（法人認証2014年04月）、理事長。子どもや若者の居場所づくり、相談、不登校や子どもの権利についての理解を地域に広げていく活動を行っている。

伊藤健治　いとう・けんじ
1983年、北海道札幌市生まれ。東海学園大学教育学部准教授。子どもの権利条約総合研究所運営委員、東海地区「子ども条例」ネットワーク運営委員など。専門は教育行政学・教育法学、主な研究テーマは「子どもの権利に関する規範的理論研究」。共著に、『子どもの権利を守るスクールロイヤー——子ども・保護者・教職員とつくる安心できる学校』（松原信継・間宮静香・伊藤健治編、風間書房、2022年）。

浦山太市　うらやま・たいし
1948年、福島県生まれ。東京都公立小学校長を早期退職し、教育委員会適応指導担当として不登校児に関わる。その後日本語学校長を経て、様々な理由で学校になじめず特別の支援が必要な子たちのための無料塾「ふれあい学び‘ゆめ塾’」を主宰。ボランティア日本語教室「いろは」で活動しつつ、子どもの日本語・学習支援「なかよし」発足時（2010年）から代表を務める。

近田由紀子　こんだ・ゆきこ
静岡県浜松市出身。目白大学専任講師。小学校教員として国際理解教育、帰国・外国人児童教育等の実践を積み、文部科学省「JSLカリキュラム」開発等に携わる。早期退職後、大阪大学大学院連合小児発達学研究科博士後期課程修了、米国イースタンミシガン大学客員研究員、文部科学省外国人児童生徒等教育支援プロジェクトオフィサーを経て現職。2019年度文部科学省日本語指導アドバイザー。

野山広　のやま・ひろし*
長崎県五島列島出身。国立国語研究所准教授。国内外の日本語教育
機関や、文化庁の専門職（日本語教育調査官）を経て、2004年から現
在の職場に勤務。その他、一般社団法人・多文化社会専門職機構前
代表理事、基礎教育保障学会理事、港区国際化推進アドバイザー会
議委員（座長）など。趣味は早大グリークラブ時代から合唱。編著
書は『外国人住民への言語サービス―地域社会・自治体は多言語社
会をどう迎えるか』（2007）等多数。

栃木典子　はぜき・のりこ
長野県松本市出身。小学校教員を務めた後、多文化共生センター東
京（2001年4月設立、2006年5月法人認証）の活動に参加。2006年より
7年間「たぶんかフリースクール」で、外国にルーツをもつ子ども
たちに日本語や教科を教えながら、担任として学齢超過の子どもた
ちの高校進学をサポートする。2013年より理事及び事務局スタッ
フとなり、2015年4月より代表理事。

春原憲一郎　はるはら・けんいちろう
十代前半までは体育会系、以後二十歳前半まで映画狂。高原野菜作
り、文楽研修員などを経たのち、ケニアに1年留学。帰国後偶然日
本語教育の世界に放り込まれ、以後AOTS日本語教育センター長、
日本語教育学会常任理事、立教大学大学院特任教授、京都日本語学
校校長、多摩美術大学講師を歴任。趣味はくうねるのむ。『わから
ないことは希望なのだ―新たな文化を切り拓く15人との対話』等
著書多数。第6回日本語教育学会賞受賞（2008年）。故人。

福島育子　ふくしま・いくこ*
大阪市出身。1990年代初めより外国人労働者支援、地域の日本語
教室活動にかかわっています。（株）松下電器産業、市進予備校等
勤務の後、小・中・高校日本語通訳、大学留学生別科、大学付属日
本語学校（非常勤）を経て、現在は、専門学校で留学生の日本語教
育及び日本人学生の日本語表現授業、地域の日本語教室活動等に取
り組んでいます。

藤川純子　ふじかわ・じゅんこ
三重県津市出身。津田塾大学国際関係学科卒業後、津市内の公立小中学校に講師として勤め、南米出身の子どもたちと出会う。2000年にJICA日系社会青年ボランティアとしてブラジル共和国サンパウロ州フロリダパウリスタ市に派遣。日本語学校を設立し2年間学校運営しながら、現地中学校夜間部に通う。帰国後、三重県国際交流財団外国人生活相談員を経て、四日市市内小学校教諭に。外国人児童集住校での勤務は18年目。勤務の傍ら、外国ルーツの子どもたちの発達障害支援について研究している。三重大学教職大学院学校経営力開発コース修了。

帆足哲哉　ほあし・てつや＊
1976年大分県大分市生まれ。現在、広島県東広島市在住。東京都内／近郊の専門学校・短大・大学で非常勤講師・助教を経験し、2021年より広島国際大学健康スポーツ学部で学生への指導に携わる。学生時代のアジア・ヨーロッパ方面への個人旅行やドイツ留学の経験をもとに、文化背景の異なる者との共存・共生のあり方に興味を覚える。これらを地域の社会教育施設の役割や社会福祉的な機能、ユースワーク等から接合点を見出し、「与えない」支援としての教育的価値を模索する。現在、大学での社会教育士の養成として、若者の地域社会との関わり方について検討中。

村山勇　むらやま・いさむ
元神戸市立小学校教員（3校の国際教室で19年間、日本語指導を担当）。文科省のマルチメディアにほんごをまなぼう制作委員（平成10年度〜12年度）、JSLカリキュラム制作委員（平成13年度、14年度）、兵庫日本語ボランティアネットワーク運営委員、灘わくわく会代表、共著に、『子どもといっしょに！日本語授業おもしろネタ集2』（大蔵守久・池上摩希子著　監修、凡人社、2005年）、自称「日本語指導の伝道師」、素人落語家「世界屋童話」としても活動中。

山田泉　やまだ・いずみ*
1982年から2年間、中国大連に語学大学教員として赴任。連れ合い、当時1歳の長男と「外国人家族」体験をしました。帰国後、中国帰国者受け入れ機関で子どもクラスの担任など。その後、文化庁国語課日本語教育専門職を経て、大学教員を約30年、その間、海外につながる子どものボランティアなど地域日本語学習活動に関わりました。専門は、日本語教育と多文化教育。

横山文夫　よこやま・ふみお*
宮城県生まれ。コングロマリット企業に勤務し、現場・事務・営業・社員寮管理・レクリェーションリーダー等を経験。その傍ら外国人の学習権・学習環境の整備に向けた実践と研究を続ける。40代から通信制大学の学生を断続的に継続。専攻は社会教育。共著に『大都市・東京の社会教育—歴史と現在』（小林文人・東京都社会教育史編集委員会編、エイデル研究所、2016年）他。NPO「I.N.E」（2003年11月設立）理事長。現在の趣味は、登山、サイクリング等。

地域での日本語活動を考える
多文化社会　葛飾からの発信

2022年10月25日　初版第1刷発行

編者 ——————— 野山広・福島育子・帆足哲哉・山田泉・横山文夫
発行者 —————— 吉峰晃一朗・田中哲哉
発行所 —————— 株式会社ココ出版
　　　　　　　　　〒162-0828　東京都新宿区袋町25-30-107
　　　　　　　　　電話　03-3269-5438　ファクス　03-3269-5438
装丁 ——————— 伊藤悠
組版設計 ————— 長田年伸
印刷・製本 ———— モリモト印刷株式会社

定価はカバーに表示してあります
ISBN 978-4-86676-059-9
© Noyama, H., Fukushima, I., Hoashi, T., Yamada, I., & Yokoyama, F., 2022
Printed in Japan

ココ出版の書籍

にほんごこれだけ！ 1
庵 功雄 監修

1,100 円（税込）　ISBN 978-4-904595-06-0

にほんごこれだけ！ 2
庵 功雄 監修

1,320 円（税込）　ISBN 978-4-904595-14-5

にほんごこれだけ！の
「これだけ」ヒント集＋単語リスト［10 言語翻訳付］
庵 功雄 監修　岩田一成・森篤嗣 編著

2,640 円（税込）　ISBN 978-4-86676-058-2　　＊税率は 2022 年 10 月現在のもの

ココ出版の書籍

外国にルーツを持つ女性たち
彼女たちの「こころの声」を聴こう！

嶋田和子 著
1,980 円（税込）　ISBN 978-4-86676-027-8

話す・考える・社会とつなぐためのリソース
わたしたちのストーリー

八木真奈美 編著
2,200 円（税込）　ISBN 978-4-86676-055-1　　＊税率は 2022 年 10 月現在のもの